BASTEI LÜBBE

Über den Autor:

Thomas Hine schreibt über Kultur, Geschichte und Design. Er ist Kolumnist für das *Philadelphia Magazine* und arbeitet zudem für die *Washington Post*, die *New York Times*, *Atlantic Monthly* u.a. Thomas Hine hat bereits mehrere Bücher veröffentlicht, darunter POPULUXE und THE TOTAL PACKAGE. Er lebt in Philadelphia.
Weitere Infos unter www.ThomasHine.com.

THOMAS
HINE

KANN DENN SHOPPEN SÜNDE SEIN?

Aus dem Amerikanischen von
Kirsten Langbein

BASTEI
LÜBBE

BASTEI LÜBBE TASCHENBUCH
Band 60540

1. Auflage: Juli 2004

Deutsche Erstveröffentlichung

Bastei Lübbe Taschenbücher ist ein Imprint
der Verlagsgruppe Lübbe

Umschlaggestaltung: Bianca Sebastian
Titelbild: Premium/Nick Veasey
Satz: Textverarbeitung Garbe, Köln
Druck und Verarbeitung: GGP Media, Pößneck
Printed in Germany
ISBN 3-404-60540-3

Für Beth,
die mir beim Einkaufen immer wieder die Augen
für Neues öffnete

Inhalt

Einführung

Warum wir einkaufen

Einkaufen, das habe ich inzwischen gemerkt, ist ein Thema, das die Leute nervös macht. Sobald man darauf zu sprechen kommt, fangen sie an, peinlich berührt zu kichern, als ob man etwas sehr Intimes – oder ja fast Unanständiges – zur Sprache brächte. In gewisser Hinsicht sind diese Reaktionen nicht weiter erstaunlich. Einkaufen ist zum einen die Erkundung von Wünschen und zum anderen das Erfüllen einer Pflicht. Es beinhaltet gleichermaßen Schuld und Stolz, Last und Freude. Unsere Art einzukaufen verrät Dinge über uns, die wir vielleicht lieber gar nicht wissen wollen.

Es stimmt schon, Einkaufen und Sex haben eine Menge gemein: Fast alle tun es. Manche rühmen sich sogar, besonders erfolgreich und günstig einzukaufen. Andere verraten ihre Tricks hingegen niemandem. Aber die meisten von uns machen sich über das »richtige« Einkaufen einige Gedanken. Und sowohl beim Sex als auch beim Einkaufen kann man schließlich eine Menge falsch machen. Manchmal bedeutet Einkaufen – wie Sex auch – die Befriedigung fundamentaler biologischer Bedürfnisse, und genau wie Sex ist Einkaufen häufig spielerisch, wenn auch das Spiel selbst durchaus eine ernste Sache ist. Im sexuellen Bereich lernen wir über die Interaktion mit einem anderen Menschen eine Menge über uns selbst. Beim Einkaufen definieren wir uns über den Umgang mit Dingen und über den Wert, den unsere Gesellschaft ihnen beimisst. Wir probieren Dinge an und aus und testen damit zugleich verschiedene Identitäten. Noch vor ein paar Jahren versuchten Verkäuferinnen uns zu einem Kauf zu bewegen, indem sie uns weismachten: »Das unterstreicht Ihren Typ einfach ideal!«. Heute blättern wir durch bunte Modekataloge oder wühlen an Ständen mit Sonderangeboten und suchen darin – wie in den Augen eines Liebenden – nach einer Antwort auf die Frage »Bin ich das?«.

Anders als Sex gab es das Phänomen des Einkaufens jedoch nicht schon immer. Manche sind der Meinung, das Einkaufen im eigentlichen Sinne gäbe es erst seit etwa 200 Jahren, obwohl ich eher zu 500 Jahren neige, aber auch das ist nicht mehr als ein Wimpernschlag in der Jahrtausende währenden Menschheitsgeschichte. Die Herstellung und Nutzung von Gegenständen ist eine urmenschliche Eigenschaft und kennzeichnet einen Entwicklungssprung in der Evolution. Früher dachte man sogar, dass nur der Mensch dazu in der Lage sei, doch heute wissen wir es besser. Aber der Homo Sapiens ist das einzige Lebewesen, das sich *bewusst* ist, dass es etwas zum Anziehen braucht. In der Bibel kommt diese Erkenntnis zusammen mit der Erkenntnis von Sterblichkeit, Schmerz, Sexualität sowie dem Verlust des Paradieses. Teil der schrecklichen Wahrheit und Strafe war auch die Notwendigkeit für Adam und Eva, zu arbeiten und sich trotzdem nie alle Wünsche erfüllen zu können.

Das Einkaufen spiegelt unsere heutige komplexe Beziehung zu den Dingen. Sie sind nicht nur nützlich, sondern besitzen auch eine gewisse Magie. Manche sind machtvoller in ihrer Bedeutung als Worte, wenn sie das Paradoxe des Lebens verkörpern.

Im Verlauf der Menschheitsgeschichte hatten nur wenige so viel Macht, um viele Dinge zu besitzen, Einfluss auf die Geschicke anderer Menschen zu nehmen und anerkannte Symbole für sich und ihre Familien zu kreieren. Den von einer unüberschaubaren Menge an Konsumgütern umgebenen heutigen Menschen ist diese Art von Macht vertraut. Und doch ist sie nach wie vor von magischer Anziehungskraft. Die wenigsten schaffen es, auf diese Macht, nämlich begehrte Dinge zu erwerben und zu besitzen, zu verzichten.

Das Einkaufen an sich ist weder gut noch schlecht. Es ist aber zutiefst menschlich. Es ist die moderne Art und Weise, sich mit den immer gleichen, uralten Fragen auseinander zu setzen: Was gebe ich meiner Familie zu essen? Was soll sie anziehen? Was für Hilfsmittel brauche ich, um uns zu schützen und damit es uns gut geht? Welches Bild sollen die anderen Leute von uns haben? Wie sollen wir unsere Überzeugungen nach außen sichtbar machen?

All diese Fragen berühren Verpflichtungen und Verflechtungen innerhalb von Familien und Gesellschaften. Doch innerhalb dieses Rahmens gibt es eine Menge Spielraum. Einkaufen ist nun wahrlich kein elitärer Ausdruck menschlicher Freiheit. Im Gegenteil, es ist eine allgemeine Form der Freiheit, die jeden Tag ausgeübt werden kann und genau deshalb so wertvoll für uns ist. Dieses Gefühl der ständig verfügbaren Möglichkeiten macht Einkaufen zu einem modernen Phänomen. Früher sah sich der Mensch oft als Opfer äußerer Umstände oder er begriff sich als ein auf eine bestimmte Rolle festgelegtes Wesen in einem festgefügten Universum. Heute halten wir uns für ein von uns selbst erschaffenes Geschöpf in einer Welt des beständigen Wandels. Wir brauchen Dinge von Bestand für unser Überleben in einer sich ständig verändernden Welt. Wir kaufen diese

Dinge im Kaufhaus, über das Internet, auf Flohmärkten und in Läden aller Art. Wie vieles im Leben des Menschen hat auch Einkaufen seine schlechten Seiten. Wir verschwenden viel Zeit und Geld beim Kauf von Dingen, ohne die wir vielleicht sogar besser dran wären. Wir lassen uns von einer ständigen Unzufriedenheit zum Einkaufen treiben und von vielleicht viel lohnenderen Beschäftigungen abhalten. Und nicht selten bemessen wir den Wert unseres Lebens nach unserem materiellen Besitz. Der Kick sofortiger Befriedigung verhindert unter Umständen unsere Vorsorge für die Zukunft. Wir haben Teil an einer Kultur der Verschwendung, die vielleicht das Leben kommender Generationen überschatten wird.

Aber trotz all dieser inneren Konflikte und moralischen Dilemmata gehen wir einkaufen. Es ist der Teil des heutigen Lebens, auf den sich Menschen in den Entwicklungsländern als allerserstes und mit großer Begeisterung stürzen. Millionen Menschen leben unter Bedingungen, unter denen an Einkaufen gar nicht zu denken ist, aber die meisten würden es sofort tun, wenn sie nur die Möglichkeit dazu hätten. Einkaufen bietet große Befriedigung, und die hat wenig mit den Vorwürfen mangelnder Selbstbeherrschung zu tun, mit denen die Einkaufenden oft überschüttet werden.

Die Menschen amüsieren sich beim Einkaufen, vielleicht über die Absurdität des menschlichen Schicksals – suchen weiter nach einem Schnäppchen in einem gleichgültigen Universum. Einkaufen ist im Grunde lächerlich, weil das, wonach unser Geist sucht, so unverhältnismäßig viel größer ist als das, was wir kaufen können. Es ist wie mit den Gaben des Zauberers von Oz. Sie befriedigen nicht einmal im Ansatz das Bedürfnis, dessentwegen wir uns eigentlich auf die Suche machten.

Vor einigen Jahren kaufte ich auf einem Flohmarkt einen Versandhauskatalog aus den 50er-Jahren. Seine pastellfarbenen Bilder hatten es mir angetan, aber beim zweiten Hinsehen verriet mir dieses zerfledderte Exemplar noch viel mehr. Es gewährte einen Blick auf Träume und Notwendigkeiten, auf Großzügigkeit und Gier, auf Wohlstand und Genuss, Identität und Möglichkeiten. Es zeigte Freiheit, Verantwortung und Liebe in seiner damaligen Auffassung.

Jemand hatte vor langer Zeit über diesen Seiten gebrütet und inzwischen völlig verblasste Kommentare an den Rand geschrieben. In dem ganzen Katalog, angefangen von Werkzeugen für den Geräteschuppen bis hin zur Einrichtung für das Schlafzimmer, waren Gegenstände für ganz bestimmte Menschen markiert worden. Die Handschrift wirkte sehr mädchenhaft, aber die Auswahl schien mir mit Bedacht getroffen zu sein. Es gab so viele Streichungen, sodass man annehmen konnte, das Mädchen habe seine Auswahl mindestens ein zweites Mal sorgfältig geprüft.

Allein die Anzahl der ausgewählten Objekte – fast 150 – ließ auf eine schier unglaubliche, aber wohl offenkundig reale Großzügigkeit schließen. Das Mädchen hätte all diese Dinge mit Sicherheit gekauft, wenn es gekonnt hätte, und hätte sich gefreut, sie all denjenigen, für die sie gedacht waren, zu schenken. Es hatte getan, was wir alle tun, wenn wir auf der Suche nach einem Geschenk sind, nämlich die Person und die Gefühle, die wir für sie hegen, mit Hilfe von etwas zum Ausdruck zu bringen, das die Person vervollständigt, verändert oder ihr sehr gefällt.

Manchmal erfüllten die gewählten Gegenstände einen praktischen Zweck. Das galt vor allem für die »Papa«-Geschenke: Arbeitsschuhe, strapazierfähige Hosen, eine warme Jacke, eine Werkzeugtasche. Diese Dinge scheinen uns zu sagen, dass der Vater körperlich schwer arbeitete, vermutlich auf einem Hof.

Häufig spiegelten die ausgewählten Geschenke den Wunsch, dem anderen etwas zu geben, was dieser sich niemals selbst gönnen würde, wie z.B. die kunstvoll gearbeitete Wäsche für »Mama«, »Agnes« und »Tante Lucille«. Es gab auch viel Hübsches zum Anziehen für ein Mädchen namens »Jane«, und beim weiteren Durchblättern des Kataloges gelangte ich schließlich zu der Überzeugung, dass es Jane selbst gewesen sein musste, die all die Kennzeichen darin angebracht hatte. Wenn wir großzügig gegenüber anderen sind, führt das nicht selten dazu, dass wir noch großzügiger gegen uns selbst werden.

Wie viele andere Schenkende suchte Jane (?) notwendigen Dingen einen Hauch von Luxus zu geben. Unter den Objekten für »Mama« waren ein Elektroherd, ein Dampfbügeleisen, pinkfarbene Wäscheklammern aus Plastik, eine elegante Lederhandtasche und ein Abendkleid mit Ziermünzen. (Was aber würde »Papa« bei einer solchen Gelegenheit wohl tragen?)

Sogar das Flanellhemd für »Onkel Al« in der damals modernen Farbkombination von Koralle und Anthrazit zeigte, dass seine Nichte ihm etwas Schönes zum Anziehen gönnte. Offenbar war er mehr für sie als nur ein entfernter Verwandter.

Der Katalog zeigte Jane aber auch, in welcher Zeit sie lebte. Welche Farben »in« waren, welche Gerätschaften man verwendete und was Mädchen ihres Alters trugen, zumindest in ihrer Region und in einem kleinstädtischen Umfeld. Die Macher des Kataloges waren bei der Zusammenstellung der Gegenstände von ihrer Vorstellung darüber ausgegangen, was die Leute tatsächlich kaufen würden. Und da die Leute häufiger etwas kaufen, um in ihr nachbarliches

Umfeld zu passen, und sehr viel seltener, um mit ihm zu konkurrieren, gab ihnen der Katalog eine Art Leitfaden. Heute würde man sagen, der Katalog half, eine virtuelle Gemeinschaft zu schaffen.

Beim Blättern durch den Katalog erfuhr Jane nicht nur etwas über die Welt, sondern auch etwas über sich selbst. Der Katalog beinhaltete Dutzende von Kleidern, Röcken und Blusen und damit Dutzende von Möglichkeiten, aber sie wählte nur einige. Sie verstärkte damit ihre Identität, ihr Bild von sich – für sich selbst und für die anderen.

Vor mehr als 100 Jahren öffneten Versandhauskataloge den Menschen außerhalb der großen Städte einen Blick auf das wachsende Angebot an Konsumgütern. Man nannte sie deshalb auch bald »Traumbücher«. Inzwischen spielen diese Traumbücher keine so große Rolle mehr. Dafür aber gibt es heute ganze Traumwelten im Internet und man erreicht große Käufergruppen über die Teleshopping-Angebote im Fernsehen. Die Mehrheit der Surfer im Internet will »sich nur mal umschauen«, genauso wie die meisten Menschen beim Bummel durch die Einkaufsstraßen und Kaufhäuser der Städte.

Trotzdem wäre es nicht richtig, setzte man »nur schauen« mit »träumen« gleich, auch wenn man einen Nachmittag in der City oder einen Abend vor dem Fernseher beim Teleshopping damit verbringt, sich Dinge anzuschauen, die man niemals kaufen wird. Das »Nur-mal-Schauen« ist vielmehr eine Form von häuslicher Kauf- und Warenprüfung. Dabei werden Informationen gesammelt, Vergleiche angestellt und Entscheidungen darüber getroffen, wie die vorhandenen Haushaltsmittel am besten eingesetzt werden können.

Wäre dieses sorgfältige Durcharbeiten des Kataloges lediglich Ausdruck von willkürlicher Gier, hätte sich das

Mädchen wohl nur hübsche Dinge für sich selbst ausgesucht, die ohne jegliches Interesse für andere wären. Aber »Janes« Bemühungen, Verantwortung zu zeigen, indem sie Wünsche und Kosten gegeneinander abwog, machen ihre Anmerkungen so aufschlussreich. Ein guter Einkäufer bzw. eine gute Einkäuferin zu sein gehört heutzutage in unserer Gesellschaft zu einem richtigen Erwachsenen einfach dazu. Das gilt ganz besonders für Frauen. Früher hätte man von »Jane« vielleicht erwartet, dass sie Spinnen oder Nähen lernt, aber seit den 50er-Jahren ist es für sie wichtiger zu lernen, wie man richtig einkauft.

Als sie nun den Katalog durchblätterte, tat sie, was alle Menschen tun, wenn sie einkaufen. Sie bestimmte zunächst die Wünsche verschiedener Personen, die sie gut kannte. Sie stellte sich vor, wie der Besitz der von ihr ausgewählten Dinge ihr Leben und das Leben der anderen ein wenig verändern würde. Sie sah sich einer Flut von Angeboten gegenüber und traf doch ganz bewusste Entscheidungen für jede einzelne Person. Zu entscheiden, wie ich die vorhandenen Mittel am besten einsetze, ist keine einfache Sache, schließlich kann die Zukunft davon abhängen. Vielleicht war ihr der Katalog lediglich willkommene Beschäftigung an einem verregneten Nachmittag, aber es war gleichzeitig auch Übung für eine Aufgabe, die sie ihr ganzes Leben lang begleiten würde. Einkaufen lernen ist wie ein Initiationsritus auf dem Weg des Erwachsenwerdens. Eine materielle Auswahl treffen zu können ist sowohl Privileg als auch Verantwortung und wesentlicher Bestandteil unseres modernen Lebens.

Ob nun gut oder schlecht, ein Alltag ohne Einkaufen ist für uns heute undenkbar. Einkaufen hat eine nicht unerhebliche Bedeutung in unserem Leben. Das Schauen und Kaufen findet sowohl an realen als auch an virtuellen Plätzen statt und erfordert ein gewisses Maß an Bewusstheit, eröffnet es uns doch ganz unterschiedliche Möglichkeiten.

Unsere Einkaufswelt besteht aus einer Vielzahl von eigenständigen Welten, wie Geschäfts- oder Künstlervierteln, Touristenfallen oder Fachgeschäften. Sie umfasst Einkaufsstraßen und -zentren, Boutiquen, Kaufhäuser, Supermärkte, Fabrikverkauf, Flohmärkte, E-commerce, aber auch Modemagazine, Teleshopping, Werbeanzeigen in Zeitungen, Musikvideos, eben all die Mittel der Medien, die uns zum Kauf bewegen sollen. Doch das Allerwichtigste sind wir, die Käufer. Wir betreten diese Welt mit einer Mischung aus vorgefassten Meinungen und Empfindungen. Wir sind ernst und ausgelassen, vernünftig und gierig, verschwenderisch und preisbewusst. Diese Welt ist nicht einfach ein öffentlicher Raum, sondern die Arena für unsere Selbstdarstellung, wo wir vieles über uns erfahren können, als Gemeinschaft und als Einzelperson.

In den letzten zehn Jahren dachte man, das Internet werde das Einkaufen revolutionieren. Nach Verlusten in Milliardenhöhe wird deutlich, dass es ein Missverständnis war, ein Missverstehen des Phänomens Einkaufen. Nur weil alle es tun, heißt das noch nicht, dass es sich um eine banale Angelegenheit handelt. Ähnlich einer Biene auf einer gro-ßen Blumenwiese sind wir Einkaufenden in einer gesättigten Welt ständig neuen Reizen ausgesetzt und damit nicht selten überfordert. Doch die Wirtschaft kann sich ermüdete Konsumenten nicht erlauben. Wir leben in einer globalen Verbrauchswirtschaft, in der der Wohlstand von unserer Bereitschaft abhängt, ständig nach etwas Neuem und Aufregendem Ausschau zu halten. Der Zusammenbruch des Konsums verlängerte in den 30er-Jahren die Weltwirtschaftskrise und verhinderte in den 90ern, dass Japan seine Wirtschaftskrise überwand. Das Verbrauchervertrauen ist jedoch immer in Gefahr. Auf den ersten Blick erscheint es unerschütterlich, doch bei einem heftigen Stoß kann es unvermittelt in sich zusammenbrechen. Schon oft in der Vergangenheit wurden aus optimistischen Käufern mit einem Mal ängstliche Sparer, die dann lange Zeiten des Vergessens brauchten, ehe sie wieder positive Erwartungen entwickelten und investierten. Wer einkauft, navigiert durch ein Universum der Möglichkeiten, zwischen denen er sich entscheiden muss. Doch die wichtigste Entscheidung, ob er nämlich überhaupt etwas kauft oder nicht – darüber weiß man noch sehr wenig.

Wenn die Wirtschaft gut läuft und sich die Leute in den Geschäften drängen, dann äußern wir uns meist ziemlich negativ und halten die Leute für oberflächlich, verwöhnt und verschwenderisch. Manchmal ist solche Kritik ja auch durchaus gerechtfertigt. Vielleicht halten sich die Menschen erst dann mit dem Einkaufen zurück, wenn sie sich um ihre Zukunft Sorgen machen. Wenn man aber kauft, dann blickt man positiv in die eigene Zukunft und glaubt daran. Hören die Menschen auf einzukaufen, so ist das nicht nur katastrophal für die Wirtschaft, sie signalisieren damit gleichzeitig, dass sie nicht an die Zukunft und nicht an den Erfolg ihrer Gemeinschaft glauben.

Dieses Buch handelt von den Impulsen, die Menschen dazu veranlassen zu kaufen, und davon, wie diese Impulse die Welt verändert haben, von grauer Vorzeit bis ins Zeitalter des Internets. Es beginnt nicht mit Kaufen und Verkaufen, sondern eher mit Brauchen und Wünschen, also damit, was noch heute dem Wesen des Einkaufens zugrunde liegt. Ich möchte die unbekannten Seiten von etwas aufzeigen, das uns allen vollkommen vertraut ist, nämlich den eigentlichen Ursprung unserer täglichen Routine und die Komplexität dieses anscheinend so simplen Vorgangs. Nicht der

Verkäufer steht dabei im Vordergrund, sondern die sich entwickelnden Erfahrungen, Bedürfnisse und Sorgen der Käufer.

Dass Einkaufen von großer Bedeutung für die Wirtschaft ist, ist allgemein bekannt, aber es ist auch ein sehr interessanter und dabei wenig verstandener Aspekt unseres täglichen Lebens. Manche behaupten, es sei die weltweit beliebteste Freizeitbeschäftigung, obwohl es mit Freizeit oft sehr wenig zu tun hat. Doch wir Menschen in den Industrieländern verbringen viel Zeit damit, sei es, weil wir es wollen, sei es, weil wir es müssen. Ist es also nur die reine Zeitverschwendung oder tun wir auch etwas Sinnvolles? Vielleicht kann dieses Buch uns helfen, das Phänomen des Einkaufens besser zu verstehen.

Wir wollen versuchen herauszufinden, was uns heute zum Einkaufen bewegt, und einen historischen Überblick darüber geben, welchen Wert die Menschen den Dingen beimessen, warum sie sich diese Dinge wünschen und wie sie sie schließlich erwerben. Jedes der neun Kapitel befasst sich thematisch mit einem Grund, warum die Menschen kaufen.

Macht: der Einsatz von Dingen, um Autorität und den eigenen Wert zu beweisen

Verantwortung: Einkauf als Versorgung der Familie, besonders bei Frauen

Entdeckungen: sich unter fremden Menschen bewegen, handeln und lernen

Selbstdarstellung: die Bedeutung von Dingen in einer Welt, in der die Identität des Einzelnen nicht mehr festgelegt ist

Unsicherheit: Verkäufer und Käufer beschwören gemeinsam die Illusion vom Mangel und nutzen Mode, um das Leben interessanter zu machen

- *Aufmerksamkeit:* der Wunsch, die eigenen Bedürfnisse erfüllt, nicht aber infrage gestellt zu wissen
- *Zugehörigkeit:* der Einsatz von Dingen als Zeichen der Zugehörigkeit zu einer bestimmten Gruppe oder als Zeichen des Gegenteils
- *Feierlichkeiten:* inwieweit bestimmt der Konsum die Bedeutung von Weihnachten?
- *Bequemlichkeit:* die gegenseitige Beeinflussung von Einkaufen und Alltag

Jedes dieser Themen bezieht sich auf das Einkaufen, wie wir es heute kennen, und setzt jeweils die historische Perspektive des vorangegangenen Kapitels fort. Graue Vorzeit in Kapitel 1 und 2, die Märkte in Kapitel 3, die Entstehung der Einkaufswelten in Kapitel 4, die Entwicklung von städtischen Einkaufszentren und Verkaufstechniken in Kapitel 5 bis 7, Urlaubseinkäufe in Kapitel 8 und das Vordringen des Konsums in alle Lebensbereiche in Kapitel 9.

Zusammengenommen ergibt das in etwa unser heutiges Einkaufserlebnis. Konsumenten müssen stets sehr aufmerksam sein, denn sie suchen, was sie brauchen, finden auch, was vergessen wurde, und sind jederzeit offen für Überraschungen. Sie sind herzlich eingeladen, das Gleiche zu tun.

1

Macht

Warum wir etwas wollen und wie es uns verändert

Ich bemerkte die alte Dame sofort, als ich auf den Parkplatz von Wal-Mart fuhr. Ich konnte auch gar nicht anders, denn sie versperrte mir den Weg. Sie ignorierte das ungeduldige Hupen der Autos hinter mir und schob sich, auf ihre Gehhilfe gestützt, ganz langsam in Richtung des Supermarkteingangs vorwärts.

Schließlich fand sie auf dem Parkplatz einen Einkaufswagen, in den sie mit einer fast anmutigen Bewegung die Gehhilfe bugsierte. Auf den Einkaufswagen gestützt kam sie nun etwas schneller voran und erreichte bald den Eingang, sodass wir anderen endlich einparken und das tun konnten, wozu wir hergekommen waren. Sie wollte mir nicht aus dem Sinn, als ich schließlich selbst durch den Supermarkt ging. Wofür nahm sie diese Mühe auf sich? Was brauchte sie so dringend?

Im Laden kreuzten sich unsere Wege hin und wieder. Jedes Mal stand sie dann vor einem Regal oder Kleiderständer und prüfte Röcke, Hemden oder irgendwelche Oberteile. Nach etwa einer halben Stunde hatte sie in ihrem Einkaufswagen eine kleine Auswahl von Artikeln, von denen man denken würde, dass sie auch sehr gut ohne sie auskäme. Nichts davon war kostspielig. Schließlich sprach ich sie an und fragte, warum sie dafür solche Mühen auf sich nehme. Sie aber wollte von Mühen nichts wissen und erklärte, dass sie häufiger mit dem Bus hierher komme. Heute sei sie hier, weil sie einige Dinge für den Haushalt und für ihre Enkelkinder brauche. Nichts wirklich Wichtiges. »Ich komme gerne einmal heraus aus meinen vier Wänden und gehe einkaufen.«

Nicht *Was* sie kaufte, war ihr also wichtig, sondern dass sie die Möglichkeit dazu hatte. Sie müsse nur auf ihr Geld aufpassen, sagte sie, und dass sie nicht mehr kaufe, als sie nach Hause tragen könne. Beim Verlassen des Supermarktes konnte sie sich gleichzeitig pflichtbewusst und großzügig fühlen. Die Dinge in ihrer Einkaufstasche waren eigentlich beliebig, aber sie dienten ihr dazu, sich und ihrer Umgebung etwas zu beweisen. Solange sie selbstständig einkaufen gehen konnte, durfte niemand behaupten, sie sei hilfsbedürftig. Sie konnte ihren Alltag immer noch allein bewältigen. Indem sie ihren Enkeln etwas kaufte, sicherte sie sich zudem eine gewisse Bedeutung im Leben ihrer Familie.

Man könnte also sagen, dass in diesem Fall der Akt des Einkaufens selbst viel wichtiger war als die eingekauften Artikel, doch ganz so war es nicht. Der Akt selbst bewies ihr zwar, dass sie immer noch dazu fähig war, aber die eingekauften Dinge waren der greifbare Beweis für diese Fähigkeit.

Das Herstellen einer Verbindung zu anderen Menschen und das Sichern der eigenen Position innerhalb einer Gruppe mit Hilfe von materiellen Dingen ist eine uralte und universelle menschliche Verhaltensform. Manch andere Spezies nutzt Gegenstände als Werkzeuge, aber nur der Mensch stellt solche Dinge in den Mittelpunkt – zumindest soweit wir heute wissen. Seit dem Neolithikum, der Jungsteinzeit, betrachten Menschen materielle Dinge auch als Sinnbilder der Macht. Könige und Zauberer besaßen stets Dinge von elementarer Bedeutung, wie z.B. der König die

Krone, ein Anführer einen bestimmten Umhang, ein Schamane eine Sammlung von okkulten Amuletten, ein erfolgreicher Jäger ein Kette mit Tierzähnen um seinen Hals. All das waren Zeichen von Macht, Können oder Zauberkraft.

Meistens waren solche Insignien selten und überaus wertvoll. Sehr ehrgeizige Menschen bemächtigten sich manchmal dieser Insignien, um damit die begehrte herrschende Position für sich zu gewinnen, und Menschen, die bereits Herrscher waren, nutzten Dinge als Geschenk, um Verbündete zu belohnen oder Feinde auf ihre Seite zu ziehen. Priester betraten andere Welten mit Hilfe von rituellen Utensilien, die ihnen übernatürliche Kräfte verleihen sollten. Gerieten solche Insignien der Macht in falsche Hände, dann war die Ordnung einer Gesellschaft in Gefahr. Deshalb haben Herrscher nicht nur stets dafür gesorgt, dass sie solche Macht verleihenden Dinge besitzen, sondern auch dafür, dass andere sie nicht besitzen. Das sicherte ihnen eine gewisse Kontrolle.

Für Herrscher und Schamanen früherer Zeiten wäre die Moderne ein Graus. Selbst arme Menschen müssen heute nicht auf alles verzichten, und inmitten unseres Überangebots ist es schwierig, sich durch Dinge eine herausgehobene Position zu verschaffen. Bestimmte Gegenstände bedeuten und sichern schon lange nicht mehr das Recht zu herrschen. Heute bestätigen sie eine andere Form der Macht, nämlich die Freiheit der Wahl. Meine ferne Bekannte aus dem Supermarkt vermutet gewiss keine Ähnlichkeit zwischen den von ihr gekauften Waren und einer Königskrone. Trotzdem haben sie durchaus eine politische Aussagekraft. Sie sind Zeichen ihrer persönlichen Unabhängigkeit.

Natürlich ist Einkaufen auch heute nicht die einzige Art und Weise, mit der Macht der Dinge umzugehen. Menschen stehlen, junge Leute sterben, weil andere ihre »coolen Schuhe« wollen. Und auch der Austausch von Geschenken ist heute noch eine höchst wirksame Methode, einander Verbundenheit zu demonstrieren und/oder einander zu verpflichten.

Trotzdem üben wir materielle Macht hauptsächlich über das Einkaufen aus. Es ist zu einem solch integralen Bestandteil unseres Lebens geworden, dass wir uns dessen kaum mehr bewusst sind. In den meisten Gesellschaften lernen die Kinder etwas zu kaufen, noch bevor sie richtig sprechen oder lesen können. Es ist, so haben Kinderpsychologen beobachtet, mit das Erste, wonach Kinder die Welt beurteilen und wodurch sie ihre Persönlichkeit entwickeln.

Mit sechs Monaten sind drei von vier Säuglingen das erste Mal im Supermarkt, manche sogar schon direkt nach der Geburt. Sie begreifen sehr schnell, dass hier die Quelle einiger guter Dinge ist, die sie bisher nur mit ihren Eltern assoziiert haben. Im Alter von durchschnittlich zwei Jahren beginnen sie auf Dinge zu zeigen und ihre Wünsche zu äußern. Und sie lernen schnell, wie sie ihre Wünsche am besten durchsetzen. Bald erinnern sie sich an Dinge, die sie schon einmal gesehen haben oder die sie besonders mögen, auch wenn sie diese Dinge nicht gerade vor Augen haben. Von nun an sind sie für die Werbung interessant.

Die meisten Dreijährigen erinnern sich, wie Supermärkte und Geschäfte aufgebaut sind, wenn sie ein paarmal dort waren. Sie sind begeistert, wenn man sie nach Belieben herumlaufen und eine eigene Auswahl treffen lässt. Das Auswählen ist schließlich das Wichtigste am Einkaufen. Es beginnt, wenn Kinder einigermaßen sicher auf zwei Beinen unterwegs sind, und endet, wenn sie als alte Leute schließlich nicht mehr laufen können.

Kinder wissen aber auch sehr früh, dass man nicht nur auswählen, sondern auch bezahlen muss. In Amerika geben viele Eltern ihren Sprösslingen bereits im Alter von fünfeinhalb Jahren Geld, damit sie bestimmte Dinge einkaufen, und mit acht lassen sie sie unabhängig mit ihrem eigenen Geld einkaufen.

Wir alle beginnen mit dem Einkaufen in Abhängigkeit davon, was uns andere geben. Nur weil ein Kind in einem Laden eine Auswahl trifft, ist es ja nicht wirklich selbstständig. Aber es fühlt sich so. Es vermittelt ihm das in unserer Zeit so geschätzte Gefühl der Autonomie. Die bunt verpackten Dinge im Laden sind für Kinder echte Schätze. Sie spielen mit Dosen und Schachteln, die ihre Fantasie beflügeln und denen sie oft eigene Bedeutungen geben, die nicht selten erheblich von dem abweichen, was sich die Marketing-Experten gedacht hatten.

Kinder lernen einkaufen, wie Entenküken schwimmen. Es ist eine Reaktion auf die Welt, in der sie leben und zeigt ureigene Stärken und Wesensmerkmale der jeweiligen Spezies. Vielleicht sind wir nicht, wie der T-Shirt-Aufdruck behauptet, »Born to shop«, aber wir wurden mit der Fähigkeit geboren, Gegenstände zu unserem Vorteil einzusetzen, und wir werden in dem Glauben erzogen, dass wir unsere Kompetenz und Lebenstüchtigkeit unter Beweis stellen, indem wir eine kluge Auswahl treffen. Einkaufen ist ein so integraler Bestandteil unseres Lebens, dass es unser Denken und unser Verhalten beeinflusst. Doch um zu verstehen, welch machtvollen Einfluss es hat, müssen wir uns zunächst vergegenwärtigen, wie das Leben vorher war.

Für den größten Teil der Menschheitsgeschichte gibt es irgendwelche Fundstücke, aus denen wir schließen, wie diese Menschen vermutlich gedacht und gehandelt haben. Vor Tausenden von Jahren, bevor es die Schrift gab, kommunizierten die Menschen sehr geschickt mit Hilfe von Gegenständen. Sie sammelten, was sie in der Natur fanden und was einen Wert oder Nutzen zu haben schien. Sie lernten Stoffe mit Mustern zu weben, die ihre Auffassung von ihrer Gemeinschaft, von ihrer Umwelt und sogar vom Universum widerspiegelten. Sie erfanden die Herstellung von Keramik, um daraus Gefäße für Flüssigkeiten herzustellen, aber sie verzierten sie auch und gaben ihnen damit Aussagekraft. Sie lernten, Metall zu hämmern, um daraus glatte und glänzende Gegenstände herzustellen, und später, das Metall zu schmelzen, um daraus haltbare und widerstandsfähige Gegenstände zu fertigen.

Die Menschen haben oft sehr viel Kraft und Mühe investiert, um in den Besitz ihnen wertvoll erscheinender Dinge zu gelangen. Viele solcher wertvollen Dinge aus der Zeit des Neolithikums wurden von Archäologen Hunderte von Kilometern entfernt von der Quelle des Rohmaterials oder dem wahrscheinlichen Herstellungsort gefunden. Bernstein beispielsweise wurde vor 10 000 Jahren als Schmuckstein, Medizin und Aromastoff (wenn es verbrannt wurde) sehr geschätzt. Der Bernstein stammte zwar ursprünglich von den baltischen Meeresküsten, gelangte aber in großen Mengen bis ans Mittelmeer, was von gut funktionierenden Handelswegen quer durch einen ganzen Kontinent zeugt.

Die frühen Menschen mussten hart um ihr Überleben kämpfen und viele verhungerten in ihrer rauen und lebensfeindlichen Umwelt oder wurden Opfer von Raubtieren. Weil wir das wissen, nehmen wir heute an, dass fast alles, was hergestellt wurde, einen praktischen Zweck erfüllte. Aus heutiger Sicht betrachten wir die Entwicklung der frühen Metallverarbeitung nur aus dem Blickwinkel der besseren Werkzeuge und Waffen, die sich mit Hilfe von Metall und Legierung herstellen ließen.

In den letzten 20 Jahren haben sich einige Anthropologen von dieser rein utilitaristischen und wirtschaftlichen Sichtweise gelöst. Fand man viele Gegenstände an einem Ort, ging man gewöhnlich von Macht und Wohlstand des Besitzers aus. Das mag durchaus so sein, doch, so fragt Colin Renfrew, wäre es nicht auch denkbar, dass diese Anhäufung eher die Ursache als die Folge dieses Umstands war? Wir können nicht sicher sein, ob bestimmte Menschen viele Dinge besaßen, weil sie Macht hatten, oder ob sie Macht hatten, weil sie viele Dinge besaßen.

Der Wert der Dinge scheint auch nicht in erster Linie in ihrer Nützlichkeit begründet zu sein, sondern in ihrer Schönheit und der ihnen zugemessenen Bedeutung. Funde auf dem Balkan und anderswo lassen vermuten, dass die Verarbeitung von Metall zu Werkzeugen und Waffen sich erst lange nach der Verwendung der Metalle zur Herstellung von Schmuck und anderen dekorativen Gegenständen entwickelte, die durch ihren Glanz und ihre glatte Beschaffenheit beeindrucken. Die Verfeinerung der Metallurgie befähigte die Menschen zwar, Werkzeuge herzustellen, die ihre Lebensweise und damit ihre Überlebenschancen enorm verbesserten, aber davor erlaubten ihre Kenntnisse bereits die Herstellung von schönen, sinnlichen und begehrenswerten Dingen.

Viele dieser schönen Dinge hatten sehr wahrscheinlich eine religiöse Funktion. Vielleicht dachten die frühen Menschen, dass ein magischer Gegenstand, der das Getreide wachsen ließ, für das Überleben sinnvoller sei als eine bessere Hacke. Dinge können in vielerlei Hinsicht nützlich sein.

Selbst Dinge, die auf den ersten Blick nur nützlich aussehen, wie z.B. die mehr als 4 000 Jahre alten Steinäxte, die man in England ausgegraben hat, entpuppten sich bei näherem Hinsehen als kunstvoll gearbeitete Stücke, die nicht selten aus Materialien hergestellt wurden, die sich eigentlich weder für Werkzeuge noch für Waffen eignen. Oft sind sie so gut erhalten, dass man davon ausgehen muss, dass sie niemals tatsächlich benutzt wurden. Sie waren Insignien der Macht. Ihr Besitz zeigte vermutlich nicht nur, dass jemand besonders mächtig war, sondern auch, dass er diese Macht legal innehatte. Es war also nicht nur ein Zeichen der Ungleichheit zwischen den Menschen, sondern ein Zeichen der Berechtigung und Er»mächtigung«.

Dieses Argument beruht allerdings vorwiegend auf der Beobachtung späterer Gesellschaftsformen. Als der afrikanische Kongo noch ein Königreich war, markierte ein Umhang aus Leopardenfell nicht nur die Machtstellung des Königs, er repräsentierte vielmehr vor allem seine Legitimität.

Dasselbe gilt für die Königskrone. Wir halten sie oft lediglich für ein Symbol der Königsmacht oder der staatlichen Souveränität, doch sogar in vielen heutigen Königsfamilien ist sie ein ganz persönlicher Besitz, der unmittelbar an die eigenen Nachkommen weitergereicht wird. Die Menschen erhalten sie nicht mehr für besondere Leistungen oder für ein besonderes Amt und diejenigen, die sie erben, werden nicht mehr nach ihren Verdiensten gefragt. Natürlich konnte und kann man sie auch stehlen. Wem das in früheren Zeiten gelang, der betrachtete dies als Beleg dafür, dass der vorherige Besitzer sie nicht verdient hatte – im Gegensatz zu ihm selbst. Eine Krone hat ihre eigene Macht und ihre eigene Magie und wird den Weg auf den richtigen Kopf finden – jedenfalls redete man sich das gerne ein. Der König erhält die Krone, weil das Schicksal oder Gott es so will, unabhängig davon, was er dafür geleistet hat.

Als die Puritaner die heutigen Neuengland-Staaten besiedelten, hatten sie eine ähnliche Überzeugung. Sie sahen in materiellem Wohlstand eine Gunstbezeugung Gottes. Zwar hielten sie nichts von einem Leben in Müßiggang und Verschwendung, aber sie hielten reiche Menschen für wertvoller als andere. Noch heute denken nicht wenige so.

Sich einfach der Dinge zu bemächtigen ist vermutlich eine der ältesten Methoden, in den Besitz von etwas zu gelangen. Manchmal ist ein Dieb nur ein schlichter Krimineller, aber manchmal wird er auch als Held gefeiert. Rauben, plündern, wegnehmen, also das, was in der Anthropologie als »Erwerb ohne Gegenseitigkeit« bezeichnet wird, genoss oft höheres Ansehen als legales Kaufen oder Handeln. Wenn ein Gegenstand sinnbildlich für eine Gemeinschaft steht, dann erfüllt der Raub gleich eine zweifache Funktion. Erstens stärkt er den Räuber – nach außen sichtbar – und zweitens schwächt er den Beraubten – ebenfalls nach außen sichtbar.

Und in der Tat, viele unserer Epen kreisen um einen Helden, der versucht, in den Besitz eines wertvollen Gegenstandes zu kommen, z.B. Jason, der nach dem Goldenen Vlies trachtet, oder die Arthus-Sage, in der nach dem Heiligen Gral gesucht wird, bei Wagner und Tolkien geht es jeweils um einen Ring. Dem Helden geht es – wie auch uns manchmal beim Einkaufen – mehr um die Jagd als um die Beute selbst. Vielleicht handeln die Geschichten ja in Wahrheit davon, dass der Held durch seine gefährliche und mühevolle Suche erst zum wahren Helden wird. Entscheidend ist, dass er ein gestecktes Ziel erreicht und nicht mit leeren Händen zurückkehrt.

Homers große Epen werden zwar nicht durch den Raub von Dingen, sondern von einer Person in Gang gesetzt, aber auch seine Figuren erwerben Dinge oft auf die altmodische Art und Weise, sprich, sie stehlen sie. Die wenigen Händler, die in Homers Epen auftauchen, sind, wie meistens in der Literatur, schwächliche, fremdländische und wenig Vertrauen erweckende Gestalten. Zwar erachteten die alten Griechen Feinde, die sich in einer luxuriösen Umgebung bewegten, als schwach und weibisch, doch der Diebstahl von luxuriösen Dingen galt als äußerst männlich.

Schon immer waren in Aussicht gestellte Plünderungen und Beute ein Erfolg versprechender Weg, um Soldaten zum Kriegsdienst zu bewegen. »Was für ein Paradies für Plünderer«, soll ein deutscher General 1820 ausgerufen haben, als er zum ersten Mal die Regent Street in London betrat, die damals als die schönste und opulenteste Einkaufsstraße der Welt galt. Und mehr als ein halbes Jahrhundert nach dem Ende des Zweiten Weltkrieges machen von Soldaten und Staaten geraubte Kunstgegenstände und Pretiosen immer noch Schlagzeilen. Die Lust am Rauben spiegelt sich heute noch in der englischen Redewendung »It's a steal« wider, wenn etwas besonders günstig zu haben ist.

Und natürlich stehlen die Menschen nach wie vor und machen vom »Langfinger-Rabatt« Gebrauch. Nach Schätzungen des Einzelhandels in Amerika stiehlt jeder Elfte, und die Verluste summieren sich jedes Jahr auf rund zehn Milliarden Dollar. Ein Viertel der Ladendiebe sind Jugendliche, die einen Nervenkitzel suchen, und bei einem kleinen Prozentsatz handelt es sich entweder um Kleptomanen, die einem inneren Zwang folgen, oder um Profis, die das Geraubte selbst wieder verkaufen. Aber der weitaus größte Teil unterscheidet sich nicht von uns anderen. Diese Menschen klauen, was ihnen gefällt, und nicht, was sie brauchen. Dabei gehen sie meist völlig planlos vor. (Ein besonders ungeschickter Fall ereignete sich auf Long Island, wo eine Diebin oben ohne das Geschäft betreten hatte. Erstens zog sie damit die Aufmerksamkeit auf sich und zweitens wusste sie nicht, wo sie ihre Beute verstecken sollte.)

Die meisten chronischen Diebe neigen zur Depressivität und hoffen, ihr Leben zu verschönern, indem sie sich etwas Neues zulegen. Während des enormen Wirtschaftswachstums Ende der 90er-Jahre ging der Ladendiebstahl stark zurück, was zum Teil auf verbesserte Sicherheitssysteme zurückgeführt wurde. Der Hauptgrund war aber vermutlich der Wohlstand, der es den Leuten erlaubte, zu kaufen, was sie sich wünschten. In diesem Sinne ist Ladendiebstahl Erwerb ohne Mittel und eine Möglichkeit für die Menschen, sich mit den Dingen zu umgeben, von denen sie glauben, dass sie sie verdienen.

Das Schenken ist sehr viel älter als das Einkaufen. Es findet sich in jeder Gesellschaftsform und niemand kann sagen, wann es entstanden ist. In vielen Kulturen wurden komplexe Rituale dafür entwickelt. Manche Anthropologen sind sogar der Meinung, dass eine Wirtschaft, die auf Geld und unpersönlichem Austausch beruht, ein neues und eher unübliches Phänomen darstellt. Geben und Nehmen sei die eigentliche Form, in der Gesellschaften Zusammenhalt und Wohlstand zu fördern.

Das Schenken zu Weihnachten kann arges Kopfzerbrechen bereiten. In Geschenken spiegeln sich Beziehungen, sie bewirken häufig eine Verpflichtung – oder sind die Antwort auf eine. Ein Geschenk ist eine Wertschätzung, und wenn das schief geht, reagiert der Beschenkte vielleicht gekränkt und nutzt die nächste Gelegenheit zur Revanche. Auch ein Fehler bei den Opfergaben an die Götter konnte einst ungeahnte katastrophale Folgen haben.

Bis heute werden bestimmte Dinge vor allem verschenkt, nicht selbst gekauft. Ein Beispiel: Obwohl in der Werbung auch alleinstehende Frauen aufgefordert werden, Brillantringe und Schmuck selbst zu kaufen, sind das in unserem Kulturkreis nach wie vor Dinge, die eine Frau gewöhnlich von einem Mann geschenkt bekommt. Ein Verlobungsring mit einem Diamanten ist ein Eheversprechen und, zumindest bis vor kurzem, ein Versprechen, auch finanziell für die Frau zu sorgen. Anderer Brillantschmuck ist entweder Ausdruck von höchster Wertschätzung und Verbundenheit oder von ostentativ zur Schau gestellter Extravaganz.

Schenken ist also eine komplexe Angelegenheit. Es zementiert zwischenmenschliche Beziehungen, meist, indem es die Beschenkten verpflichtet. Manchmal steht das Geschenk zu der erwarteten Gegenleistung jedoch in keinem Verhältnis. Rein wirtschaftlich betrachtet ist ein ganzes Leben der Haushaltsführung, der Kindererziehung und der sexuellen Treue nicht mit einem Brillantring aufzuwiegen. Der springende Punkt hierbei ist, dass der Brillantring keine Bezahlung ist, sondern ein Symbol der gegenseitigen Verpflichtung. Natürlich ist auch der Wert des Ringes von Bedeutung, denn eine solche Verpflichtung sollte nicht zu leicht eingegangen werden können.

Der Austausch von Geschenken bewirkt eine komplizierte Vernetzung unter den Menschen, die darauf beruht, wer von wem ein Geschenk erwartet und in welchem Wert und ob beide oder nur eine Person etwas gibt. Es ist nicht einfach, die Angemessenheit eines Geschenks zu beurteilen, denn es verrät, in welcher Beziehung wir uns zu dem Beschenkten sehen. Und wenn man entweder den Beschenkten oder die Beziehung zu ihm falsch einschätzt, kann das für beide Seiten schmerzvoll werden. Im Gegensatz zu einer verletzenden Bemerkung kann man ein körperlich vorhandenes Geschenk nicht so ohne weiteres vergessen.

Schenken ist meist nicht nur ein Ausdruck von Großzügigkeit oder Zuneigung. Irgendwie spielt auch Verpflichtung immer mit hinein. Das galt besonders in prähistorischen Zeiten für wertvolle Geschenke, die oft einen langen Weg hinter sich hatten. Manche davon wurden als Tribut von machtvollen Herrschern bei weniger machtvollen Nachbarn eingetrieben, andere zum Zeichen der Einigung oder des Respekts überreicht. Manchmal wird das Schenken bei solchen Anlässen so stark ritualisiert, dass daraus eine ganz bestimmte Art von Geschenken speziell für diesen Zweck entsteht.

Eines der berühmtesten Beispiele dafür sind die *kula*-Geschenke, die die Mächtigen auf den Trobriand-Inseln östlich von Neuguinea austauschen. Diese kunstvollen Gegenstände besitzen keinerlei Marktwert innerhalb der Gemeinschaft und verfolgen keinen anderen Zweck, als in den herrschenden Kreisen hin- und hergeschenkt zu werden. Durch ihr Verschenken verpflichtet man den Beschenkten und schmiedet Allianzen, die die Macht des Schenkenden beträchtlich stärken können. Wie meistens beim Schenken spielt die Einschätzung dessen, was man dafür zurückbekommt, eine große Rolle.

Bedrohung durch Luxus

Der Besitz von wertvollen Gegenständen war lange Zeit ein äußerlich sichtbares Zeichen, wenn nicht gar die Grundlage, für Autorität. Erst die Insignien machen den König, und wenn jemand versucht, unrechtmäßig in den Besitz dieser königlichen Insignien zu gelangen, bringt er die bestehende Ordnung in Gefahr. Von jeher hat die Unterscheidung zwischen Luxus und Notwendigkeit diese Weltsicht beinhaltet. Man sah die Gesellschaft als statisches Gebilde mit einem beschränkten Vorrat an materiellem Besitz und einem anerkannten Machtzentrum. Der Mensch wurde in eine ihm vorbestimmte Rolle hineingeboren und an einen ihm vorbestimmten Platz in der Gesellschaft gestellt. Das Glück des Einzelnen und das der Gemeinschaft hingen davon ab, dass alle den ihnen zugewiesenen Platz akzeptierten und die ihnen zugedachte Rolle ausfüllten.

Angesichts unseres aggressiven Materialismus scheint es paradox, dass der westliche Kulturkreis materiellem Reichtum lange so ablehnend gegenüberstand. Zu Zeiten der Bibel predigten die Hebräer den Gegensatz zwischen dem Wort, durch das der einzige wahre Gott zu ihnen sprach, und dem trügerischen Götzenbild, das zur Anbetung falscher Götter aufforderte.

Die griechischen Philosophen und nach ihnen die Römer unterschieden streng zwischen Notwendigkeit und Luxus, den sie mit fremd und weiblich assoziierten. Das Schwelgen in Luxus, so hieß es, verweichliche die Männer und lasse sie zur leichten Beute bei militärischen Auseinandersetzungen werden. Es war notwendig, diese Warnung immer aufs Neue zu wiederholen, denn Luxus ist verführerisch.

Plato im antiken Athen und Konfuzius in China stammten aus völlig unterschiedlichen Kulturen und doch machten sich beide viele Gedanken um eine stabile Gesellschaftsordnung. Beide waren der Meinung, die Mehrheit der Menschen sollte nur das zum Leben Nötige haben. Würden viele Menschen vieles besitzen, so würde sich der Reichtum eines Volkes sinnlos zerstreuen und die Menschen bekämen ein falsches Bild von ihrer eigenen Bedeutung, was sie dazu veranlassen könnte, die bestehende Autorität herauszufordern oder – schlimmer noch – zu ignorieren. Was zum

Leben nötig ist, ist jedoch schwer zu fassen. Noch nie hat es eine Gemeinschaft gegeben, in der die Mitglieder genügsam wie die Tiere gelebt hätten. Plato und Konfuzius lebten in prosperierenden Machtzentren, wo fast alle mehr als nur das Nötigste besaßen. Trotzdem propagierten beide ein Ideal der Einfachheit und Würde, von Genug aber nicht Zuviel, von Zufriedenheit mit dem, was man hat.

Jahrhundertelang galt Luxus als Schwäche, ja fast als Sünde. Die einflussreichsten römischen Schriftsteller missbilligten Luxus und lobten maskuline und kriegerische Werte. Noch 2 000 Jahre später spiegelt sich diese Ansicht in der weit verbreiteten Meinung wider, Dekadenz und Luxus habe zum Untergang des Römischen Reiches geführt. Die weniger harte Lebensweise der römischen Soldaten, so der Glaube, habe den urwüchsigen und männlichen barbarischen Horden den Sieg leicht gemacht. Die Römer hielten die Perser für verweichlichte Anhänger des Luxus, und wir sagen dasselbe über die Römer, nicht ohne uns über uns selbst gewisse Sorgen zu machen.

Wie später der Kommunismus galt Luxus als der Feind im Inneren, der die Gesellschaft schwächt, indem er ihre Werte und gemeinschaftlichen Regeln aushöhlt. Eine Verbreitung von Luxus wurde als ungesunde Umverteilung von Reichtum betrachtet, die den Interessen der Gemeinschaft zuwiderläuft, weil die Gelder nun für privates Vergnügen anstatt für das Wohl der Allgemeinheit ausgegeben werden. Eine der größten Gefahren sah man darin, dass Menschen, die sich an einen gewissen Luxus gewöhnt hatten, nicht länger bereit sein würden, ihre Rolle als Bauer, Handwerker, Händler oder Soldat auszufüllen.

Wenn übermäßiger Konsum durch die falschen Personen eine Bedrohung für die Mächtigen darstellte, dann war es nur verständlich, dass sie sich dagegen zur Wehr setzten.

Das taten sie auch zu ganz verschiedenen Zeiten und an ganz verschiedenen Orten, und zwar mit Hilfe von entsprechenden Gesetzen. Diese Gesetze regelten, welche Angehörigen welcher Klasse was besitzen und wie sie sich kleiden durften bzw. was sie keinesfalls besitzen oder wie sie sich keinesfalls kleiden durften. (Schuluniformen sind ein klassisches Beispiel für solche Gesetze. Die Schuluniform soll die Ordnung in einer Schule aufrechterhalten, indem sie verhindert, dass sich einzelne Kinder durch ihre Kleidung von den anderen abheben.) Solche Gesetze werden meist regelmäßig überarbeitet und angepasst und sind in ihren Verboten überaus konkret. Sie bieten uns heute eine verlässliche historische Übersicht über die Mode, und es scheint, als habe es zu allen Zeiten Dinge gegeben, die von den »Rechtschaffenen« missbilligt wurden. In den letzten Jahren galt beispielsweise der Geländewagen als unangemessener Luxus, der das Wohl der Allgemeinheit bedrohte. Der Versuch, ihn mittels strenger Gesetze, hoher Steuern und Auflagen wieder aus dem Straßenbild zu verdrängen, scheiterte. Solche Gesetze sind insgesamt nur selten erfolgreich, denn kaum ist das eine geregelt, gibt es schon wieder etwas Neues auf dem Markt.

So visionär sie auch waren, weder Plato noch Konfuzius konnten sich ein Geschäft wie Wal-Mart vorstellen, und es ist mehr als unwahrscheinlich, dass sie die dort erhältlichen Waren als lebensnotwendig eingestuft hätten. Ein solcher Supermarkt wäre in ihren Augen ein Zeichen blanker Anarchie, sie sähen eine Gesellschaft, in der alles außer Kontrolle geraten zu sein scheint und in der die Menschen nicht länger wissen, welcher Platz ihnen gebührt.

Selbst wir heutigen Menschen empfinden ein gewisses Unbehagen angesichts des uns umgebenden Luxus. Häufig benutzen wir das Wort »Luxus« als lobende Anerkennung für etwas, das wir als überaus besitzenswert empfinden. Ein Luxusauto, z.B., ist eine feine Sache, wenn man es sich leisten kann. Trotzdem haben wir gemischte Gefühle dabei und rechtfertigen jeden Luxus als Belohnung für die harte Arbeit, die wir dafür leisten. Wenn ein Firmenchef ein Luxusauto fährt, finden wir das in Ordnung, wird es hingegen von einem Sozialhilfeempfänger gefahren, ist das für uns ein Zeichen, dass etwas mit unserer Gesellschaft nicht in Ordnung ist. Etwas auffällig Opulentes aus reiner Freude zu besitzen, erscheint uns höchst verdächtig, und wir ärgern uns über junge Leute, die komfortabel leben, es jedoch noch gar nicht verdient haben können und noch nichts dafür geleistet haben. Wir fürchten, dass zu großer Wohlstand zu Dummheiten verführt. Während des Börsenhöhenflugs gegen Ende der 90er-Jahre besuchten wohlhabende Eltern kostspielige Seminare, um zu verhindern, dass aus ihren Kindern verwöhnte Gören wurden.

Wir sprechen zwar vom Luxus und vom Lebensnotwendigen, als ob es klar auf der Hand läge, was wir damit meinen, doch in Wirklichkeit ist ihre Definition und Abgrenzung sehr kompliziert. Oft scheint es so, als bezeichneten wir etwas als Luxus, wenn wir es nicht für uns selbst kaufen würden oder aber, wenn wir der Meinung sind, dass Menschen, die sozial schwächer sind als wir, etwas nicht haben sollten, das wir haben, z.B. Rehbraten auf Lebensmittelmarken.

Die Maßstäbe verschieben sich jedoch mit der Zeit. Heute würde wohl niemand bestreiten, dass Glühlampen zu den Lebensnotwendigkeiten zählen, während noch vor 100 Jahren sogar Könige oder Großkriminelle ohne sie auskommen mussten. Nahrungsmittel zählen unbedingt zu den Lebensnotwendigkeiten, doch die zahllosen Fertiggerichte, die die Tiefkühltruhen der Supermärkte füllen, kosten ein Vielfaches von den darin enthaltenen Rohmaterialien.

Wir haben uns daran gewöhnt, dafür zu bezahlen, dass wir die Speisen nicht mehr selbst zubereiten müssen. Über diese Art von Luxus lässt sich streiten, aber Menschen mit langen Arbeitstagen, die keine Zeit zum Kochen haben, empfinden diese Bequemlichkeit als lebensnotwendig. Auch Kleidung ist zweifelsohne eine Notwendigkeit, aber wie voll darf der Kleiderschrank sein, bevor die Grenze zwischen Notwendigkeit und Luxus überschritten wird?

Wenn man einen objektiven Blick auf das Warenangebot von Wal-Mart wirft – und ich weiß nicht, ob das überhaupt möglich ist –, könnte man zu dem Schluss gelangen, dass dort nichts angeboten wird, ohne das der Mensch nicht auch leben könnte. Ein Rasensprenger ist nicht unbedingt nötig und niemand *braucht* eine Barbie-Puppe. Man braucht Wasser, aber nicht unbedingt Wasser in Flaschen. Und kein Mensch braucht eine Nilpferdmutter mit Kind aus Porzellan, auch wenn es mit einem Preis von unter acht Dollar mit Sicherheit nicht unter die Luxusartikel fällt.

Viele der uns so vertrauten Produkte, wie Handschuhe, Socken oder Hosen, galten einmal als Luxusgüter, doch moderne Produktions- und Vertriebsmethoden haben sie preiswert, unspektakulär und allgemein erhältlich gemacht. Keines dieser Produkte hat eine überragende Bedeutung für uns, doch jedes von ihnen besitzt eine gewisse Notwendigkeit, zumindest in dem Moment, da wir es kaufen. Immerhin bieten diese Dinge uns noch immer ein Gefühl der Bereicherung unseres Lebens, auch wenn dieses Gefühl meist schnell wieder vergeht.

Der Großteil des Warenangebots bei Wal-Mart und anderen Discountern ist für das Überleben im Grunde ohne Belang, erhält jedoch eine gewisse Notwendigkeit, wenn wir uns einmal für eine bestimmte Lebensweise entschieden haben. Obwohl wir oft annehmen, dass Leute etwas kaufen, um mit anderen mithalten zu können, ist es in Wahrheit viel häufiger der Fall, dass sie etwas kaufen, um dazuzugehören. Wir müssen einfach haben, was die anderen auch haben, und dann wird dieses Etwas für uns zur Notwendigkeit. Haben wir das Haus mit Garten erworben, wird uns bewusst, dass wir nun auch mit den Nachbarn auskommen müssen. Während ein sattgrüner Rasen wahrscheinlich große Zufriedenheit auslöst, wird eine vertrocknete braune Fläche mit Sicherheit Unmut in der Nachbarschaft wecken. Also haben wir das Gefühl, den Rasensprenger kaufen zu *müssen*. Im Grunde genommen haben Sie diese Entscheidung bereits getroffen, als Sie das Haus kauften, ja sogar eigentlich schon vorher, als Sie entschieden, dass sie in einem freistehenden Haus mit Garten und nicht in einer Stadtwohnung oder einem Stadthaus wohnen wollen.

Würde ich Sie in Ihrem Zuhause besuchen und ausrufen: »Sie haben hier ja viel zu viel herumstehen!«, so würden Sie mir mit Sicherheit Recht geben. Finge ich dagegen an, die Dinge aus Ihrem Haus zu räumen, die mir überflüssig erscheinen, gerieten wir unweigerlich aneinander. »Wie kommen Sie dazu, mir sagen zu wollen, was ich brauche und was nicht? Was glauben Sie, wer Sie sind, um mir darüber Vorschriften machen zu können?«, würden Sie mich fragen.

Es gibt wohl kaum jemanden, der Ihnen hier nicht zustimmen würde, schließlich leben wir in einer Welt, in der Konsum eine vollkommen private Angelegenheit ist, in die niemand hineinzureden hat. Sie können alles haben und sich alles aussuchen, vorausgesetzt, es schadet niemandem. Und niemand kann Ihnen irgendwelche Vorschriften machen. Ein Angriff auf Ihre Auswahl wird daher als Angriff auf Ihre Souveränität empfunden.

Immer mehr und nie genug

In der Vergangenheit besaßen die Menschen meist nur wenig und passten entsprechend sorgfältig auf alles auf. Das Leben war hart und Überfluss ein sehr seltenes Phänomen. Trotzdem gibt es Geschichten von Herrschern, die sich nach einem einfachen Leben sehnten, und sei es nur für kurze Zeit. Dieses Gefühl ist heute weit verbreitet, sodass die Betroffenen schon wieder ein eigenes Kundensegment bilden. Ganze Produktlinien mit echten, unverfälschten »Originalen« sind für diese Kunden entwickelt worden und es gibt Zeitschriften, die ihnen sagen, was sie brauchen, um ihr Ziel des einfachen Lebens zu erreichen. In unserem Zeitalter des Überflusses ist Mangel und Kargheit selten, ein Luxus, den sich nur wenige leisten können, wie z.B. Millionäre, die sich gelegentlich als »Hobbymönch« in ein Kloster zurückziehen, oder Menschen, die beim Einkaufen bewusst verzichten.

»Der Lebensstandard ist nicht so sehr durch das bestimmt, woran der Mensch Freude hat, sondern durch die Geschwindigkeit, mit der er der Dinge überdrüssig wird«, schreibt Simon Patten, Wirtschaftsphilosoph und Pionier in der Konsumforschung, 1889. »Ein hoher Lebensstandard bedeutet meist, etwas intensiv zu genießen und schnell die Lust daran zu verlieren.« Pattens Definition des Lebensstandards basierte auf dem Überfluss. Er nahm an, dass die Menschen immer mehr haben, als sie tatsächlich brauchen, aber nie so viel, wie sie sich wünschen. Diese Vorstellung war damals völlig neu und beunruhigt manchen noch heute. Materiell gesehen erscheint das als eine furchtbare Verschwendung der begrenzt vorhandenen Ressourcen. Psychologisch gesehen scheinen wir dadurch in einem Wechselspiel aus falschen Hoffnungen und unvermeidlicher Enttäuschung gefangen. Wir arbeiten, damit wir konsumieren können, und wir konsumieren, um die Leere in unserem Leben zu füllen. Es gibt einige Hinweise darauf, dass diejenigen, die ihre Arbeit am wenigsten ausfüllt, die gierigsten Konsumenten sind, während diejenigen, die ihre Arbeit gerne tun, Einkaufen eher als Last empfinden, obwohl sie nicht unbedingt weniger kaufen.

Unser Materialismus ist seltsam abstrakt, mehr ein Weg zu einem ideellen Ziel. Die Dinge, die wir kaufen, sind weniger wichtig als der Akt des Kaufens und des freien Auswählens, des Vergessens, was wir bereits haben, und des Weitersuchens. Wir suchen nicht wie die Chinesen in den 70ern nach den »vier Elementen«: einem Fahrrad, einem Radio, einer Uhr und einer Nähmaschine. Wir suchen eher abstrakte Dinge wie Bequemlichkeit und Aktualität, für die sich der Maßstab fortwährend ändert, sodass man die Suche niemals einstellen kann. »Der Fortschritt ist unser wichtigstes Produkt«, pflegte Ronald Reagan zu sagen, als er noch bei General Electrics beschäftigt war. Nach dem Fall der Berliner Mauer 1989 waren zahllose Intellektuelle bitter enttäuscht darüber, dass sich die Mehrheit benahm, als sei Freiheit identisch mit der Möglichkeit, einkaufen zu gehen. Und auch bei den Chinesen waren in den 80ern aus den »vier Elementen« inzwischen acht geworden: Farbfernseher, Heizlüfter, Kühlschrank, Musikanlage, Kamera, Mofa, Couchgarnitur und Waschmaschine. Seitdem ist die Wunschliste weitergewachsen. Wal-Mart eröffnet dort mittlerweile Niederlassungen …

Es ist schon erstaunlich, dass die Menschen vom Anbeginn der Zeit bis zur Zeit von Adam Smith vor etwas mehr als 200 Jahren immer der Meinung waren, dass der Wunsch nach und der Besitz von Dingen dem allgemeinen Wohl schade, und sich nicht vorstellen konnten, dass dies aber auch eine seiner Grundlagen sein könne. Das bedeutet natürlich nicht, dass sie sich nicht auch bestimmte Dinge wünschten und manchmal große Mühen auf sich nahmen, um sie zu bekommen.

Nun, da ich gedankenverloren meinen Einkaufswagen durch den Supermarkt schiebe und nach Dingen greife, die ich in diesem Moment zu brauchen meine, mehre ich anscheinend nicht nur den Wohlstand meines eigenen Landes, sondern den der gesamten Welt. Schließlich wurden die Amerikaner nach dem Anschlag auf das World Trade Center nicht wie sonst in Krisenzeiten zum Verzicht, sondern im Gegenteil zum Konsum aufgefordert.

Es gibt auch Gegenstimmen. Kann denn der massive Schuldenberg, den Amerika mit vielen anderen Ländern gemein hat und den unser unstillbarer Hunger nach preiswerten Konsumgütern immer weiterwachsen lässt, auf Dauer einfach so bestehen bleiben? Verstärkt dieser Hunger die Ausbeutung derjenigen in den Billiglohnländern, die diese Güter herstellen, oder bildet er die Grundlage dafür, dass sie ihren Lebensunterhalt verdienen? Und vor allem, reichen die Ressourcen aus, um allen Menschen einen solchen Wohlstand zu ermöglichen und ihnen gleichzeitig genug sauberes Wasser und genug frische Luft zum Atmen zu lassen? Wie viele Wal-Mart-Kunden kann unser Planet verkraften?

Das sind sehr ernste Fragen, die wir beantworten müssen. Aber diejenigen, die sich mit diesen Fragen beschäftigen, haben selten über die Macht der Dinge oder die fundamentale Bedeutung des Erwerbs und Nutzens von Gegenständen nachgedacht. Die Läden, Supermärkte, Boutiquen und Märkte erfüllen einen uralten Menschheitstraum. Der örtliche Wal-Mart ist ein Weltwunder. Nie zuvor sind so viele Waren von so vielen verschiedenen Orten zu einem so günstigen Preis an einem Fleck zusammengekommen. Und nie zuvor waren so viele Menschen in der Lage, sich so vieles zu leisten.

Trotzdem lästern wir über Wal-Mart, anstatt es zu bewundern. Dass solch ein Geschäft Überdruss anstelle von Begeisterung hervorruft, ist ein bedenklicher Auswuchs unserer Überflussgesellschaft und ein Zeichen dafür, wie wenig Wertschätzung wir den Dingen um uns herum entgegenbringen. Nie zuvor erschien so viel so wenig.

Auch wenn Wal-Mart vielleicht nicht die nobelste Adresse zur Verwirklichung der persönlichen Freiheit ist und auch nicht die höchste Errungenschaft der Demokratie, sollten wir uns dennoch darüber im Klaren sein, dass es uns erlaubt, eine Art von Freiheit auszuleben, die jahrtausendelang sogar Tyrannen und Autokraten das Fürchten lehrte. Wie die alte Frau mit ihrer Gehhilfe, gehen wir bei Wal-Mart einkaufen, um durch den Erwerb von Waren unsere Macht zu demonstrieren. Hierher kommen wir, weil wir eine Wahl treffen können.

2

Verantwortung

Warum Frauen das Einkaufen so ernst nehmen

Einkaufen ist eine sehr verantwortungsvolle Aufgabe. Wer einkauft, gibt einen großen Teil der Haushaltsmittel aus und weiß, dass die übrigen Mitglieder der Familie etwas dafür erwarten.

Diese verantwortungsvolle Aufgabe wird meistens von den Frauen übernommen, die weltweit dabei mit großem Ernst zu Werke gehen. Marktumfragen in Nordamerika und Westeuropa machen es deutlich: Frauen sehen im Einkaufen einen wichtigen Aspekt ihres Lebens, während Männer darin eher ein notwendiges Übel sehen. In Amerika werden 73 Prozent aller Einkäufe von Frauen getätigt. Diese Statistik unterschätzt dabei vermutlich den Anteil der Routineeinkäufe, denn andere Statistiken besagen, dass Männer meist nur schnell zum Supermarkt eilen und lediglich das Allernötigste einkaufen, das ihnen ihre Frau auf einem Zettel notiert hat.

Während eine Frau den Einkaufswagen durch die Gänge des Supermarktes schiebt, muss sie unentwegt Entscheidungen treffen. Sie überlegt genau, wofür sie ihre begrenzten Mittel ausgeben will und wie sie dabei doch gleichzeitig die Wünsche und Bedürfnisse ihrer Angehörigen am besten erfüllt. Sie macht sich Gedanken darüber, ob ihre Kinder das Richtige zu essen bekommen oder ob ihr Mann vielleicht zu dick von diesem oder jenem wird. Sie weiß, dass ihre Kinder die gleichen Dinge wollen, die ihre Freunde auch haben und die sie in den Angeboten des Teleshoppings sehen. Von den Kosten einmal abgesehen, muss sie außerdem entscheiden, ob ihre Kinder diese Dinge überhaupt haben sollen und ob sie gut für sie sind. Jeder Einkauf ist Ausdruck ihres Geschmacks und ihres Selbstbildes. Mit ihrem Einkauf entscheidet sie darüber, wie ihr Zuhause aussehen soll, was ihre Familie isst und zu einem Großteil auch darüber, was sie anzieht. Damit schafft sie auch den Erfahrungshintergrund für ihre Kinder, mit was sie in Kontakt kommen, was sie sehen und was sie essen. Ihr Einkauf konstituiert eine Realität, spiegelt ein Wertgefüge und kreiert das innere und äußere Bild jedes einzelnen Familienmitglieds. Aber ihre Macht ist nicht nur durch die begrenzten finanziellen Mittel und den Einfluss der Kommerzkultur auf die einzelnen Familienmitglieder eingeschränkt, sondern hauptsächlich durch die Verantwortung für andere. Die richtige Wahl treffen zu müssen lastet als schwere Verantwortung auf den Einkaufenden.

Beim Einkaufen werden gemeinschaftliche Mittel ausgegeben und es kommt darauf an, diese nicht zu vergeuden. In traditionellen Gesellschaften besteht der Reichtum häufig im Vieh, das die Familie in gemeinsamer Anstrengung oft über Jahre hinweg aufgezogen und gehegt hat. Die Schlachtung der Tiere wird zu einem rituellen Ereignis, zu einer mit Spannung erwarteten Feierlichkeit. In der modernen Welt hat unsere Arbeit nur noch selten direkten Bezug zu dem, was wir konsumieren. Trotzdem konsumieren auch wir oft mit einer gewissen Spannung, schließlich wollen wir die Früchte unserer Arbeit nicht verschwenden, und dafür ist man beim Einkaufen letztendlich verantwortlich.

Es gibt unzählige Artikel, Umfragen und Studien, die das unterschiedliche Einkaufsverhalten von Frauen und Männern analysieren. Im Marketing weiß man inzwischen ziemlich genau, welche Einkaufsumgebung Frauen und welche Männer bevorzugen. Man weiß, dass eine Frau gerne ausprobiert, wie sich die Bluse anfühlt, die sie kaufen möchte, während einem Mann wichtig ist, dass sein Hemd neu, gut verpackt und unberührt ist. Die Lösung ist, dass man Schlitze in Hemdenverpackungen macht, damit die Frauen, die schließlich einen beträchtlichen Teil dieser Hemden kaufen, den Stoff berühren können.

Seit den 70er-Jahren hat der Feminismus zwar viele geschlechtsspezifische Unterschiede hinweggefegt, doch eingekauft wird das meiste nach wie vor von den Frauen. Vielleicht sogar noch mehr als früher. Ein Grund dafür sind ihre gestiegene Einkünfte. Das gibt ihnen eine größere Wahlfreiheit beim Einkaufen und ermöglicht ihnen zudem, unabhängig zu leben. Auf der anderen Seite hat die Zahl der Männer in mechanisch ausgerichteten Berufen stark abgenommen und damit auch ihre Autorität beim Kauf von Autos, technischen Geräten und anderen typisch männlichen Produkten.

Das unterschiedliche Einkaufsverhalten der Geschlechter muss also tiefere kulturelle Ursachen haben, es bildet den Kontext bei dem Versuch, zu verstehen, wie sehr der Wert und die Bedeutung des Einkaufens in der Vergangenheit unterschätzt und häufig genug von Männern sogar gefürchtet wurde. Leider degenerieren die Erklärungsversuche solcher Unterschiede oft genug zu Ausflügen in die Küchentischpsychologie oder -anthropologie und ignorieren dabei, wie gewaltig sich sowohl Geschlechterrollen als auch Einkaufsverhalten im Laufe der Zeit geändert haben. Ein anspruchsvollerer Erklärungsansatz begreift das Einkaufen zu einem großen Teil als Wahrnehmung von Verantwortung.

So etwa kauft ein Mann ein:

Wieder einmal war ein Staubsauger kaputtgegangen und mir war klar gemacht worden, dass es günstiger sei, einen neuen zu kaufen, als den alten zu reparieren. Also war ich in das vor der Stadt gelegene Industriegebiet zu einem Großanbieter für Haushaltsgeräte gefahren.

Da stand ich also und sah mich etwa zwei Dutzend Stabstaubsaugern gegenüber. Die Preise reichten von 50 bis 300 Dollar. Design und Preis waren jeweils sorgfältig auf ein bestimmtes Käufersegment abgestimmt. Doch für mich sahen sie alle gleich aus.

Ich sah, dass die billigeren Exemplare Stoffbeutel in hässlichen Farben hatten, die der mittleren Preiskategorie in aggressivem schwarz gehalten waren, während die Hochpreisigen eher in sattem burgunderrot oder sportwagengrün glänzten. Manche hatten komplexe Filtersysteme, andere sammelten den Schmutz in zwei verschiedenen Behältern und wieder andere benutzten Papierbeutel. Manche zeigten mit einer Leuchte an, wann der Beutel voll ist. In Verbrauchermagazinen hatte ich jedoch gelesen, dass man die nicht unbedingt braucht. Auf einem Zettel hatte ich zwar die dort empfohlenen Modelle notiert, doch fand sich leider keines davon in diesem Geschäft.

Ich musterte die Auswahl also mit offenkundigem Pessimismus. Jede Entscheidung würde ein Fehler sein, egal wie sie ausfiel. Ich wurde allmählich nervös und irrational. Ich wollte mich unbedingt entscheiden, damit ich das Geschäft endlich wieder verlassen konnte.

Ich versuchte es mit Physik, doch meine Erinnerungen aus der Schulzeit waren wenig hilfreich. Sind zwölf Ampere besser als 1 000 Watt? Und wie steht es damit im Vergleich zu vier PS? Fast willkürlich griff ich nach einem Modell mit der Bezeichnung »Mach 2,7«, obwohl ich mir im Grunde sicher war, dass es wohl kaum mit der dreifachen Schallgeschwindigkeit staubsaugen würde.

»Was bedeutet ›Mach 2,7‹«, fragte ich also den Verkäufer, als er meinen Einkauf abzeichnete.

»Der Mach 2,7 kostet mehr als der Mach 2,1,« antwortete er, »ist aber nicht so teuer wie der Mach 3,3 oder 3,8. Er saugt aber trotzdem gut und es ist wirklich ein guter Preis.« Ich kam mir blöd vor, war frustriert und etwas ärgerlich. Ich schnappte meinen Staubsauger und ging.

Später fand ich heraus, dass diese nichts sagenden Zahlen bewusst auf den Geräten angebracht sind, um dem männlichen Kunden in seiner Neigung für alles, was Menge und Stärke ausdrückt, anzusprechen. Die *Washington Post* berichtete von einer Studie, wonach Männer auf der Suche nach »der maximalen Saugkraft« sind. (Sanyo kündigte im Dezember 1999 ein Gerät an, das nicht nur saugt, sondern auch bläst. Aber das ist für uns Männer schon zu viel und zu kompliziert.)

Ich war voller Ungeduld losgezogen und nur mangelhaft vorbereitet. Meiner Meinung nach gab man sich in dem Geschäft deutlich zu wenig Mühe, mir bei meiner Suche zu helfen. Aber ich gebe zu, dass ich nicht gern mit Verkäufern zu tun habe. Anstatt mich nun auf die Unterschiede zwischen den Geräten zu konzentrieren, fiel mir nur auf, was alles gleich war. Das kam vermutlich auch daher, dass ich den Kauf eines Staubsaugers eigentlich gar nicht als meine Aufgabe betrachtete.

Eine Frau wäre hier ganz anders vorgegangen. Das Vorhaben hätte für sie nichts Lästiges, sie würde es einfach als ihre Aufgabe betrachten. Es wäre ihr nicht unangenehm, dass sie keine Ahnung von Staubsaugern hätte, sie würde einfach im Vorfeld versuchen, etwas darüber in Erfahrung zu bringen. Am Ende hätte sie sich wegen des Preises vielleicht für dasselbe Modell entschieden, aber es würde ihr damit besser gehen als mir.

Frauen von heute sehen sich in der Rolle des Senior-Einkaufschefs der Familie. Sie gestehen dem Mann ein gewisses Maß an Kompetenz in Sachen Einkauf zu, aber nicht allzu viel. In einer von Simmons Research 1998 durchgeführten Studie gaben 73 Prozent der Frauen an, ihr Mann habe zwar Einfluss darauf, welche Nahrungsmittel sie einkaufe, aber nur 13 Prozent bezeichneten diesen Einfluss als beträchtlich. Etwa die Hälfte gab an, ihr Mann habe Einfluss auf den Möbelkauf, aber auch hier nannten nur zwölf Prozent den Einfluss beträchtlich. Die einzige Gelegenheit, bei der Männer praktisch allein die Entscheidung treffen, ist beim Kauf eines Autos, jedoch hielt nur knapp die Hälfte der Frauen dies für eine wichtige Entscheidung. Werbeanzeigen für Autos, in denen die Leistung des Modells im Vordergrund steht, zielen auf männliche Käufer; die Anzeigen hingegen, in denen Sicherheit, Zuverlässigkeit und Unabhängigkeit betont werden, zielen auf weibliche Käufer.

Die Kaufkraft der Frauen ist nämlich auch dort stark, wo man es auf Anhieb gar nicht vermuten würde. Heimwerkermärkte haben aus ihren ursprünglich wie riesige Werkstätten anmutenden Filialen inzwischen in großen Teilen Einkaufsstätten für heimische Gestaltung und Dekoration gemacht, Folge der Erkenntnis, dass Frauen genauso wie Männer ihr Zuhause umgestalten. 75 Prozent aller Artikel mit Football-Sportlogos werden von Frauen gekauft, obwohl mehrheitlich nicht für sich selbst, sondern für andere.

Der Punkt ist nicht, dass Männer nicht gerne Dinge erwerben oder sie besitzen, im Gegenteil, aber sie haben einfach keinen Spaß daran, danach zu suchen, verschiedene Dinge miteinander zu vergleichen und ein gutes Preis-Leistungsverhältnis zu erzielen oder gar ein Schnäppchen zu machen. Das ist einfach nicht ihre Sache. Zwar kaufen Männer ein, aber sie gehen nicht wirklich einkaufen.

Zwei von drei Frauen sagen von sich, dass sie gerne einkaufen gehen, aber nur einer von drei Männern. Bei Frauen steht Einkaufen nach Urlaub und Essengehen an dritter Stelle ihrer bevorzugten Freizeitaktivitäten, während es bei Männern an letzter Stelle steht. Die Männer sind durchaus zufrieden mit der Kleidung, die ihre Frauen gemeinsam mit ihnen oder für sie aussuchen. Frauen ist es dagegen am liebsten, wenn sie ihre Männer zu Hause lassen können oder sie anderweitig beschäftigt wissen. Neuerdings bieten amerikanische Einkaufszentren daher Unterhaltungsangebote für Männer, die sie beschäftigen, solange die Frauen einkaufen.

In einer Studie steckte man Frauen und Männer in eine Tretmühle. Die Männer liefen schneller. Dann schickte man sie in ein Einkaufszentrum. Nun liefen die Frauen schneller. Frauen haben beim Einkaufen das Gefühl, etwas Sinnvolles zu tun, Männer nicht.

Männer werden nicht so erzogen, dass sie darin etwas Nützliches sehen oder gar den erfolgreichen Einkauf mit dem Erreichen eines gesteckten Zieles gleichsetzen. Ein britischer Forscher hat herausgefunden, dass Männer beim Weihnachtseinkauf ähnliche Stresslevel erreichen wie Piloten von Kampfflugzeugen oder Polizisten bei gefährlichen Einsätzen.

Hinzu kommt, dass Männer all die Passagen, Boutiquen, Galerien, Einkaufszentren und Supermärkte als Welt der

Frau empfinden, in der es nach Parfum riecht und in der es ein Überangebot an Kleidung für die verschiedensten Anlässe, zu den unterschiedlichsten Preisen, in den unterschiedlichsten Qualitäten, für die verschiedensten Geschmäcker und Größen gibt, für deren Nuancen Männern jeglicher Sinn fehlt. Es ist kein Zufall, dass Kaufhäuser Männerkleidung meist direkt in der Nähe des Eingangs platzieren. Inzwischen bieten manche dieser Häuser Herrenmode sogar in getrennten Geschäften an, damit sich die Männer nicht durch all die Artikel für Frauen irritiert und erdrückt fühlen. Frauen lieben eine bunte Vielfalt und eine große Auswahl, Männer wollen zielstrebig das Gewünschte finden, es kaufen und dann so schnell wie möglich wieder aus dem Laden verschwinden.

Man muss natürlich auch zugeben, dass Männer bei Kleidung lange nicht so viele Variationsmöglichkeiten haben wie Frauen und nur sehr eingeschränkt einen individuellen Stil für sich definieren können. Die größere Freiheit für Frauen an dieser Stelle bedeutet aber gleichzeitig auch eine Qual der Wahl und birgt ein größeres Risiko eines Fehlgriffs. Da Frauen ihre Entscheidung hier also viel sorgfältiger zu treffen haben, müssen sie sich auch viel stärker mit dieser Frage auseinandersetzen. Das erklärt vielleicht, warum gerade die ambitioniertesten Käuferinnen sehr beschäftigte Frauen mit anspruchsvollen Berufen sind, von denen sicherlich viele begrenzte Alternativen, ähnlich wie bei den Männern, begrüßen würden.

Interessanterweise ist die geschlechtertypische Rollenverteilung im Internet, wo man mit hoher Trefferquote den gesuchten Artikel relativ rasch findet, genau umgekehrt. Zahlreiche Studien belegen, dass Männer spielerischer an das Internet herangehen, dort länger herumsurfen und sich dabei gut unterhalten. Frauen suchen im Internet gezielt nach einem Produkt und kaufen es entweder online oder – noch häufiger – in einem Geschäft. Frauen verhalten sich also im Internet wie Männer im praktischen Leben.

Diese Umkehrung der Rollenverteilung lässt darauf schließen, dass sich Männer im Internet nach wie vor wohler fühlen als Frauen. Sie bewegen sich frei durch das Angebot der Online-Shops wie Frauen durch das Angebot der Läden, die Männern oft zu weiblich geprägt sind. Tatsächlich werden wir sehen, dass die Einkaufswelt, zumindest die reale aus Geschäften, Kaufhäusern und Boutiquen, seit knapp 200 Jahren hauptsächlich auf die Frau als Kundin zugeschnitten ist. Man sollte annehmen, dass mit zunehmender Verwischung der geschlechtsspezifischen Grenzen hinsichtlich Rollenverteilung, Ausbildung, Erziehung und Einkommen auch die Welt des Einkaufens männerorientierter wird. Eine solche Entwicklung scheint jedoch unwahrscheinlich angesichts der in den Marketingetagen weit verbreiteten Meinung, dass Frauen und Männer grundlegend verschieden seien. Außerdem verfügen in den meisten Familien die Frauen über das Geld.

Sind Frauen die geborenen Einkäufer?

Es gibt zwei gängige und angeblich wissenschaftlich belegte Erklärungen für das unterschiedliche Einkaufsverhalten von Frauen und Männern. Die erste Erklärung vermutet die Ursache in unterschiedlich strukturierten Gehirnen der Geschlechter, wobei das Gehirn der Frauen besser für die Aufgabe des Einkaufens gerüstet sei. Die zweite Erklärung geht davon aus, dass die Menschen sehr lange Zeit in Jäger-und-Sammler-Gesellschaften gelebt haben, wobei die Frauen eben hauptsächlich gesammelt haben.

Diese beiden Erklärungsmodelle ergänzen sich und viele glauben beides. Jede Erklärung hat einiges für sich, wenn sie auch beide keine wissenschaftlichen Hypothesen im strengen Sinne sind. Beide regen zu Vermutungen an, die weder bewiesen noch widerlegt werden können. Die Jäger-und-Sammler-These hat eine breite Akzeptanz gefunden und wird gern im Marketingbereich und in den Medien ins Feld geführt. Also verdienen beide Thesen Beachtung, und sei es nur, weil sie so weit verbreitet sind.

Die Gehirne von Frauen sind in der Tat etwas anders als die der Männer. Trotzdem hat die Neurologie, die sich ja auch mit Reiz-Reaktions-Mustern im Gehirn befasst, dort bisher noch keine spezifisch weibliche Einkaufszone entdeckt. Der Hauptunterschied liegt in Größe und Volumen, wobei weibliche Gehirne etwa 91 Prozent der männlichen Gehirnmasse aufweisen. Männer hielten sich aufgrund dieser Tatsache lange für überlegen, doch im Zeitalter des Computers hat es fast den Anschein, als seien weibliche Gehirne überlegen, denn sie haben bei geringerer Größe die gleiche Anzahl an Nervenzellen. Besitzen zwei Computer die gleiche Leistung, ist der kleinere im Vorteil, weil die Prozesse schneller ablaufen. Auch könnte man sagen, Frauen haben mehr Gehirn im Verhältnis zu ihrer Körpermasse.

Der zweite physische Unterschied besteht darin, dass die beiden Gehirnhälften bei Frauen besser miteinander vernetzt sind. Das ist wohl der wesentliche Unterschied. Beim Einkaufen muss eine große Produktpalette überblickt und in Zusammenhang mit Notwendigkeit und Wunsch gebracht werden. Manche vermuten, dass das besser integrierte weibliche Gehirn diese verschiedenen Impulse leichter verarbeiten kann als das stärker separat arbeitende männliche Gehirn. Das klingt zumindest plausibel, wenn es auch keinen wissenschaftlichen Beweis dafür gibt.

Ansonsten ist die geistige Leistungsfähigkeit bei Frauen und Männern fast identisch, schließlich gehören wir ja auch derselben Spezies an. Es gibt nur wenige statistisch signifikante Unterschiede. Dazu gehört, dass Männer in der Regel eine bessere dreidimensionale Verarbeitung haben und es ihnen leichter fällt, Gegenstände in ihrer Vorstellung zu drehen. Damit werden bessere Leistungen in manchen Bereichen der Mathematik erklärt. Aus Sicht der Evolution scheint damit die Fähigkeit des »Kreisens« in Zusammenhang zu stehen, also die Fähigkeit vieler Tiere, bei ihren Wanderungen einen Kreis zu beschreiben und wieder zum Ausgangspunkt zurückzufinden. Männer scheinen diese Technik häufiger anzuwenden als Frauen, obwohl beide Geschlechter bekanntermaßen die Tendenz haben, in Gebäuden nach rechts zu gehen, sobald sie durch die Tür sind. Bei den meisten Primaten steht das »Kreisen« der Männchen auch im Zusammenhang mit der Suche nach potenziellen Partnerinnen. Logischerweise konnten Männchen, die in der Lage waren, wieder zurückzufinden, auch wenn sie sich weit von der Herde entfernt hatten, ihre Gene erfolgreicher weitergeben, als die Männchen, die unterwegs auf ihren Wanderungen verloren gingen. Viele Einkaufszentren sind absichtlich unübersichtlich gehalten, was diejenigen Männer besonders ärgert, die stolz sind auf ihren Orientierungssinn. Ein möglicher Zusammenhang zwischen räumlicher Wahrnehmung und Einkaufsverhalten bei Männern wurde jedoch bisher nicht untersucht.

Während Männer also besser »kreisen«, können Frauen besser kommunizieren und soziale Kontakte knüpfen. Die Fähigkeit, Signale aus dem Umfeld und auch von anderen Menschen zu verstehen sowie Kindern mögliche Gefahren mitteilen zu können, hat sicherlich viel zum Überleben des Nachwuchses beigetragen. Bis vor kurzem war auch Einkaufen ein soziales Ereignis, schließlich muss der oder die Einkaufende sich mit Verkäufern, Händlern und anderen Kunden verständigen. Große Informationsmengen müssen dabei möglichst schnell verarbeitet werden. Kommunikation ist ein nicht zu unterschätzender Aspekt beim Einkaufen.

Aber auch Männer müssen bei ihrer Arbeit mit anderen kommunizieren und große Informationsmengen verarbeiten. Historisch gesehen hatten sie dabei auch keine Nachteile. Die Erkenntnisse der Neurowissenschaften können uns vielleicht erklären, warum sich Jungen in manchen Bereichen der Mathematik und Mädchen mit Sprachen leichter tun, aber das sagt uns nichts darüber, warum Frauen das Einkaufen so viel ernster nehmen als Männer.

Mögliche Erklärungen, die uns die Hirnstruktur suggeriert, scheinen Erkenntnisse der populären Anthropologie zu stützen. Männer sind im Grunde ihres Wesens Jäger, so heißt es da, während Frauen eben Sammlerinnen sind. Deshalb finden Männer, wonach sie suchen, und kaufen es – während Frauen einkaufen (sammeln) gehen. Das klingt so einleuchtend und scheint so vieles zu erklären, dass es einfach zu glatt ist, um wahr zu sein.

Die Lebensweise als Jäger und Sammler halten viele für die fast ausschließliche Lebensform der Menschen, seitdem unsere ersten Vorfahren vor etwa einer Million Jahre auf der Erde erschienen sind. Das änderte sich erst, als die Menschen vor etwa 10 000 Jahren in Nordafrika, Asien und Europa allmählich sesshaft wurden. Vergleicht man die Zeiträume, so ist Sesshaftigkeit ein eher neues Phänomen. Vermutlich wurden wir als Jäger und Sammler zu dem, was wir heute sind.

Trotzdem ist das Jäger-Sammler-Konzept in der Wissenschaft viel umstrittener als der Laie vermuten würde. Es ist eher ein intellektueller Kompromiss im wissenschaftlichen Kampf der Geschlechter. Ende der 50er-, Anfang der 60er-Jahre war die Forschung überwiegend damit beschäftigt, herauszufinden, wie sich solche menschlichen Fähigkeiten wie aufrechter Gang, Sprache und Gebrauch von Werkzeugen in ihrer Kombination entwickelten. Die herrschende Meinung wurde 1968 in dem Buch *Man the Hunter* von Richard Lee und Irven DeVore dargelegt. Die beiden amerikanischen Autoren vertraten die Auffassung, dass sich diese Fähigkeiten durch die Notwendigkeit entwickelten, dass die Männer gemeinsam vorgehen mussten, wenn sie größere Tiere erlegen wollten. Frauen spielten bei dieser Sichtweise lediglich eine reproduktive und pflegende Rolle. Manche behaupteten sogar, die Frauen hätten sich noch lange wie die Vormenschen auf allen vieren bewegt, nachdem die Männer schon lange aufrecht gegangen seien.

Die Vorstellung von der Frau als Sammlerin war die feministische Antwort auf diese Theorie. Archäologische Funde widersprachen nämlich jeglicher Fantasie von allabendlichen Mammutmahlzeiten. Die frühen Menschen ernährten sich vorwiegend vegetarisch mit gelegentlicher Eiweißergänzung durch Fische und kleineres Getier, das man mit Fallen jagen konnte, sowie Insekten wie Termiten, die man überhaupt nicht jagen musste. Kürzlich haben Archäologen sogar Hinweise auf Jagd mit Netzen gefunden, an dem traditionellerweise nicht nur Männer, sondern auch Frauen und sogar Kinder beteiligt waren. Die Netze selbst gelten, wie andere Web- und Knüpferzeugnisse auch, als Erfindung der Frauen, die häufig unterschätzt werden, weil sich ihre Erzeugnisse natürlich nicht so gut erhalten haben wie die von Männern geschaffenen harten Gegenstände wie beispielsweise Speerspitzen.

Es finden sich zahllose unbewiesene Stereotype in diesen Argumenten. Fischende Männer haben ihre Netze meist selbst geknüpft und noch heute gibt es Völker, in denen die Frauen die Speerspitzen anfertigen. Die Vorstellung von den frühen Menschen als Jäger und Sammler ist entstanden, um Frauen eine eigene gleichgewichtige Rolle in der Evolution zuweisen zu können. Während außer Frage steht, dass Jagen und Sammeln für das Überleben der frühen Menschen überaus wichtig war, ist die Rollenverteilung dabei alles andere als sicher.

In heutigen Jäger-und-Sammler-Gesellschaften sind die beiden Aktivitäten keineswegs eindeutig aufgeteilt. Obwohl die Aufzucht der Kinder in allen Kulturen das Leben der Frauen dominiert, gibt es sehr wohl auch Frauen, die mit Pfeil und Bogen, mit Netzen oder sogar Speeren jagen. Manchmal tragen sie beim Jagen ihre Kinder auf dem Rücken mit sich. Es gibt Beispiele für gleichberechtigte Gesellschaften, in denen sowohl die Männer als auch die Frauen jagen und sammeln, je nach Fähigkeit und Neigung. Nun, da auch vereinzelt Frauen in den Chefetagen sitzen, können wir uns eher die aggressive, manchmal sogar gewalttätige Rolle vorstellen, die einige der Mbuti-Frauen in Zaïre oder die Batek-Dé-Frauen in Malaysia gespielt haben.

Trotz all dieser Beispiele von jagenden Frauen sieht es jedoch so aus, als ob Frauen in den meisten Kulturen vorwiegend sammeln. Aber Sammeln, so zeigen neuere Forschungsergebnisse, ist bei weitem nicht so einfach und passiv, wie viele denken oder bisher dachten. Nein, es kann sogar ausgesprochen schwierig sein.

Ein am Rande der Kalahari im Südwesten Afrikas lebender Stamm hat 80 verschiedene Pflanzen auf dem Speisezettel, darunter verschiedene Arten von Melonen, Wurzeln,

Blättern und Knollen, die er aus einem großen Gebiet zusammenträgt. Diese Ernährung ist um einiges vielfältiger als die vieler Zeitgenossen in den so genannten entwickelten Ländern. Sammler müssen also scharfe Augen haben, um diese vielen verschiedenen, aber nicht im Übermaß vorhandenen Pflanzen zu finden. Die Frauen ziehen oft in Gruppen los und tragen benötigtes Werkzeug und Säuglinge in einer Art Lederbeutel mit sich. (Die Babytrage war bei solchen Jäger-und-Sammler-Völkern genauso verbreitet wie Steinäxte. Sie werden deshalb zu den ersten »Werkzeugen« des Menschen gezählt, da er damit die Hände für andere Tätigkeiten frei hatte.)

Die Frauen in der Kalahari stillen ihre Kinder fast fünf Jahre. Die Kinder, ein Werkzeug zum Ausgraben von Wurzeln und Knollen sowie ein Knüppel zum Erlegen kleiner Tiere und Vögel, dazu häufig genug Feuerholz, all das addiert sich oft zu Lasten von 75 Prozent des Körpergewichts der Frauen. Man schätzt, dass in der Kalahari jedes Kind in den ersten zwei Lebensjahren fast 2 500 Kilometer von seiner Mutter getragen wird.

Das Leben der Frauen dort ist um einiges härter als ein Gang zum Einkaufszentrum. Steckte man eine solche Frau in unser modernes Leben, sie könnte den Unterschied zu ihrer täglichen mühseligen Suche nach Nahrung kaum fassen.

Trotzdem hat diese Frau etwas Vertrautes für uns, wie sie gleichzeitig nach 80 verschiedenen Pflanzen, nach kleinen Tieren und Insekten Ausschau hält, dabei ihre Kinder im Auge hat, obwohl sie ihnen eigentlich gar nicht viel Aufmerksamkeit zu schenken scheint. Diese Fähigkeit, viele Dinge gleichzeitig zu beachten, scheint eine unabdingbare Voraussetzung für erfolgreiches Sammeln bzw. einen erfolgreichen Einkauf zu sein. Neuere Umfragen belegen zudem, dass die Mitnahme von Kindern zum Einkaufen den Vorgang nur unwesentlich verkürzt, während die Mitnahme von Männern den Vorgang drastisch verkürzt.

Könnte es sein, dass die Struktur des weiblichen Gehirns, das in sich stärker vernetzt zu arbeiten scheint als das typisch männliche Gehirn, sich deshalb so entwickelte, weil es für Frauen immer schon notwendig war, mehrere Dinge gleichzeitig zu tun und dabei noch schreiende oder quengelnde Kinder zu hüten? Wenn dem so ist, dann haben weibliche Gehirne mit heutigen Einkaufsstätten, wo es gilt, in einem schier endlosen Angebot wichtig von unwichtig zu trennen, natürlich weniger Probleme als männliche.

Solche Gedankenspiele sind sehr amüsant, aber sie stehen auf sehr wackligen Füßen. Schließlich weist nichts an weiblichen Gehirnen darauf hin, dass Frauen eine Hartverdrahtung fürs Einkaufen besitzen. Die Jäger-und-Sammler-These ist eine zu starke Vereinfachung, die die Anthropologie – und auch das Marketing – immer weniger zufrieden stellt. Und außerdem hat sie einen entscheidenden Mangel: Sie ignoriert die Geschichte, denn Frauen haben ja nicht zu allen Zeiten eingekauft.

Auswählen als Ausdruck des Sich-Kümmerns

Vielleicht neige ich dazu, der Jäger-und-Sammler-Hypothese Glauben zu schenken, weil ich mich mit den Kindern in den Tragebeuteln identifiziere. Meine Mutter war eine grimmige Einkäuferin und ihre Jagdleidenschaft wurde keineswegs dadurch gedämpft, dass sie eine Witwe mit zwei Kindern und einem schlecht bezahlten Job war, der es ihr nicht erlaubte, viel von dem zu kaufen, was sie aufspürte. (Wie ich herausfand, war meine Mutter geradezu typisch für Leute mit geringem Einkommen, die ihr Unglück dadurch mildern, dass sie sich gelegentlich etwas über ihre Verhältnisse leisten.) An Samstagen zerrte sie mich in die Kaufhäuser. Ich saß dann – wie es mir schien – endlose Stunden vor Reihen von Regalen, während meine Mutter große Mengen Kleidung auf der Suche nach einem Schnäppchen durchforstete. Ich fand das ziemlich öde, obwohl ich heute als Erwachsener zugeben muss, dass ich selbst ganz gern stöbere.

Als ich mich einmal mit meiner Mutter über das Einkaufen unterhielt, erschütterte sie meinen Glauben an die ungebrochene Kontinuität von den prähistorischen Sammlerinnen bis zu uns heutigen Einkäuferinnen. »Deine Großmutter musste sehr hart arbeiten, denn sie hatte sechs Kinder großzuziehen. Trotzdem musste sie niemals Lebensmittel einkaufen«, erzählte sie.

Versuchte sie mir weiszumachen, dass diese Tätigkeit, von denen intelligente Leute behaupten, dass sie so eminent wichtig sei, noch nicht einmal so alt war wie meine Großmutter? In gewissem Sinne tat sie genau das.

Meine Mutter erzählte weiter, dass meine Großmutter, die in der ersten Hälfte des 20. Jahrhunderts in New Haven, Connecticut, lebte, niemals in der Art und Weise einkaufen ging, wie wir das heute tun. Es gab einen Lebensmittelladen einen Häuserblock weiter die Straße hinunter, bei dem die Kunden anschreiben lassen konnten. Meist schickte sie eines ihrer sechs Kinder dorthin, um zu holen, was sie gerade brauchte. Gab der Lebensmittelhändler dem Kind etwas mit, was sie nicht zufrieden stellte, so schickte sie es ohne Umschweife zum Umtauschen wieder zurück. Es gab Tage, da liefen die Kinder ein halbes Dutzend Mal zum Laden.

Sie konnte einem Kind den Einkauf durchaus zutrauen, denn es gab nicht viel dabei zu tun oder zu entscheiden. Es lief zum Laden und fragte an der Theke nach einem Pfund Butter, einem Pfund Kaffee oder einem Stück Käse. Die Auswahl bestand hauptsächlich aus frischen Produkten und Rohmaterialien, die es meiner Großmutter erlaubten, alle Speisen von Grund auf selbst herzustellen. Der Händler hatte nur wenige verarbeitete Produkte wie Cracker oder fertige Teigmischungen für Eierkuchen und nur ein paar Artikel für den Grundbedarf.

Heute offerieren sich ständig erweiternde Supermärkte Tausende von Markenprodukten, von denen jedes Einzelne sein eigenes Image besitzt und in irgendeiner Form für die Ernährung, Gesundheit oder Sauberkeit nützlich sein will. Jedes Produkt verlangt eine Entscheidung und vergrößert die schon jetzt verwirrende Auswahl. Meine Großmutter schickte beispielsweise meine Mutter in den Laden, um Mehl, Fett, Äpfel und Zucker zu kaufen, damit sie einen Kuchen backen konnte. Ihr heutiges Gegenstück hat die Wahl zwischen Fertigteigen mit unterschiedlichem Fettgehalt, einem tiefgefrorenen oder einem frisch gebackenen Apfelkuchen. Sie kann außerdem zwischen zahllosen anderen Desserts wählen, die meiner Großmutter vielleicht auch zugesagt hätten, hätte sie sie damals schon kaufen können.

Meine Großmutter wusch mit ein und derselben Seife und in ein und demselben Waschzuber sowohl Wäsche als auch Kinder. Heute muss man sich zwischen Dutzenden von verschiedenen Seifen, Reinigungsmitteln, Weichspülern und anderen Produkte für die Wäsche entscheiden. Man macht sich Gedanken darüber, wie hautverträglich und umweltschonend die darin enthaltenen Substanzen jeweils sind. Meine Großmutter hätte sich solche Bequemlichkeit und Auswahl niemals träumen lassen, aber sie hatte damit auch nicht das Problem, ständig irgendwelche Entscheidungen treffen zu müssen.

Seltsamerweise beneidet meine Mutter ihre Mutter genau um diesen Mangel an Bequemlichkeit und Auswahl. Die Frauengeneration meiner Mutter war froh, nicht mehr mit einem Waschbrett waschen zu müssen und genoss den Luxus von tiefgefrorenem Gemüse. Anders als die Frauen in der Kalahari, die draußen nach nahrhaften Wurzeln suchen, sie mühevoll ausgraben, nach Hause schleppen und mit Steinen zerkleinern, greift man heute im Supermarkt ganz bequem nach Fertiggerichten. Trotzdem haben wir dabei nicht den Eindruck, ein leichtes Leben zu haben, denn die Zeit, die wir an der Herstellung von Speisen sparen, verlieren wir wieder an anderer Stelle für andere Pflichten.

Was meine Großmutter, die Frau in der Kalahari und die moderne Supermarkteinkäuferin eint, ist keinesfalls Kauflust, sondern die Bereitschaft, Verantwortung für die Versorgung und das Wohlbefinden der Familie zu übernehmen. Die Frau in der Kalahari muss dafür am härtesten arbeiten, denn sie muss die Lebensmittel erst aufspüren, sie mühsam nach Hause schleppen und dann noch zubereiten. Zwar musste meine Großmutter für die Nahrung schon nicht mehr durch die Gegend streifen, aber auch sie musste sie nach Hause tragen und verarbeiten. Sie musste sich außerdem um die Wäsche kümmern, sie waschen und stopfen, das Haus in Ordnung halten und an verschiedenen anderen Stellen für das Wohlergehen ihrer Familie sorgen. Im Supermarkt besteht heute unsere Hauptaufgabe darin, aus dem vielfältigen Angebot bereits verarbeiteter Waren die für uns richtigen herauszufinden. Das Ziel, nämlich Haushalt und Familie zu versorgen, ist jedoch bei allen dreien mehr oder weniger dasselbe.

Was ich damit sagen will, ist, dass Einkaufen die moderne Form einer uralten Aufgabe ist, auch wenn sich das mit den gängigen Vorstellungen vom Einkaufen nicht zu decken scheint. Es wird uns suggeriert, dass Einkaufen eine Orgie der Verantwortungslosigkeit sei, wobei unbedarfte Hausfrauen in den Gängen der Supermärkte Amok laufen und Geld ausgeben, das sie nicht haben. Es wird uns auch suggeriert, dass Einkaufen in seiner Reinform undisziplinierter und selbstsüchtiger Konsum sei. Nicht umsonst findet sich im Zusammenhang mit Einkaufen sehr häufig der Begriff »Kaufrausch«.

Geld ausgeben macht häufig nervös. Besonders deutlich wurde dies im 19. Jahrhundert, als Bauern und Handwerker, in denen die Familien normalerweise gemeinsam produzierten und gemeinsam konsumierten, durch Konstellationen ersetzt wurden, bei denen der Mann das Geld außer Haus verdiente, die Frau aber zu Hause blieb und das Geld ausgab. Der durch die unwirtschaftliche und undisziplinierte Haushaltsführung seiner Frau ruinierte Mann wurde zur bemitleideten und verlachten Witzfigur, auch wenn solche Fälle in der Realität wohl weit seltener waren, als Zeitungen und Karikaturen Glauben machten.

Eine weitere stereotype Vorstellung ist die vom Einkauf als reine Verschwendung. Doch dahinter verbirgt sich der immer währende Wunsch nach mehr. Die Menschen hoffen stets, dass die erarbeiteten Mittel zu mehr reichen als nur zur Befriedigung ihrer Grundbedürfnisse und ihnen gelegentlich einen Ausbruch aus dem Alltagstrott erlauben. Obwohl sie tatsächlich hin und wieder Geld »verschwenden«, wenn ihnen der Zufall zusätzliches Geld beschert oder wenn sie sich im Urlaub befinden, ist Einkaufen für sie in der Mehrzahl der Fälle eben Teil des Alltagstrotts und eben gerade kein Ausbruch daraus. Ladenbesitzer sind bemüht, die Hemmschwellen ihrer Kunden zu senken, doch meistens sind diese sich ihrer Verantwortlichkeiten und Einschränkungen sehr genau bewusst. Der Kaufrausch ist eine Fantasie. Der tägliche Einkauf ist anders und ausgesprochen wenig aufregend.

Zwischen 1994 und 1995 interviewte der Anthropologe Daniel Miller ein Jahr lang Leute in einem Wohngebiet im Norden Londons mit Familien verschiedenster Nationalitäten und unterschiedlichsten Einkommen sowohl beim Einkaufen als auch danach zu Hause. Er fragte sie, was sie einkaufen und warum und was die einzelnen Familienmitglieder von der eingekauften Ware halten. In seinem Buch *A Theory of Shopping* berichtet er, dass auch diese Leute ihre Aufgabe – nämlich mit begrenzten Mitteln möglichst viele Bedürfnisse zu befriedigen – gering schätzten und ihm nahe legten, doch über das »richtige«, von Zwängen freie Einkaufen zu schreiben. Doch Miller hatte anderes im Sinn.

Er versuchte herauszufinden, was das »richtige« Einkaufen nach Auffassung dieser Menschen sein sollte. Sie hatten einiges damit zu tun, die richtige Auswahl zu treffen und vor allem zu entscheiden, was sie nicht kaufen können, worauf sie also verzichten müssen. Oft genug waren sie bitter enttäuscht darüber, nicht alle Wünsche der Familie erfüllen zu können. Miller traf aber auch einige großspurige Diebe und solche, die es einfach nicht schafften, mit ihrem Geld auszukommen. Doch die meisten versuchten, sorgsam mit dem Geld umzugehen und dabei doch das Beste für sich und die Familie herauszuholen, und gönnten sich gerne irgendeine Kleinigkeit zwischendurch als Ausgleich für die mangelnde Anerkennung derjenigen, für die sie sich so viel Mühe gaben. Doch insgesamt war ausgesprochen wenig Hedonismus dabei im Spiel.

Miller wirft in seinem Buch zunächst einen differenzierten und realistischen Blick auf das Einkaufen, geht dann aber noch einen Schritt weiter und verleiht dieser oft so langweiligen Tätigkeit eine höhere Bedeutung. Er sieht darin Bezüge zu sehr ursprünglichen, tief verwurzelten und vor allem fast universell verbreiteten menschlichen Eigenschaften. Da ist der einkaufende Mensch von heute kein Nachfahr von steinzeitlichen Sammlern, sondern gleicht eher einer Priesterin und der Einkauf eher einem rituellen Opfer.

Die feierliche Tötung einer Ziege und die Verbrennung ihrer Eingeweide scheint uns wenig gemein zu haben mit einem hektischen Einkauf in überfüllten Geschäften am Samstagvormittag. Miller erklärt jedoch, dass es in den meisten Kulturen, in denen Opfergaben üblich waren bzw. noch sind, außerdem noch zahllose kleinere Opfer und Handlungen gibt, deren genaue Beachtung für die Ordnung des Kosmos von kaum geringerer Bedeutung ist und deren Nichtbeachtung fast unweigerlich in die Katastrophe führt. Per definitionem beinhaltet Opferung auch Konsum, andererseits wird meist sichergestellt, dass die geopferten Dinge nicht verderben.

Miller schreibt: »Die Voraussetzung für den Einkauf wie für die Opferung ist der Moment, wenn alle Ingredienzen beisammen sind und es zur eigentlichen Handlung kommen kann. Dann wird das Beste, das die Gesellschaft hervorgebracht hat, effektiv und effizient verwendet, nicht nur um ganz profan die Versorgung zu sichern, sondern um Verbindung, Liebe und Unterwerfung gegenüber einer göttlichen Macht zu demonstrieren.«

Eine Opferung, so sagt er, besteht aus drei Schritten. Zuerst kommt die Darbietung, d.h. das Schlachten des Tieres oder das Ausbreiten der Früchte. Danach kommt die Trennung des für die Opferung eigentlich wichtigen Teils, das Gott gebührt. In vielen Kulturen gilt die Verbrennung der Eingeweide als eigentliche Opferung, wenn der Rauch in den Himmel steigt und den Göttern ihren Anteil bringt. In der jüdischen Tradition gilt das Blut, das Sinnbild des Lebens, als der heilige Bestandteil. Deshalb gebührt das Blut Gott und darf nicht von den Menschen verzehrt werden. Im letzten Schritt der Opferung wird der Rest zu Nahrung für die Menschen und wird verspeist.

Es ist nicht schwer, einen Zusammenhang zwischen dem ersten und dritten Schritt der Opferung und unserem Alltag zu sehen. Mit dem Zwischenschritt ist das schon schwieriger. Welchen Göttern opfern wir? Und welche Teile gehören ihnen?

Aufgrund dieser Interviews schloss Miller, dass der zweite Schritt – auf das Einkaufen übertragen – der Wunsch ist, Geld für etwas nicht unbedingt Notwendiges auszugeben. Fast alle Einkaufenden äußerten die Überzeugung, dass Einkaufen große Sorgfalt erfordere, damit kein Geld verschwendet würde. Deshalb müsste man stets auf Sonderangebote und Bonuspunkte achten und sich für Produkte entscheiden, die zwar auf den ersten Blick teurer seien, aber auf die Dauer länger hielten und ihren Preis damit wert seien. Außerdem bemühten sich viele, etwas von ihrem Geld zu sparen, um sich dann etwas leisten zu können, das einen Wunsch außerhalb des rein Notwendigen erfüllt. Wenn eine Frau spart oder sich etwas versagt, kann sie sich immer sagen, dass sie das für die Zukunft ihrer Familie tut. Indem sie sich den Ritualen der Gratiscoupons und Bonushefte unterwirft, hat sie das Gefühl, ihre Pflicht zu tun und dies für andere sichtbar unter Beweis zu stellen. Der Kassenbon sagt ihr genau, wie viel sie durch ihr bedachtes Vorgehen gespart hat.

Sieht man vom reinen Erwerb ab und richtet den Blick stattdessen auf die Rituale, Prozeduren und die Verantwortung, die damit in Zusammenhang stehen, so eröffnet sich uns laut Miller die wahre Bedeutung, die das Einkaufen für viele hat. Einkaufen ist ein Ritual, und wie alle Rituale verdient es genaueste Beachtung, wenn nichts schief gehen soll. Und dazu gehört auch, nach Möglichkeit nicht den vollen Preis zu zahlen, sondern Sonderangebote zu nutzen. Denn das hier Eingesparte ist Potenzial für die Zukunft.

Das Gute an Millers Theorie ist, dass er dem Einkaufen eine ganz ursprüngliche Bedeutung zuweist, während er gleichzeitig anerkennt, dass sich das Einkaufen selbst, aber auch die Geschlechterrollen, in der Zwischenzeit gewandelt haben und vermutlich weiter wandeln werden. Das steht im Gegensatz zu der Gleichsetzung von prähistorischer Sammlerin und heutiger Einkäuferin und der daraus abgeleiteten Schlussfolgerung, dass Einkaufen etwas Instinktives ist und auch in Zukunft zum Großteil von den Frauen erledigt werden wird.

Die Vorstellung, dass Einkaufen etwas spezifisch Weibliches ist, scheint sich trotz dieser Veränderungen zu halten, und sei es nur deshalb, weil viele – nicht zuletzt viele Frauen – an dieser Vorstellung festhalten wollen.

Seit fast 200 Jahren hindert man Arbeiter in den Industrieländern daran, ihre Arbeit als Quelle ihrer Identität und ihres Selbstbewusstseins zu sehen. Aber man ermutigt sie, die Früchte ihrer Arbeit zu genießen und Dinge für ihren Lohn zu kaufen.

Im gleichen Zeitraum erhielten Frauen zunehmend die Entscheidungsgewalt darüber, was in der Familie konsumiert wurde. Paradoxerweise wurde diese wichtige wirtschaftliche Schlüsselrolle aber immer im Zusammenhang mit ihrem Dasein als Hausfrau und Mutter gesehen, die liebevoll, hingebungsvoll, opferbereit und mit all jenen Eigenschaften ausgestattet ist, von denen wir glauben, dass sie der Welt des Geldes und Handels überlegen sind.

Könnte es sein, dass es beim Einkaufen, das von niemandem anerkannt wird, einen aber gleichzeitig mit tiefer Befriedigung erfüllt, in Wirklichkeit darum geht, Dinge nach Hause zu bringen, die für Geld nicht zu haben sind?

3

Entdeckungen

Auf dem Markt unter Fremden

Zu Beginn des Frühjahrs 1978 verbrachte ich einige Tage auf dem Bazar in Kāshān mitten im Iran. Ich war auf eigene Faust acht Monate herumgereist und hatte den kommerziellen Versuchungen einiger großer Weltstädte widerstanden. Nun war ich nicht nur auf einem Markt, sondern mittendrin im Geschehen. Ich sah, ich hörte und ich suchte. Nach einer langen Zeit, in der ich mit ganz anderen Dingen beschäftigt gewesen war, setzte ich mich nun wieder der Versuchung aus – und kaufte.

Dabei half, dass ich mich in einer ganz besonderen Umgebung befand, nämlich auf einem persischen Bazar. Während ich mich dort aufhielt, sah ich, wie Wolle gefärbt, Teppiche gewebt und Messing gehämmert wurde. Ich roch die Gewürze und Fladen und konnte mich den aggressiv werbenden Händlern nicht entziehen. Der Bazar in Kāshān ist bemerkenswert schön in seiner Art mit den von Staub bedeckten Kuppeln, die sich direkt aus der grauen, dicht bevölkerten und engen Stadt zu erheben scheinen. Man kann sich leicht in Bazaren verirren und manchmal wirken sie geradezu unheimlich. Aber in diesem Moment war ich ganz und gar gefangen. Es war ein Schauspiel und es gefiel mir, daran teilzuhaben. Es schien so gar nichts mit meinem täglichen Einkauf zu Hause gemein zu haben. Die exotische Kulisse, die ungewohnten Waren, die aggressive Geselligkeit und das angeregte Handeln – all das schien mir das »wahre« Einkaufen zu sein. Und ich kaufte.

Märkte und Messen gibt es bereits seit ewigen Zeiten und man findet sie in der einen oder anderen Form überall auf der Welt. Niemand weiß genau, wie lange schon Menschen an manchen Orten zusammenkommen, um zu handeln und Dinge zu erwerben. Manche Archäologen glauben, dass es Märkte schon vor Siedlungen und Städten gab. Nachdem viele Menschen ihr Nomadentum aufgegeben hatten, sesshaft geworden waren und Landwirtschaft betrieben, kamen sie auf Märkten zusammen, um ihre Erzeugnisse zu verkaufen. Da das Land ja nun viel effizienter genutzt wurde, konnten die Menschen Fertigkeiten entwickeln, die nichts mit der Nahrungsbeschaffung zu tun hatten.

In Europa gibt es manche Märkte schon seit der Zeit der Römer. Natürlich spiegeln sie ihre jeweilige Zeit wider, trotzdem haben frühzeitliche und heutige Märkte viel gemein. Für die meisten Besucher sind sie eine willkommene Abwechslung in ihrem Alltagstrott. Man ist dort in hohem Maße gesellig, wenn auch meist sehr oberflächlich. Man ist dort nicht in seiner Rolle als Mitglied einer Familie oder einer Gruppe, sondern als Kaufender bzw. Verkaufender. Transaktionen finden von Angesicht zu Angesicht ohne weitere Verpflichtung statt. Natürlich braucht ein Markt eine Atmosphäre des Vertrauens, aber im Mittelpunkt stehen die Waren.

Auf einem Markt gibt es üblicherweise eine ganze Reihe von Händlern, die die gleiche Art von Ware verkaufen. Also müssen Waren und Preise verglichen werden. Aber man findet auch einzigartige oder ganz neue Produkte, z.B. die Originalausgabe der Unabhängigkeitserklärung hinter einer hässlich gerahmten Kopie, wie tatsächlich auf einem Flohmarkt in Adamstown, Pennsylvania, geschehen. Wahrscheinlicher aber ist die Entdeckung eines neuartigen Gemüses, das Jahre brauchen wird, bevor man es in den Supermärkten zu kaufen bekommt.

Für diejenigen, die Einkaufen auf die moderne Art gewöhnt sind, sind Märkte aufregend, in jeder Beziehung. In Kāshān konnte ich nicht einfach selbstvergessen über den Bazar schlendern, wie das zu Hause in einem Einkaufszentrum ohne Probleme möglich ist. Eine der angenehmen – unter Umständen aber auch unangenehmen – Seiten von traditionellen Märkten ist, dass man dort mit anderen Menschen in Kontakt kommt. Auf einem solchen Markt kauft man nicht nur ein, sondern trifft andere und erfährt Neues. Auf einem Bazar ist jede kommerzielle Transaktion auch eine soziale, inklusive Tee und Unterhaltung.

»Ein junges Mädchen erblindete beim Knüpfen dieses Teppichs«, behauptet der Händler. Wäre das wahr, es wäre entsetzlich. Aber dann müssten ja die meisten Frauen im ländlichen Iran blind sein. Natürlich ist das nur ein Verkaufstrick und soll dem Kunden lediglich deutlich machen, welch harte Arbeit das Teppichknüpfen ist und dass das den hohen Preis des Teppichs rechtfertigt. Es ist dieses Verwirrende, Zweideutige und teilweise Abschreckende, das unseren Einkaufserfahrungen in Supermärkten wie beispielsweise Wal-Mart fehlt. Finden wir dort beispielsweise heraus, dass ein Paar billige Turnschuhe von zehnjährigen Kindern in Asien hergestellt wurde, sind wir schockiert, denn im Supermarkt wirkt auf uns alles völlig unpersönlich. Doch hier in Kāshān wird das Opfer eines Kindes zum Zeichen für Authentizität, und das ist, wie der Händler genau weiß, was viele ausländische Touristen suchen. Ich habe einige schöne Teppiche dort auf dem Markt gekauft, die noch heute bei mir zu Hause in der Wohnung liegen. Wie die meisten unerfahrenen Menschen auf einem Bazar habe ich vermutlich viel zu viel dafür bezahlt.

Mangel und Rationierung

Früher fanden die wenigsten Märkte jeden Tag statt. Im Römischen Reich z.B. gab es Wochenmärkte etwa alle acht Tage (daher der Name), im mittelalterlichen Europa alle sieben Tage und in Asien in ähnlichen Zeitabständen. Fast die ganze Woche wurde für die Herstellung bzw. Erzeugung der Waren genutzt und nur wenig Zeit für den Kauf von Gütern verwandt, die man selbst nicht herstellen konnte.

Acht Jahre nach Kāshān besuchte ich einen anderen weit von zu Hause entfernten Markt in Kolumbien. Ein halbes Jahr zuvor hatte ein durch einen Vulkanausbruch in 80 Kilometer Entfernung verursachter Erdrutsch das Dorf Armero mit allen Häusern und vielen Einwohnern unter meterhohem Schutt vergraben. 27 000 Menschen waren bei dem Vulkanausbruch ums Leben gekommen. (Ein oder zwei Tage später kehrten einige ehemalige Einwohner mit Hacke und Schaufel zurück und raubten die Bank aus.)

Als ich dort war, kursierten Pläne für einen Wiederaufbau des Ortes in einiger Entfernung zum ursprünglichen und damit in angeblich sicherer Distanz. Die Überlebenden hausten in provisorischen Hütten, kaum größer oder stabiler als Umzugskisten. Viele waren wütend – auf den Vulkan, auf die Regierung und aufeinander. Unterschwellig spürte man eine Atmosphäre der Gewalt. In der Nacht zuvor hatten Macheten schwingende Männer einen Regierungsbeamten bedroht, der gekommen war, um eine Beschleunigung des sich nur schleppend entwickelnden Projekts zu verkünden. Die Überlebenden bewaffneten sich zum Schutz gegen die eigenen Nachbarn, denen sie vorwarfen, die Notlage schamlos auszunutzen.

Am Morgen des Markttages schien alles ruhig und friedlich. Entlang der einzigen Straße im Flüchtlingscamp hockten die Menschen vor ihren Hütten. Was sie zu verkaufen hatten, lag ausgebreitet vor ihnen auf dem Boden. Fast alle verkauften Kartoffeln, wenn auch niemand mehr als drei oder vier Stück hatte. Einige hatten zusätzlich ein paar verschrumpelte Karotten oder Zwiebeln vor sich liegen. Einer aber hatte fünf große Tomaten, die er zu einem horrenden Preis anbot. Kaum etwas wurde verkauft, aber fast alle waren auf den Beinen und besahen sich die Angebote der Nachbarn. Sie redeten und tratschten, während sie herumliefen. Trotz der allgemeinen Spannung war dieser morgendliche Markt von außen betrachtet ein geselliges Ereignis.

Man mag einwenden, dass es sich hierbei nicht im eigentlichen Sinne um Einkaufen handelte, denn die Beteiligten hatten so gut wie kein Geld, das sie ausgeben konnten, und kaum etwas zum Aussuchen. Und doch waren auch vor dieser ärmlichen Kulisse einige wichtige Ingredienzen des Einkaufs vorhanden. Die Dörfler prüften das Angebot und was sie davon kaufen konnten. Egal, ob nun Kinder versuchen herauszufinden, was die anderen in ihren Rucksäcken haben, oder diese Campbewohner, die die Kartoffeln des Nachbarn begutachten, immer spielt das Einordnen des eigenen Status und der eigenen Bedürfnisse eine Rolle. Das kann sogar dann geschehen, wenn es überhaupt keine Waren gibt oder man gar kein Geld hat, um etwas zu kaufen. Zum Einkaufen gehört auch Informationen über seine Mitmenschen zu sammeln. Es ermöglicht, den eigenen Platz in der Gemeinschaft einzuschätzen und – wenn auch oberflächlich – Kontakt zu vielen verschiedenen Menschen zu haben. Auf einem Markt gilt: sehen und gesehen werden.

Das Erlebnis dieser beiden »traditionellen« Märkte war höchst unterschiedlich. Die meisten würden wohl nur den Markt in Kāshān mit seinem reichlichen Warenangebot und überreichen Sinneseindrücken als echten Markt bezeichnen und den rudimentären Markt in Armero lediglich als Notbehelf in einer Katastrophe. Der Bazar in Kāshān repräsentiert eine fortschrittlichere, reichhaltige Form, während der Markt in Armero, kurz und karg wie er war, die historische Wirklichkeit vermutlich besser wiedergibt.

Historisch gesehen waren Märkte und Handelsmessen dazu da, ein knappes Warenangebot zu verhandeln. Auch die dafür verfügbare Zeit war meist knapp bemessen. Sowohl für die Käufer als auch für die Verkäufer waren deshalb kurze Handelszeiten zu festgelegten Zeiten vorteilhaft. Die Käufer wurden somit nicht gezwungen, ihre normale Tätigkeit plötzlich und unvorhergesehen zu unterbrechen oder sich darum kümmern zu müssen, wann dringend benötigte Dinge verfügbar wären. Und die Händler wussten ihrerseits, dass sie ihre Waren einer maximalen Zahl an Käufern offerieren und damit den besten Preis erzielen konnten. Der begrenzte Zeitraum sorgte dafür, dass alle zur gleichen Zeit am gleichen Ort erschienen, was außerdem Gelegenheit bot, regelmäßig Kontakte zu pflegen und Neuigkeiten auszutauschen. Das gilt heute nach wie vor, vor allem für nur einmal im Jahr stattfindende Messen wie beispielsweise die Buchmesse in Frankfurt oder die Cebit in Hannover.

Der wichtigste Unterschied zwischen dem Einkauf auf einem traditionellen Markt und in einem Supermarkt besteht darin, dass jede Transaktion eine persönliche Angelegenheit ist. Man hat es hier nicht mit einem anonymen Hersteller zu tun, von dem man höchstens die Marke kennt, oder mit Angestellten in einer Ladenkette, die keinerlei persönlichen Bezug zu dem haben, was sie verkaufen. Wer häufig auf einen Markt geht, lernt mit der Zeit sowohl Verkäufer als auch andere Kunden kennen.

Die Schattenseite dieser Märkte ist aber, dass genau diese persönlichen Kontakte einen Kauf nicht nur fördern, sondern auch behindern können. Manche Händler sind vielleicht unfreundlich. Dann muss man entscheiden, ob sein Angebot verlockend genug ist, um möglicherweise trotz schlechter Erfahrung erneut bei ihm einzukaufen. Da die Entscheidung ohnehin oft schwer ist, wird man leicht von einem Kauf zurückschrecken, wenn der Verkäufer abfällige Bemerkungen über den eigenen Geschmack, die Nahrungsmittelauswahl oder den Umgang mit Geld macht. Das ist so, auch wenn einige der unpersönlichsten Anbieter – wie Supermärkte oder Internet-Shops – vielleicht mehr Aufhebens um ihre Konsumgewohnheiten machen, als das je ein Händler auf einem Markt tun würde. Aber den unpersönlichen Anbietern vermittelt man nur passiv irgendwelche Informationen über sich, z.B. durch Mitglieds- oder Kreditkarten oder durch einen Mausklick. Im Gegensatz dazu kann ein Händler auf einem Markt mit einem nur flüchtig über sein Gesicht huschenden Grinsen den Glauben in die eigene Urteilskraft erschüttern und damit die ursprüngliche Kaufabsicht zunichte machen.

Märkte verlangen mehr Aufmerksamkeit. Das kann amüsant sein, aber auch anstrengend, vor allem auf solchen Märkten wie in Kāshān, wo man nichts einfach kauft, sondern alles erhandeln muss. Während sparsame Menschen solche Märkte sehr schätzen, weil die Preisforderungen durch das Handeln wirksam begrenzt werden, wissen alle, die etwas verkaufen wollen aus Erfahrung, dass die Menschen weniger kaufen, wenn sie sich emotional bei jedem Kauf einbringen müssen. Fast jede relevante Neuerung beim Einkaufen in den letzten Jahrzehnten hatte zum Ziel, genau diese Reibungsverluste abzubauen. Weniger persönlich, aber dafür auch weniger anstrengend, so lautet die Devise.

Die Gefahr von Märkten

Der soziale Kontakt auf Märkten steht in krassem Gegensatz zu der unpersönlichen Atmosphäre der Supermärkte und Billiganbieter. Menschen, die vor 100 Jahren und mehr auf einen Markt gingen, betrachteten die Situation völlig anders. Auf einem Markt konnten sie fremde Menschen kennen lernen, denn er befand sich oft im Grenzgebiet zwischen zwei Ländern oder Stammesgebieten. Und selbst auf Dorfmärkten traf man auf andere Menschen als die eigenen Verwandten oder Nachbarn. Ein Markt öffnete also den Blick in die große – oder zumindest etwas größere – Welt. Aber das brachte auch Gefahren mit sich.

Märkte gab es in irgendeiner Form schon immer und fast überall und immer lauerten in ihnen auch Gefahren für die öffentliche Ordnung und die allgemeine Moral. Die zeitgenössische politische und wirtschaftliche Lehre betrachtet Märkte als Grundlage jeglichen wirtschaftlichen Lebens und die Tatsache, dass es sie überall gibt, scheint sie darin zu bestätigen. Doch Märkte waren nur eine Möglichkeit, Waren umzuschlagen, und häufig galten sie eher als notwendiges Übel denn als Organisationsprinzip.

Eine der frühesten Beschreibungen des Glanzes einer Marktmetropole enthält gleichzeitig eine scharfe Verurteilung. Die phönizische Stadt Tyros im heutigen Libanon war wie New York oder Hongkong eine Ansammlung von Inseln in der Nähe des Festlandes, die sich allmählich zu einem großen Hafen entwickelte. Für den Propheten Ezechiel im 6. Jahrhundert vor Christus war Tyros fantastisch und fürchterlich zugleich:

> *Alle Schiffe des Meeres und ihre Matrosen / kamen zu dir, um mit dir Handel zu treiben.... Diese verliehen dir prächtigen Glanz ... Sie machten deine Schönheit vollkommen ... Silber, Eisen, Zinn und Blei gaben sie für deine Waren ... Die von Bet-Togarma gaben Zugpferde und Reitpferde und Maultiere für deine Waren ... Als Abgaben brachten sie dir Elfenbein und Ebenholz ... Edom kaufte bei dir wegen der Fülle deiner Erzeugnisse. Karfunkelstein, Purpur, bunte Stoffe, Byssus, Korallen und Rubine gaben sie für deine Waren. Juda und das Land Israel waren deine Händler. Weizen, Oliven, Wachs, Honig, Öl und Mastix gaben sie für deine Handelswaren.*
>
> (Ezechiel 27,9–17)

Die Aufzählung geht noch weiter. Hinzu kommen Wein, Wolle, arabische Schafe, Gewürze, Edelsteine und Gold aus Saba. Ezechiels Auflistung ist jedoch nur der Auftakt zu seiner prophezeiten Zerstörung all dessen. »Doch dein Herz wurde stolz / wegen all deines Reichtums« (Ezechiel 28,5), wirft Ezechiels Jawe der Stadt vor. »Du hast durch gewaltige Schuld, / durch unredliche Handelsgeschäfte / deine Heiligtümer entweiht. So ließ ich mitten in dir ein Feuer ausbrechen, das dich verzehrt hat.« (Ezechiel 28,18) Die Stadt wurde tatsächlich zweimal zerstört, das erste Mal durch den babylonischen König Nebukadnezar einige Jahre nach Erscheinen von Ezechiels Schriften und das zweite Mal durch Alexander den Großen im Jahr 332 vor Christus.

Ezechiel sah in der Konzentration so vieler Waren auf einem Fleck eine Bedrohung (eine ähnliche Sichtweise, dass nämlich protziger Materialismus letzten Endes bestraft werde, war möglicherweise ein Motiv für die Zerstörung des World Trade Centers). Er bemerkte, dass viele Menschen, die zu reich werden, oft auch überheblich, ja geradezu hybrid werden. Eine weitere Gefahr liegt darin, dass Reichtum gänzlich unterschiedliche Menschen zusammenbringt. Aber die Fremdheit führt zur Versuchung, jemanden zu betrügen, wenn man weiß, dass man ihn nie wiedersieht. Die Missbilligung von Reichtum findet sich überall in der Bibel, denn er führt fast immer zu Zwist und Streit innerhalb eines Volkes, dessen Überleben immer in Gefahr war. Die wertvollen Dinge auf einem Markt gefährden Familienbande und Gemeinschaften. Ezechiel prophezeite, dass nur das Volk Israels von der Zerstörung verschont bleibe, weil es sich als ein Volk mit einem Gott betrachte.

Während die Israeliten mit ihrer expliziten Ablehnung materiellen Reichtums noch eine Ausnahme unter ihren Zeitgenossen bildeten, hat es bis heute viele Gemeinschaften gegeben, die glaubten, dass solche Märkte die Tugend gefährden. Heute ist diese Sichtweise besonders unter Eltern verbreitet, die bemüht sind, ihre Kinder vor dem zu beschützen, was ihnen Fremde ständig zu verkaufen versuchen. Die Unterschiede zwischen Werten, die in der Familie und solchen, die über den Handel vermittelt werden, sind in der Tat fundamental.

Märkte, das sind Mechanismen zur Veräußerung von Waren. Doch auch wenn es sie schon so lange und fast überall gibt, sind sie, wie schon gesagt, nicht die einzigen

Warenumschlagplätze. Meist kam sogar nur ein relativ geringer Anteil des Warenangebots eines Landes auf den Markt. Vieles wurde von Familien, Clans oder Stämmen zugeteilt, die innerhalb eines feudalen Systems als Erweiterung der Familie betrachtet wurden.

Eigentlich haben Märkte nichts »Natürliches«. Ein Baby muss auch nicht auf den Markt, um an seine Milch zu gelangen. Es bekommt sie von seiner Mutter. Diese biologische Tatsache sichert das Überleben der Spezies. Die Familie ist die unmittelbare Erweiterung dieser Zweierkonstellation und beruht auf der Übereinkunft, dass die Starken die Schwachen schützen und diejenigen, die viel haben mit denjenigen teilen, die wenig haben, damit alle überleben. Eine große Familie und enge Beziehungen zu den nächsten Verwandten sind quasi eine Form der Sozialversicherung. In fast allen Gesellschaftsformen werden diese Bande durch Rituale gefestigt, und dazu gehören auch gegenseitige Geschenke. Die Geste des Schenkens zur Festigung der Bindung untereinander kaschiert häufig den unterschiedlichen Wert der Geschenke und die Tatsache, dass der Wohlhabendere den weniger Wohlhabenden unterstützt. Die Ausweitung dieses Netzes von Bindungen auf weitere Personen führt zur Bildung von Clans und Stämmen, also größeren Gemeinschaften, die, wenn auch auf weniger persönlicher Ebene, dem Wohl aller Mitglieder zugute kommen sollen. Der Zweck ist aber letzten Endes immer Stabilität.

Erwirtschaftet eine solche Gemeinschaft einen gewissen Überschuss, so versucht sie meist nicht, ihn zu verkaufen, sondern bewahrt ihn für schlechtere Zeiten auf. Die Menschen wissen, dass gute Zeiten nicht ewig dauern und wollen vorbereitet sein. Vielleicht ist Lagerung oder Vorratshaltung der Ursprung aller Politik. Eine der Verantwortlichkeiten von Anführern, sei es in prähistorischen oder modernen Zeiten, ist die Verwaltung von Ressourcen. So haben sie beispielsweise für den Bau und den Einsatz von Getreidesilos zu sorgen. Und sie haben die Macht, darüber zu entscheiden, wer wann etwas davon bekommen soll.

Im alten Ägypten spielten Märkte eine eher untergeordnete Rolle. Es gab stattdessen einen behördlichen Apparat, der die Nahrungsmittelproduktion verwaltete und die Ernte verteilte. Dieses System existierte immerhin mehrere Jahrtausende. In der alten Welt vor den Römern, im Europa und Japan des Mittelalters sowie an zahllosen anderen Orten der Welt entwickelten sich familiäre Verteilungsstrategien zu Feudalsystemen, in denen die Bauern einen großen Teil ihrer Erzeugnisse an die Feudalherren abgeben mussten. Im Gegenzug schützten diese sie gegen Angriffe von außen. Auf Märkten wurde nur das Wenige verkauft, was nach der Versorgung der Familie und nach Erfüllung aller Abgabeverpflichtungen noch übrig blieb.

Gemeinsamer Konsum und Märkte koexistieren überall in komplexen Gesellschaften, auch wenn die vorherrschende Ideologie es anders will. Im Römischen Reich hielt man nicht besonders viel von Märkten. Man organisierte und regulierte den Handel lieber. Das sorgte für eine Atmosphäre der politischen Stabilität und Prosperität. Haben die Menschen jedoch keine Angst vor Fremden, dann können Märkte sehr effektiv sein.

Der große Markt in Athen

Das Athen der Antike war eine der selbstbewusstesten und innovativsten Städte, die je existiert haben. Es erstaunt deshalb nicht, dass ein florierender Markt eines der herausragenden Merkmale dieser Gemeinschaft war. Die Griechen hatten im Mittelmeerraum die Nachfolge der erfolgreichen phönizischen Händler angetreten. Während Tyros für seinen Handel mit der ganzen Welt berühmt war, wissen wir nichts über seine Märkte oder darüber, ob es sich für den Einzelnen lohnte, dort einzukaufen. In Athen war dies ganz offensichtlich der Fall.

Kontore und Großhändler konzentrierten sich um den Hafen Piräus fast fünf Kilometer vor der Stadt, während sich im 6. Jahrhundert vor Christus inmitten der Stadt in der Agora ein bedeutender Markt entwickelte. Dies war das Ergebnis der ganz bewusst getroffenen Entscheidung, einen speziellen Platz für einen Markt zu schaffen. Rund um diesen Markt errichteten die Athener Handwerksläden und öffentliche Gebäude. Heute weiß niemand mehr so genau, warum die Athener ihrem Markt einen so zentralen Platz einräumten, aber der Historiker Herodot sah in dem Markt etwas, wodurch sich die Griechen von den Barbaren unterschieden. Im ganzen Persischen Reich, so schrieb er, gibt es keinen einzigen Marktplatz.

Soviel wir wissen, würden sich auf dem damaligen Markt wohl auch Einkaufslustige von heute wohl fühlen. Mit einem riesigen Angebot zelebrierte hier die Stadt ihren immensen Reichtum. Die verschiedenen Waren wurden in jeweils eigenen Bereichen feilgeboten, sodass man sich z.B. einen schnellen Überblick über das Angebot von Fisch, Geflügel, Fleisch oder Obst verschaffen konnte. Es gab Bereiche mit Schafen und Bereiche mit Schaferzeugnissen, wie Wolltuch, Leder oder Fleisch. Es gab Essensstände, wo Omelettes zum sofortigen Verzehr verkauft wurden, und Stände, wo es Weihrauch, Wein, Honig – und Sklaven gab. (Praktisch auf allen damals existierenden Märkten wurde mit Menschen gehandelt.)

In erster Linie aber war die Agora ein Lebensmittelmarkt, obwohl die Stände mit dem meisten Zulauf Friseure und Hersteller von Parfums und Salben waren, weil hier die Menschen gerne eine Weile stehen blieben. Athen war damals eine Stadt mit rund 50 000 Einwohnern und es hieß, dass fast jeder männliche Bewohner Athens und die vielen Sklaven, die den größten Teil des Einkaufs besorgten, mindestens einmal am Tag über den Markt gingen. (Das ist durchaus glaubhaft, denn in Wirtschaftszentren wie Athen war man abhängig vom Informationsfluss, und bevor Telefon oder andere Kommunikationsmittel erfunden waren, gab es in solchen Städten fast immer eine bestimmte Zeit und einen bestimmten Ort, wo sich die Menschen trafen.) Die Händler waren nur für eine relativ kurze Zeit auf dem Markt. Sie öffneten am späten Morgen und schlossen kurz nach Mittag. Der Marktbetrieb war auf diese Zeitspanne begrenzt und in diesen Stunden traf man sich.

Die Agora ist als öffentlicher Platz in die Geschichte eingegangen, auf dem auch philosophiert wurde. (Ein dort ausgegrabener Weinkelch aus Keramik trägt den Namen eines Weinverkäufers, an dessen Stand Plato behauptet haben soll, dass Sokrates gerne trinke.) Die Agora galt als ideale Plattform für die Diskussion öffentlicher Angelegenheiten.

In der Hauptsache aber war dies ein kommerzieller Ort. Aristophanes und andere Komödienschreiber verewigten in ihren Stücken Szenen mit engagiertem und doch spielerischem Handeln zwischen Käufern und Händlern, die versuchten die Kundschaft zu beschwatzen oder einzuschüchtern, wohl wissend, dass z.B. ihr Tintenfisch schnell an Wert verlor. Kaufinteressierte wurden vor Händlern gewarnt, die ihre Wolle wässerten, um sie schwerer zu machen, und davor, Körbe mit Feigen zu kaufen, ohne vorher geprüft zu haben, ob auch die unteren Früchte in Ordnung sind.

Die Agora in Athen war ein lebendiger, bunter, gut organisierter, aber trotzdem chaotischer Platz und besaß große Ähnlichkeit mit dem Bazar in Kāshān und dem Union Square in New York oder dem Pike Place in Seattle. Wenn wir darüber lesen, haben wir das Gefühl, diesen Ort zu kennen und schon dort gewesen zu sein. Es scheint, als seien sich alle Märkte sehr ähnlich. Und doch, so vertraut uns vieles erscheint, die Agora war ein einzigartiger Platz und Europa sollte für mehr als ein Jahrtausend nichts Vergleichbares haben.

Wechselgeld

Der große Erfolg der Agora ist in nicht unbeträchtlichem Maße einer kurz zuvor gemachten Erfindung zu verdanken, dem Kleingeld. Münzen von großem Wert aus Gold waren schon seit mehreren Jahrhunderten im Umlauf. Die Griechen hatten das Prägen von Münzen von den Lydiern gelernt, die in der Region der heutigen Türkei lebten, nicht weit entfernt vom Reich des legendären König Midas. Sein Dilemma bestand darin, dass alles, was er berührte, zu Gold wurde, wodurch er zwar einen Reichtum schuf, der ihm aber nichts mehr nutzte, sondern im Gegenteil zerstörerisch wirkte. Die Legende hat ihren Ursprung in tatsächlichen Problemen der Märkte jener Zeit. Goldmünzen hatten für den täglichen Einkauf einen viel zu hohen Wert. Oft gehörten sie zum Schatz eines Königs, der zwar angehäuft, nicht aber ausgegeben wurde. Mit einer solchen Goldmünze konnte man zwar eine ganze Schiffsladung Getreide erwerben, aber kein einzelnes Brot. Erst als man Silber- und Kupfermünzen prägen konnte, wurde auf den Märkten nicht länger getauscht, sondern gekauft. Die Einführung des Münzgeldes mit geringem Wert erleichterte und beschleunigte den Handel enorm und erhöhte die Bedeutung von Märkten beträchtlich. Paradoxerweise führte Kleingeld, das frei und schnell zirkulierte, zu mehr Wohlstand als Goldmünzen mit ihrem hohen Wert, der im praktischen Leben nicht weiterhalf. Heute ist das wieder anders und selbst Papiergeld wird nur noch selten über den Ladentisch gereicht. Geld ist heute als Zahl in einem Computer hinterlegt und kann mit einer Plastikkarte verwaltet werden. Es ist vollkommen immateriell – und wird noch leichter ausgegeben.

Niedrige Geldwerte beschleunigen den Einzelhandel und sind so bequem, dass man sich hätte vorstellen können, dass sie – genau wie das Rad – einmal erfunden, nie wieder aufgegeben werden. Doch es sollte anders kommen.

Anders als Goldmünzen, deren Wert auf dem Material beruht, aus dem sie hergestellt sind, beruht der Wert von Münzen mit geringem Wert auf einer Atmosphäre des Vertrauens und politischer Stabilität. In einem solchen Umfeld kann man einem Fremden etwas verkaufen und darauf vertrauen, dass sein dafür gezahltes Geld auch von anderen Händlern akzeptiert wird. So kam es, dass im Römischen Reich eine Vielfalt von Münzen kursierte, die relativ unkompliziert gegeneinander tauschbar waren, auch wenn dabei eine geringe Gebühr anfiel.

In der Antike fanden finanzielle Transaktionen häufig in der Nähe von Tempeln oder anderen religiösen Gebäuden statt, denn Geld wie Religion ist eine Glaubensfrage. Noch heute drucken die Vereinigten Staaten, die als Erste Staat und Kirche trennten, »In God We Trust« auf ihre Münzen. (Als Jesus in Jerusalem die Geldwechsler aus dem Tempel warf, konnten ihn die wenigsten seiner Zeitgenossen verstehen. Man empfand nicht, dass diese Leute einen heiligen

Ort entweihten, sondern einfach nur, dass sie dort waren, wo die Leute sie suchten.)

Als der westliche Teil des Römischen Reiches zerfiel, verschwand das Kleingeld nahezu völlig aus dem Umlauf, da es jetzt kaum noch ein Händler akzeptierte. Mit dem Reich war auch das Vertrauen in den Markt untergegangen. In den kommenden Jahrhunderten wurde bei Transaktionen nur selten Geld verwendet. Man lebte in einem Netz aus Verpflichtungen, bezahlte die Pacht mit einem Teil der Ernte oder im Kriegsfall mit der Bereitschaft zu kämpfen. Im Gegenzug gewährte der Lehnsherr Schutz vor Angriffen von außen und sicherte die Stabilität im Inneren. Geld spielte praktisch keine Rolle mehr.

Nachdem der Anteil für die Pacht bezahlt war, ging man mit seinen Erzeugnissen auf den Markt und tauschte sie gegen Erzeugnisse oder Waren von anderen. Mit Geld gab es eine Vielzahl von verschiedenen Produkten auf den Märkten, da es auch Händler aus größerer Entfernung anzog. Tauschhandel bedeutete dagegen ein geringeres Warenangebot und weniger Transaktionen. Jetzt sahen die meisten Märkte wohl so aus wie der in Kolumbien, wo die Händler die gleichen Produkte in einem ähnlich verschrumpelten Zustand anboten.

Ab dem 11. Jahrhundert fanden Silbermünzen zunehmend Verbreitung in Europa, von denen manche in größeren Städten und Hafenstädten geprägt wurden. Ihr immer noch relativ hoher Wert wirkte sich jedoch nachteilig auf den Handel aus, denn Grundnahrungsmittel wie Brot und Bier waren so billig, dass man sie mit keiner Münze kaufen konnte. Schließlich kamen die Menschen auf die Idee, die Münzen zu zerteilen, was aber das Vertrauen untergrub, denn diejenigen, die teilten, behielten nicht selten etwas von dem Silber zurück.

Erst als sich die europäischen Königreiche gefestigt hatten, änderten sich die Dinge allmählich. Kleine Münzen kamen wieder auf und hatten einen regeren Handel zur Folge, denn da die Krone zunehmend an Macht gewann, waren nun immer mehr Leute bereit, die von ihr geprägten Münzen als Zahlungsmittel zu akzeptieren. Das Wiederaufleben des Geldverkehrs legte den Grundstein für die großen Handelsmessen des Mittelalters, die von internationaler Bedeutung waren.

Messefrieden

Unbelastet von Familieninteressen, Loyalität oder anderweitigen Verpflichtungen wechseln Waren auf Märkten sehr viel leichter und schneller die Besitzer. Der Markt selbst ist eine Art Kampfarena, in der beide Seiten versuchen, ihren Preis durch Freundlichkeit oder auch Einschüchterung durchzusetzen. Doch damit das Ganze funktioniert, braucht man Frieden oder doch zumindest Waffenruhe sowie eine Reihe von Spielregeln, die von allen akzeptiert werden.

Im Mittelalter begannen Märkte oft mit dem Läuten einer Glocke und Messen mit einer religiösen Zeremonie zu Ehren des jeweiligen Schutzpatrons. Geschäfte vor der eigentlichen Eröffnung, wie der Erwerb von Waren auf dem Weg zum Markt oder vor der eigentlichen Standeröffnung, waren streng verboten. Da es die Integrität des Marktes gefährdete, standen darauf harte Strafen. Ebenso war es verboten, bestimmte Waren aufzukaufen und dann zu einem höheren Preis anzubieten. Später wurde das als Großhandel legitimiert und bildet heute die Grundlage für unser Warenvertriebssystem. Auf mittelalterlichen Märkten jedoch war das ein Verstoß gegen die Regeln und eine Sünde, da es das Vertrauen der anderen Marktteilnehmer untergrub.

Auf solchen offiziellen Märkten gab es auch Standardmaße und -gewichte. Betrüger wurden meist sofort und öffentlich bestraft. Verkaufte jemand beispielsweise verdorbene Lebensmittel, so musste er seine Ware vor den Augen der unzufriedenen Kunden selbst essen.

Während der großen Handelsmessen waren alle lokalen Gesetze außer Kraft gesetzt. Stattdessen galten sehr viel strengere Gesetze. Es wurden sogar spezielle Gerichte eingesetzt, die bemüht waren, in allen vorgetragenen Fällen bis zum Ende der Messe ein Urteil zu fällen. (In England hießen diese Gerichte »pie powder courts«, was auf das französische »pieds poudres« zurückgeht und staubige Füße bedeutet.) Die Richter waren meist selbst Händler, die man zu dieser Aufgabe verpflichtet hatte, weshalb sie oft sehr streng mit ihren Konkurrenten »ins Gericht gingen.« Zudem beeilten sie sich, denn wenn sich Verhandlungen hinzogen, ging das zu Lasten ihrer eigenen Geschäfte.

Die Messeteilnehmer scheinen dieses strenge Vorgehen und die rasche Bestrafung akzeptiert zu haben, genauso wie man heute in den Geschäften strengere Verhaltensregeln als auf der Straße akzeptiert. Trotzdem waren Handelsmessen mit all den Fremden nicht ungefährlich. Man musste schließlich genug Geld mit sich führen, um damit eventuell Einkäufe für ein ganzes Jahr tätigen zu können. Das aber zog Taschendiebe und Trickbetrüger an. Auch Prostituierte und Gaukler suchten ihren Anteil am Geschäft. Hier wurde vielerlei Verlangen geweckt, wie sonst das ganze Jahr nicht. Es war zugleich aufregend und beängstigend.

Selbst manche Kleinbauern kamen zu den Messen. Das harte Leben auf dem Land zermürbte ihren Körper und betäubte ihren Geist, denn sie arbeiteten den ganzen Tag mit Werkzeugen und Geräten, die man schon seit mehr als 1 000 Jahren dafür benutzte. Wir, die wir heute in einer Atmosphäre ständigen Wandels und ununterbrochener Unterhaltung leben, können uns kaum eine Welt vorstellen, in der die intensivsten ästhetischen und sinnlichen Anregungen in der Kirche zu finden waren. Das Betreten der Messe musste für sie wie das Betreten einer anderen Welt gewesen sein. Es gab unglaubliche Menschenmassen. Es gab Gaukler in bunten Kostümen und Käfige mit seltsamen Tieren. Es gab Seide, die auf diese armen Menschen, die meist nur wenige Kleidungsstücke aus rauem, selbst gesponnenem Garn besaßen, unglaublich luxuriös gewirkt haben muss. Manche der dort zum Kauf angebotenen Waren konnten sich nur sehr wenige Marktbesucher leisten. Aber jeder konnte schauen und betrachten, was es sonst nie zu sehen gab.

Messen waren aber nicht nur zum Handeln da. Nicht umsonst waren dies Ausnahmezeiten. Es wurden Gottesdienste zu Ehren der Schutzpatrone gehalten und lokale Feste gefeiert. An solchen Tagen musste sich das Leben einfach vom Rest des Lebens unterscheiden. Diese Mischung aus Ehrerbietung und Freizügigkeit, die mit einer Messe einherging, scheint uns widersprüchlich oder gar heuchlerisch, und doch mischen auch wir gelegentlich Ehrerbietung und Konsum. In Amerika feiert man den Geburtstag von George Washington, indem man einkaufen geht und die Sonderangebote anlässlich des President's Day nutzt. Das ist tatsächlich zur wesentlichen Bedeutung dieses Feiertages geworden.

Der Gedanke, dass die Zeit der Messe eine besondere Zeit war, während der andere Gesetze galten, wurde im 13. Jahrhundert durch die Grafen der Champagne begründet und verbreitet. In dieser Zeit machte die industrielle Entwicklung z.B. der Textilindustrie den Überlandhandel überflüssig. Ursprünglich regionale Handelsmessen entwickelten sich in der Folge zu internationalen Events, die Wollhändler aus dem Westen, Seidenhändler aus dem Osten und Fellhändler aus dem Norden und noch allerhand andere anzog.

Die Städte Troyes und Provins in der Champagne boten sich dafür an, denn sie lagen etwa auf halbem Wege zwischen Italien und dem heutigen Belgien, den Zentren der Textilindustrie, und waren gleichzeitig für die Handelsstädte an der Nord- und Ostsee gut erreichbar. Aber es war nicht nur die gute Lage. Wie viele andere Landes- oder auch Kirchenfürsten ihrer Zeit erkannten auch die Grafen die große Bedeutung von Handelsmessen als Einnahmequelle. Der Ausrichter konnte von allen Händlern und Besuchern eine Gebühr einfordern und ebenso für die Nutzung von Maßen und Gewichten. (Die Messe in Troyes standardisierte z.B. die Troyes-Unze.) Es wurden Provisionen von den Käufern und Verkäufern verlangt sowie Geldstrafen für Verstöße gegen die zahlreichen Regeln einkassiert.

Aber all diese Einkünfte hingen natürlich von der Besucherzahl ab und die wiederum von der Vielfalt des Waren- und Unterhaltungsangebots im Vergleich zu anderen Orten. Folglich erklärten die Grafen den »Messefrieden«, d.h. sie garantierten den Schutz aller Messeteilnehmer auf ihrem Weg dorthin, egal, woher sie kamen. Sie versprachen, gegen jeden vorzugehen, der einen Händler an der Messeteilnahme hindern wollte, egal wo diese Behinderung bzw. dieser Angriff stattfand. Indem sie unsichere Wege sicherer machten, förderte der Messefrieden Aufgeschlossenheit und Wohlstand und bekämpfte gleichzeitig die in dieser

Zeit sehr verbreiteten Übel der Wegelagerei und des Banditentums. Es war ein Versuch, wieder Ruhe und Frieden wie zu Zeiten der Römer zu schaffen. Und es wurde zum Vorbild für Großbritannien im 19. und die Vereinigten Staaten im 20. Jahrhundert, als sie die Schifffahrtsrouten gegen Piraten sicherten und damit den Handel zwischen alter und neuer Welt förderten.

Marktplatzkultur heute

Heute verbringen wir unser Leben in einer quasi ewig andauernden Handelsmesse. Fast ständig versucht irgendjemand uns irgendetwas zu verkaufen. Wir kaufen, ganz nebenbei, unpersönlich, ohne ermüdendes Handeln oder persönlichen Kontakt. Der Akt des Konsums, einst so selten in den Zeiten, die von mühsamer Produktion bestimmt waren, ist heute alltäglich. Wir sind praktisch die ganze Zeit auf dem Markt.

Mitten in dieser glamourösen Einkaufswelt gibt es vereinzelt immer noch traditionelle Märkte, die stellenweise sogar prächtig gedeihen, auch wenn sie heute nur noch eine wirtschaftlich untergeordnete Rolle spielen und auch wenn die wenigsten Menschen sich heute noch die Mühe machen, alles, was sie brauchen, auf solchen Märkten zu kaufen. Aber dort kann man immer noch etwas entdecken und mit vielen fremden Menschen reden.

Märkte reflektieren und definieren die Kultur ihrer Region. Vor einigen Jahren fiel mir auf, dass in Pennsylvania und New Jersey einige Farmer, die sonst ihr Obst und Gemüse auf dem Reading Terminal Market in Philadelphia verkauften, nicht mehr kamen. Zuerst nahm ich an, sie hätten ihre Flächen an die Stadtplaner für den Bau neuer Häuser verkauft, wie sich das viele Bauern an der Ostküste zum Abschluss ihres Berufslebens wünschen. Doch wenig später entdeckte ich einige von ihnen auf dem Union Square in New York. Der Grund dafür war offensichtlich. Die New Yorker zahlten höhere Preise, sodass es sich für die Bauern lohnte, für den Verkauf ein Stück weiter zu fahren. Außerdem boten sie jetzt andere Erzeugnisse an. Während sie in Philadelphia die gleichen Dinge verkauften wie die Supermärkte ringsum, verkauften sie jetzt beispielsweise nicht einfach Tomaten, sondern Tomaten alter Sorten in verschiedenen Farben und Formen. Dasselbe galt für Kartoffeln. Einige Bauern hatten sich darauf spezialisiert, ganz junge Pflanzensprossen mit sehr konzentriertem und intensivem Aroma zu verkaufen. In Philadelphia kauften die Leute in erster Linie Nahrungsmittel, in New York dagegen folgten die Leute Modetrends. Interessanterweise fanden diese Modetrends ihren Weg dann wieder zurück nach Philadelphia. Zusammen veränderten Bauern und Konsumenten das Angebot.

Die Wirtschaft Seattles wird von Software und Flugzeugen dominiert, weshalb diese Stadt wahrscheinlich besonders typisch für den heutigen *Way of Life* in Amerika ist. Doch das Herz – oder besser der Magen – Seattles ist der Pike Place Market. Dieser Platz ist auf seine Weise so zeitlos, aufregend und unvergesslich wie ein persischer Bazar. Stände mit kunstvoll zu einer Pyramide aufgetürmtem Gemüse oder mit frisch glänzendem Fisch auf Eis reihen sich entlang der Felsküste aneinander. Stände mit gebrauchten Büchern ziehen sich den Hang hinunter bis zu einem großen Flohmarkt. Die Inhaber dieser Stände sind wie die Händler auf dem Bazar in Kāshān. Sie verbringen mehr oder weniger ihr ganzes Leben dort und sind darauf angewiesen, möglichst viel zu verkaufen. Der Markt besitzt eine gewaltige Zugkraft. Um ihn herum haben sich Restaurants angesiedelt und der Stadtteil gilt als attraktive Wohngegend.

An vielen Orten, wie z.B. in Covent Garden in London, hat man die ursprünglichen Märkte durch marktähnliche Arrangements ersetzt, die historisches Patina und Authentizität mit hohen Preisen und modernen Managementmethoden kombinieren.(Dabei existieren in London auch heute noch, versteckt zwischen den Banken, einige Märkte, die noch aus dem Mittelalter stammen.)

An anderen Orten sind solche Märkte hingegen neu entstanden oder wurden zu neuem Leben erweckt. Märkte von Chinesen und anderen Einwanderern haben mit ihren Marktständen unter freiem Himmel Stück für Stück Toronto erobert, eine Stadt, die einst den Eindruck erweckte, als finde das gesamte Leben nur in geschlossenen Räumen statt. In den meisten Großstädten gibt es Märkte, die sich teilweise zu wahren Touristenattraktionen entwickelt haben. Ihre größere Bedeutung rührt vielleicht daher, dass hier nicht nur Nahrungsmittel verkauft werden, sondern auch ein unvergleichliches Erlebnis geboten wird.

Die Supermärkte stellen jedoch eine Gefahr für die traditionellen Märkte dar, denn sie konfrontieren die Besucher sofort mit einer Vielfalt an Produkten, machen ihnen Appetit, bieten etwas fürs Auge und regen die Kauflust an. Früchte stapeln sich hier noch malerischer in großen Körben als auf den meisten Wochenmärkten. Außerdem haben die Supermärkte ihr Angebot an exotischen Produkten mittlerweile stark erweitert und vermitteln eine Authentizität, wie man sie sonst eher mit traditionellen Märkten verbindet. So gibt es zum Beispiel die Theken mit unterschiedlich eingelegten Oliven inzwischen in fast jedem Supermarkt.

Trotzdem lässt sich der unpersönliche Warenfluss der Supermärkte nicht mit der emotionsgeladenen und sinnlichen Atmosphäre eines Marktes vergleichen. Das Verkaufspersonal in den Supermärkten hat keinerlei Bezug zu den Produkten, die es verkauft, und strebt das meist auch gar nicht an.

»Meinen Sie dies hier mit einer Limone?«, fragte mich eine Verkäuferin in meinem Supermarkt und hielt dabei eine Frucht in die Höhe, die ohne jeden Zweifel eine Limone war. Später fragte ich mich, wie sie mit Mitte 20 nicht sicher sein konnte, was eine Limone ist und fühlte mich irgendwie angegriffen.

»Ja«, erwiderte ich, »drei Stück kosten einen Dollar, oder?«

»Es müsste ein Schild mit einer Nummer dran sein.« Ich konnte nichts dergleichen entdecken und zuckte mit den Schultern. Sie blätterte durch ein Heft und suchte nach dem Code für Limonen. Dabei schien sie die Seiten gar nicht richtig anzuschauen. Schließlich rief sie zu ihrem Kollegen hinüber »Was für eine Nummer hat die denn?«

»40-40-8«, rief dieser zurück. Mir fiel auf, dass es dabei nicht im Geringsten darum ging, diese Frucht als Limone zu identifizieren. Trotz dieser »grünen« Atmosphäre voller Obst und Gemüse war mein Supermarkt in keiner Weise mit einem richtigen Markt vergleichbar.

Wenn ich etwas Falsches kaufe, so passiert mir das lieber auf einem Markt. Ich gehe häufig in den italienischen Geschäften im Süden Philadelphias einkaufen, wo ich seit langem eine auch äußerlich erkennbare feindliche Beziehung zu einer Gemüsehändlerin pflege. Sie hat scharfe Gesichtszüge, eine Haut wie Leder, eine kratzige Stimme und überhaupt keine Geduld. Sie sah immer schon alt aus, die ganzen mehr als zwanzig Jahre, die ich sie jetzt schon kenne. Aber noch älter scheint sie auch nicht zu werden. Manchmal denke ich, dass vielleicht schon Aristophanes in der Agora bei ihr gekauft hat. Ihre Preise sind sehr niedrig, denn ihre Tomaten sind meist reif bis überreif. Wie schon die Händler im antiken Griechenland und wahrscheinlich alle Händler davor und seither, zeigt die oberste Lage ihrer Körbe wahre Prachtexemplare. Ich warte, bis sie abgelenkt ist und nehme dann die obersten Tomaten fort, damit ich einen Blick auf die unteren werfen kann. Aber sie erwischt mich immer.

»Ich habe sie sehr vorsichtig gestapelt«, schimpft sie dann. Natürlich, das ist mir schon klar. »Nehmen Sie welche oder lassen Sie's bleiben, aber fassen Sie nicht alle an!« Meistens nehme ich welche. Sie sind ihr Geld wert. Sie gibt mir inzwischen Tipps: »Verbrauchen Sie sie am besten noch heute«, bedeutet, dass ich für heute lieber die Finger davon lasse. Sie ist nicht mehr ganz so abweisend, doch ihre Reizbarkeit scheint sich nie ganz zu legen.

Warum lasse ich mich auf diese unangenehme Frau ein? Es ist mir nicht so ganz klar, aber ich vermute, ich habe fast einen gewissen Gefallen an diesen stacheligen Begegnungen gefunden. Ich kabbele mich lieber ein bisschen mit ihr, als dass ich mich im Supermarkt anmeckern lasse, weil die Limone keine ID-Nummer hat.

Es hat schon seinen Grund, dass wir ausgerechnet von Komödienschreibern etwas über die Märkte im alten Griechenland erfahren. Die Streitereien auf solchen Märkten sind wahrlich unbedeutend und enden meist doch mit einem Kauf. Nur tragische Helden bekommen offenbar keinen Hunger und feilschen auch nicht lange um den Preis. Ödipus ging niemals einkaufen.

Wie das Theater ist ein Markt ein besonderer Ort außerhalb unseres Alltags. Ob man nun etwas verkauft oder kauft, man ist Teil des Schauspiels. Man schaut, man lernt – man lebt.

4

Selbstdarstellung

Die Entstehung der Einkaufswelt

Die Welt des Einkaufens ist nicht nur eine Ansammlung von Einkaufsstätten, sie beinhaltet auch eine bestimmte Geisteshaltung. Zu ihr gehören die Einkaufsstraßen der Städte, die Einkaufszentren, Galerien, Supermärkte, aber auch Teleshopping, Werbung und das Internet. Sie entsteht durch den Wunsch nach einem besseren bzw. anderen Leben und durch die Vorstellung, mittels einer bestimmten Auswahl von Produkten die eigene Persönlichkeit und Position unterstreichen zu können. In der Einkaufswelt gibt es keine dauerhaften Identitäten. Sie ist ein Ort voller Spiegel und Fenster. Die Fenster erlauben uns, durch sie hindurch, Voyeuren gleich, zahllose Möglichkeiten zu erspähen. Früher sahen nur die Mächtigen solche Dinge, heute sehen sie alle, und wer immer das Geld hat, kann sie kaufen.

Die Spiegel in der Einkaufswelt zeigen uns selbst als Teil des Spektakels und fordern uns auf zu überlegen, welche Rolle wir wohl gerne spielen möchten. Die wenigsten Menschen können an einem Spiegel vorbeigehen, ohne wenigstens einen kurzen Blick hineinzuwerfen. Einzelhändler wissen, dass man mit Spiegeln den Gang der Menschen sehr wirksam verlangsamen und sie zum Umherschauen verleiten kann. Spiegel regen zum Kauf an, wenn sie uns unser nicht perfektes Spiegelbild zeigen.

In der Einkaufswelt verbringen wir Zeit mit der Überlegung, ob eine bestimmte Lampe – oder eine Boa constrictor aus Plüsch – unser Wohnzimmer verschönert oder verschandelt. Oder wir probieren ein Kleidungsstück. Was man aber eigentlich anprobiert, ist eine neue Identität, eine Rolle. Meist ist es die Verstärkung oder Erweiterung einer bereits angelegten Rolle. Aber man lässt sich auch dazu verlocken, neue Seiten an sich selbst zu entdecken. »Bin ich nun zu der Art von Mann geworden, die einen Hut trägt?«, fragt man sich, steht vor einem Spiegel und versucht mit verschiedenen Modellen sein Gesicht neu zu rahmen. Vielleicht ist es nur Spielerei, ein Zeitvertreib am Nachmittag. Und dann kauft man den Hut. Später, wenn die Gelegenheit kommt, ihn aufzusetzen, hat man Bedenken: »Steht mir dieser Hut wirklich?« »Bin ich überhaupt der Typ für einen Hut?« Also bleibt der Hut auf der Garderobe liegen und wird zum Staubfänger. Unsere Entscheidungen beim Einkaufen sind nicht immer glücklich. Trotzdem würden wohl die wenigsten von uns aufgeben, nach etwas zu suchen, das uns interessanter macht.

Historisch gesehen ist die Vorstellung eher neu, dass der Mensch sich seine eigene Identität schaffen kann. Es ist sicher kein Zufall, dass diese Vorstellung gleichzeitig mit den ersten Einkaufsläden in den Städten entstand. Vielleicht ist Einkaufen nicht gerade die höchste Form menschlicher Freiheit, aber dafür ist sie weniger abstrakt. Mit der Auswahl, die man trifft – Schuhe, Lebensmittel, Einrichtung – teile ich meiner Umwelt mit, wer ich bin.

Die ausgestellten Waren sind eine Mischung aus Bekanntem und Neuem. Was Kunden annehmen und was nicht, ist nach wie vor ein Rätsel. Und das ist auch gut so. Dadurch bleibt Einkaufen spannend. Alle, die daran teilhaben, beeinflussen es auch. Was sie tragen und wie sie es tragen, die Art und Weise wie sie gehen und stehen und sich geben, all das formt die Welt des Einkaufens. Die Schaufensterpuppen nehmen manchmal seltsame Posen ein und machen bizarre Gesten, doch sie können kaum mit der Körpersprache auf der Straße konkurrieren. Die Selbstdarstellung der Menschen ist in einer Einkaufsstraße viel unterschiedlicher und auffälliger als beispielsweise in einem Gerichtsgebäude. Die meisten Orte, an denen wir als Mitglieder einer Gruppe zusammenkommen, erscheinen uns uniform und langweilig, wenn wir sie mit der Einkaufswelt vergleichen. Sie ist eine unkonventionelle bunte Welt, wo wir die unterschiedlichsten Leute sehen.

Psychologen haben herausgefunden, dass das menschliche Gehirn darauf programmiert ist, Neues zu entdecken. Zwar gehören zur Einkaufswelt auch bestimmte immer wiederkehrende Dinge einfach dazu, aber gerade diese Mischung aus Vertrautem und Anregendem lässt uns stets aufs Neue wiederkommen.

In jeder großen Stadt zieht die Einkaufswelt Besucher an. Sie gehen nicht nur dorthin, um etwas zu kaufen, sondern weil sie wissen, dass sie auch als Fremde in den Läden willkommen sind. Die Atmosphäre aus Präsentieren, Kaufen, Verkaufen und zur Schau stellen ist so sehr Teil unseres heutigen Lebens, dass wir uns dessen kaum noch bewusst sind. Sie durchdringt alles, ist vorhanden wie die Luft zum Atmen. Und genau wie die Luft zum Atmen bemerken wir sie erst, wenn sie nicht mehr da ist. Städte, in denen es nicht möglich oder nicht erwünscht war, einzukaufen, wie beispielsweise früher im Ostblock, wirken auf uns bedrückend. Ein ganzer Lebensbereich fehlt, und zwar ein sehr lebendiger und bunter. Übrig bleiben Menschenmassen, Berufsverkehr, Produktion und Alltag.

Die Einkaufswelt lädt uns zur Selbstbelohnung ein, zum Trost für all die Widrigkeiten, mit denen wir es zu tun haben. Dieser Teil ist für die Wirtschaft genauso wichtig wie Fließbänder oder Kreditorenbuchhaltung. Niemand macht Gewinn, wenn niemand etwas kauft. So kommt es, dass die Städte sich stärker um Konsumanreize kümmern als um die Herstellung von Gütern. Warum sollten sie auch, schließlich gibt es Waren im Überfluss. Die Aufgabe des Verkäufers besteht darin, der Ware etwas hinzuzufügen, ein bestimmtes Image z.B., damit man sie kauft und zu einem Teil seines Lebens macht.

Wir alle wissen, dass nicht wir selbst, sondern unser Geld in der Einkaufswelt gern gesehen ist. Doch um uns zum Kauf zu verleiten, bietet man uns Schmeichelei, Spektakel, Vielfalt. Dabei geht man behutsam zu Werke, denn man möchte uns nicht verschrecken. Die Geschäftsleute wissen seit langem, dass wir umso mehr Geld ausgeben, je länger wir verweilen.

Vom Einkaufen zum Shopping

Die Entwicklung der Märkte zu Einkaufsstraßen und schließlich zu unserer heutigen Einkaufswelt erstreckte sich über einen langen Zeitraum. Die Veränderungen vollzogen sich so schleichend, dass die Historiker darüber streiten, ob unsere heutige Form des Einkaufens im 16., 18. oder 19. Jahrhundert ihren Anfang nahm. Natürlich hängt das davon ab, wie ich Einkaufen definiere, aber es scheint doch so, dass zumindest in einer Hand voll europäischer Städte bereits im 16. Jahrhundert die Ansätze unserer heutigen Einkaufswelt zu finden waren. Dies war nicht durch Änderungen im Einzelhandel bedingt, sondern durch einen Wandel im

Selbstbild der Bevölkerung und durch die Art der Gemeinschaft, in der man lebte.

Heute scheint vielen die mittelalterliche Vorstellung von der Welt mit Gott an ihrer Spitze, Steinen am Ende und Engeln, Kirchenmännern, Adligen, Bauern und Tieren in der Mitte zu primitiv, als dass sie tiefste und innerste Überzeugung sein könnte. Aber diese Vorstellung von einer geordneten Hierarchie lag einmal einer Gesellschaft zugrunde, in der das Überleben nicht vom Geldverdienen, sondern von der Erfüllung seiner Pflicht abhing. Die Adligen hatten Verantwortung für die Bauern wie Eltern für ihre Kinder, und die Bauern hatten ihrerseits Verpflichtungen gegenüber den Adligen. Vielleicht dachte der eine oder andere Bauer hin und wieder, dass er zwar viel für seinen Herrn, doch dieser relativ wenig für ihn tat. Aber das galt als abwegiger Gedanke und nicht als Weltsicht. Dieser Auffassung von gegenseitiger Verpflichtung entsprach, dass man das Überleben nicht als individuelle, sondern als kollektive Aufgabe betrachtete. Ein gutes Verhältnis aller Teile der Gemeinschaft zueinander schien allen Harmonie und Wohlstand zu bringen, ein schlechtes aber Hunger und Blutvergießen.

Die Menschen in den europäischen Städten des 16. und 17. Jahrhunderts, vor allem in London, wurden uns in ihren Einstellungen allmählich immer ähnlicher. Sie sahen sich selbst nicht mehr als Teil einer starren Weltordnung, sondern als Akteure in einem lebendigen und höchst weltlichen Schauspiel mit ungewissem Ausgang. Sie stellten fest, dass sie Dinge und sich selbst verändern und Gelegenheiten zu ihrem Vorteil nutzen konnten. Und sie bemerkten, dass sie die Wahl hatten. Zunächst waren es nur wenige, die so dachten, aber es wurden rasch mehr – vor allem in den großen Städten.

Die Veränderungen bezogen sich dabei durchaus nicht nur auf den Handel. Selbst große und häufig stattfindende Messen wie die in Troyes und Provins konnten die Bedeutung dieser Städte nicht auf Dauer erhalten oder die Entwicklung von Einkaufsstraßen verhindern. Was die Einkaufswelt ins Leben rief, war Macht. Einkaufsstätten entwickelten sich vor allem in den Städten, denn es zog die Menschen magisch dorthin und sie glaubten, dort eine gute Figur machen zu müssen.

Die großen Handelsmessen waren ein Schritt in diese Richtung. Wenig später begannen Könige, Fürsten, Bankiers und Institutionen mächtige Regierungs-, Wohn- und Amtssitze zu errichten. Man besuchte den König bei Hofe, die Medicis in Florenz oder den Papst in Rom, weil man ein Anliegen hatte: das Einräumen eines Privilegs z.B. oder die Gewährung eines Kredits. Oder man kam, um seine Interessen zu schützen und um sicherzugehen, dass die Mächtigen keine Privilegien zu den eigenen Lasten ausübten.

Diejenigen, die es zu den Stätten der Macht zog, waren meist reiche Leute, die große Teile des Landes kontrollierten. Sie hatten durchaus etwas zu gewinnen bzw. zu verlieren. Oft waren es Menschen, die selbst ein Zentrum der Macht und der Kultur in ihrem eigenen Herrschaftsgebiet darstellten. Im Vergleich zu den Bauern handelte es sich also um hoch gestellte Persönlichkeiten. Doch je kultivierter der Hof und die führenden Familien in den Großstädten wurden und je mehr Wert sie auf Repräsentation legten, desto mehr wurden auch die »Landadligen« nolens volens zu Höflingen.

In den machtvollen Städten gab es eine Unzahl von Kunsthandwerkern, die oft alte Handwerkskunst für neue Zwecke einsetzten. Ein Beispiel: Obwohl die Adligen im 16. Jahrhundert wohl kaum noch wie ihre Großväter in Ritterrüstung in die Schlacht zogen, boomte die »Rüstungsindustrie«. Dabei stand weniger der Schutz des Körpers im Vordergrund als vielmehr das »Image«. So wie ein Porsche oder ein Ferrari heute, wurde ein vordergründig praktischer Gegenstand zum Statussymbol.

Kleidung ist die flexiblere und subtilere Variante einer solchen Rüstung. Wollte ein Landadliger wissen, was gerade bei Hof getragen wurde, blieb ihm nichts anderes übrig, als nach London, Paris oder Florenz zu reisen, sich dort umzusehen und sich mit entsprechender Kleidung einzudecken oder seine eigene modernisieren zu lassen. In jeder Stadt mit einer fürstlichen Residenz gab es folglich auch Schneider, Tuchhändler, Hutmacher, Schuster, Strumpfstricker, Federhändler, Schwertschmiede, Juweliere, Parfumhändler und viele andere, die dieser wachsenden Klientel zu Diensten waren. (Es gab natürlich auch bildende Künstler und Maler, die in der Renaissance zur Gestaltung der Höfe und Palais beitrugen.)

Verrichtet wurde die Arbeit weniger in Läden als vielmehr in Werkstätten oder im Fall der Tuchhändler in kleinen Lagern. Alles wurde auf Maß und auf Bestellung gefertigt. Die dort arbeitenden Menschen verbrachten die meiste Zeit mit der Herstellung der Ware und nur wenig Zeit mit der Beratung der Kunden. Die Kunden konnten sich dort auch nicht »umschauen«, denn in den Geschäften sah man nur Werkzeuge, Lehrlinge und halb fertige Produkte. Ging man in ein Geschäft, war man praktisch zum Kauf verpflichtet. Allerdings gab sich der Meister unter Berücksichtigung des jeweiligen Geldbeutels auch alle erdenkliche Mühe, Wünsche seiner Kundschaft zu erfüllen. Im Vergleich zu heute war Kleidung damals überaus teuer, ja geradezu eine Investition. Da musste man schon genau überlegen und sich seiner Sache ganz sicher sein.

Schon im alten Rom, also mehr als 1 000 Jahre zuvor, hatte es reiche Leute gegeben, die ihresgleichen beeindrucken und politischen Einfluss gewinnen wollten. Damals jedoch kamen die Händler noch ins Haus, um Geschäfte zu machen oder ihre Ware abzuliefern. Im Europa der Renaissance war es hingegen fast immer umgekehrt. Das machte den Erwerb von Waren zu einem halb öffentlichen Vorgang und brachte Luxusgüter und ihre Präsentation von den reichen Häusern hinaus in die Straßen. Wie auf den Märkten auch, fanden sich diejenigen, die ähnliche Waren anboten, konzentriert an einer Stelle. Eine Hand voll Kunsthandwerker, wie Goldschmiede oder Innendekorateure, zeigten sogar eine kleine Auslage ihrer Produkte.

Einkaufen begann also mit den Adligen aus Stadt und Land, die ihre Bedeutung und Anerkennung sichern wollten und sich bewusst waren, dass sie dafür in dem Theater der Königs- und Fürstenhöfe, also der Machtzentren, mitspielen und sich entsprechend kleiden mussten. Das zog jedoch bald größere Kreise und führte zu Verunsicherung, als Leute von niedrigem sozialen Stand zu Wohlstand kamen und nun in der Lage waren, die gleichen oder gar bessere Waren zu kaufen als die Adligen.

Mit der Zeit wurden die Läden der Kunsthandwerker mit ihren hochwertigen Produkten auch zu Anziehungspunkten für fremde Besucher in der Stadt. Bestimmte Dinge wurden nun mit bestimmten Städten assoziiert. So wurde Mailand berühmt für seine Bänder und andere dekorative Accessoires, sodass Läden, die solche Waren in anderen Städten anboten, als Mailänder bezeichnet wurden. Und nachdem einige berühmte Glasbläser von Venedig nach Paris gezogen waren, wurde diese Stadt für ihre Parfums bekannt, denn der Flakon ist schließlich genauso wichtig wie der Inhalt.

Zur Zeit Elisabeths I. gegen Ende des 16. Jahrhunderts badeten die Höflinge in London ebenso selten wie ihresgleichen anderswo und waren folglich entzückt von den Pariser Düften. Sie kauften sie Händlern aus Paris ab oder solchen, die behaupteten, von dort zu kommen. In London wie in vielen anderen Orten besaß Importiertes bei weitem das größte Prestige, also alles, was von »weit hergeholt« war. Am Rande der Stadt gab es in dieser Zeit viele Tuchweber und einige andere Handwerker, die von der Herstellung hochwertiger Produkte gut leben konnten. Sie verkauften sie als Importware zu höheren Preisen in der City.

Elisabeth I. galt nicht nur als geschickte und rücksichtslose Intrigantin, sondern auch als das Glanzlicht ihres Hofes. Aber gerade dessen große Attraktivität betrachtete sie offenbar mit gemischten Gefühlen. Die Höflinge sollten ihrer Meinung nach weniger Zeit in London verbringen und stattdessen mehr Zeit zu Hause auf ihren Ländereien. Schließlich trugen sie Verantwortung für das Wohlergehen der dort Arbeitenden. Die Adligen empfanden diese Verpflichtung aber offenbar immer weniger, sodass die Königin sich ernsthaft Sorgen um das »soziale Sicherungssystem« machte, um ein modernes Wort zu gebrauchen. Die Anziehungskraft Londons war jedoch durch keine Ermahnung zu schmälern.

In gewisser Weise existierte die größere Sichtbarkeit und Bedeutung des Einkaufens in London im Vergleich zu anderen Großstädten damaliger Zeit sogar schon vor Elisabeth I., denn bereits 1567 hatte Sir Thomas Gresham dort die Royal Exchange eröffnet. Sein Ziel war dabei weniger eine Förderung des Einzelhandels, als vielmehr die Schaffung eines Geschäftsraumes für fremde Händler. Der Großteil der Geschäfte fand nämlich bislang unter freiem Himmel statt, oder, wenn das Wetter sehr schlecht war, in der St. Paul's Cathedral. Die Royal Exchange war in einem zweistöckigen Gebäude mit einem Innenhof untergebracht, dessen untere Etage den Händlern von außerhalb vorbehalten war und in dessen oberer Etage sich Geschäfte befanden. Zwar wurde die Royal Exchange nicht zu dem internationalen Handelsplatz, der Gresham vorgeschwebt hatte, aber sie wurde zum zentralen Ort für den Austausch von Informationen und Tratsch. Anfangs war es nicht leicht, die Geschäftsräume zu vermieten, doch schon wenig später besaßen sie aufgrund des großen Publikumsverkehrs eine hohe Attraktivität. Dieser Vorläufer einer Einkaufspassage bzw. eines Einkaufszentrums blieb mehr als ein Jahrhundert lang eine der Topadressen in London.

Anders als in Frankreich, wo der neu aufgeblühte Handel mit Luxusgütern der direkten Kontrolle durch den König und die Höflinge unterlag, waren in London große Teile der Bevölkerung damit befasst. Ein Grund dafür war das enorme Wachstum der Stadt. 1640, kurz vor dem Bürgerkrieg, schätzte man die Einwohnerzahl Londons auf etwa 300 000. Das war fünfmal so viel wie noch ein Jahrhundert zuvor. Dieser Zuwachs setzte die alten Zunftgesetze außer Kraft, die z.B. die Ausbildung in einem Handwerk regelten und damit auch, welche Artikel hergestellt wurden. Nun wurde die Ausbildung vernachlässigt und stattdessen für Lohn gearbeitet. Manche eröffneten auch einfach so ihr eigenes Geschäft.

Um den Bedarf zu decken, begann man, nicht nur selbst gefertigte, sondern auch von anderen hergestellte Produkte zu verkaufen. Schon seit langem gab es so genannte Kurzwarenhändler, deren kleine Läden bis zur Decke mit Schellen, Geschirr, Papier, Nähgarn, Knöpfen und zahllosen anderen kleinen und kleinsten Artikeln voll gestopft waren, von denen keiner vor Ort gefertigt wurde. Es gab Lebensmittelhändler, die Gewürze und Lebensmittel, aber keine frische Ware verkauften. Mit der Zeit begannen auch einige

Handwerker Dinge zu verkaufen, die sie nicht selbst hergestellt hatten. All diese diversen Geschäfte waren so bequem und nützlich, dass der Einzelhandel viel von seinem schlechten Image verlor und ein Geschäftsmann fast respektables Ansehen genoss.

Im elisabethanischen Zeitalter verkauften diese Geschäfte auch nach speziellen Rezepturen hergestellte Medizin in Glasbehältern von ganz bestimmter Form. Diese waren in Zettel gewickelt, auf denen zu lesen stand, gegen welche zahlreichen Beschwerden sie halfen. Alkohol war meist ihr Hauptbestandteil. Abgesehen von Operationen war die Medizin damaliger Zeit deshalb auch weniger als wirkungslos, weshalb die meisten Menschen sich im Krankheitsfall lieber auf das Beten verlegten. Wenn die Arzneien nicht gerade ausgesprochen gefährlich bzw. gesundheitsschädlich waren, setzten sie alle auf dasselbe Prinzip, d.h. der in sie gesetzte Glaube war meist ihr wirksamster Bestandteil. Trotzdem reflektiert die Einnahme von Medizin eine andere Geisteshaltung als das Gebet. Es bedeutet nämlich, dass der Mensch eine gewisse Verantwortung für sein eigenes Leben übernimmt. Man lebt nicht nur, weil es Gott so gefällt, sondern, weil man selbst dafür Sorge trägt.

Nach dem Tod Elisabeth I., während der Regentschaft von James I., verstärkte sich die Anziehungskraft Londons sogar noch, denn dieser König glaubte stärker an seine monarchische Repräsentationspflicht, als es seine kluge Vorgängerin je getan hatte. Die Theatralik seiner Hofhaltung wurde aufdringlich und laut, wie wir gut an Rubens Darstellung des Königs als Apoll an der Decke des Bankettsaals in Whitehall sehen können. Die Hauptstadt zog nunmehr nicht nur Adlige, sondern auch Emporkömmlinge von geringerem Stande an. Ben Jonson, der neben seinen zynischen Komödien auch höfische Maskenspiele schrieb, kannte diese Sorte Menschen gut. Er lässt eine seiner Figuren sagen: »Um ein echter Gentleman, also ein Gentleman seiner Zeit, zu sein, muss man seinen Haushalt auf dem Lande in andere Hände übergeben und vollständig unter anderen noblen Männern in der Stadt leben. Doch bevor man dort das erste Mal in Erscheinung tritt, verkauft man am besten vier oder fünf Morgen Land und kauft dafür zwei oder drei Truhen voller Kleider.« Da Land zu dieser Zeit der Grundstock allen Reichtums war, bedeutete sein Verkauf ein wirkliches Opfer. Und das für ein paar Anzüge. Obwohl Jonsons Bemerkung weit mehr als nur ein leichter Vorwurf ist, war er sich doch bewusst, dass sich die Zeiten änderten. Man konnte sich nicht einfach darauf verlassen, dass man eben adlig war, man musste auch »mit der Zeit« gehen.

Es war die Zeit Shakespeares. Vielleicht zeigten seine Charaktere zum ersten Mal, dass ein Mensch nicht von vornherein und für immer auf eine bestimmte Rolle im Leben festgelegt war oder für immer einer bestimmten sozialen Schicht angehörte. Indem man die Manieren, die Bildung und vor allem die Kleidung von anderen nachahmte, konnte man dieser Festlegung entrinnen. Shakespeares Gestalten sind keine Opfer des Schicksals oder Helden, die gefährliche – aber in ihrem Ausgang vorherbestimmte – Abenteuer bestehen. Prinz Hal trifft die bewusste Entscheidung, sich zu ändern, während Hamlet seine Tragödie mit seinem eigenen Handeln heraufbeschwört. Bei Shakespeare funktionieren Verkleidungen immer, und jede und jeder, der sich als jemand anderes ausgibt, kommt damit durch. Wer sich anders kleidet, kann also auch eine andere Rolle im Leben spielen. Genau das geschieht auf der Bühne und genau das geschieht auch auf den Straßen und am Hofe von Shakespeares London.

Das frühe New York: Außenposten der Einkaufswelt

Im 17. Jahrhundert war New York ein eher kleiner und unbedeutender Ort, Vorbote des immer stärker werdenden Ausbreitungsdrangs Europas. Die Stadt existierte, weil Europäer etwas wollten und weil sie bereit waren, dafür bis ans Ende der Welt zu gehen. Das frühe New York, damals noch Nieuw Amsterdam, eine kleine holländische Siedlung, die im Norden von der Wallstreet begrenzt wurde, erscheint uns im Nachhinein als der Auftakt zu unserer heutigen Einkaufswelt. Dieser Außenposten war ursprünglich gegründet worden, um an die Schätze eines anderen Kontinents zu gelangen, und er war trotz seiner Kleinheit immer reich. Seine Märkte verwalteten nicht wie anderswo den Mangel, sondern boten Menge und Vielfalt.

Wie fast alle Siedlungen in Nordamerika, war auch New York ein kommerzielles Unterfangen, und anders als die Puritaner in Neuengland oder die Quäker in Pennsylvania hatte man kein anderes Ziel als das des Geldverdienens. Es war ein Ort der Handelsgesellschaften, gegründet von der Dutch West India Company, die dort Felle und andere Güter billig von den Indianern und einer Hand voll Jäger und Fallensteller erwarb und sie in Europa teuer verkaufte. Die Siedler waren bei ihren Einkäufen hauptsächlich auf die von der Gesellschaft betriebenen Läden angewiesen. Die Preise dort waren hoch, zum einen, um möglichst viel Profit zu machen, zum anderen, um zu verhindern, dass die Siedler sich vieles leisten konnten. Damals betrachteten selbst die Verkäufer von Luxusgütern deren Erwerb, wenn nicht gerade als Sünde, so doch als Zeichen eines schwachen Charakters. Die Geschäftsleute standen dem freien Handel skeptisch gegenüber und legten großen Wert auf seine Kontrolle.

Dieses Preissystem funktionierte die ersten Jahre nach der Errichtung des kolonialen Handelspostens 1626, doch zehn Jahre später, nachdem die Handelsgesellschaft holländische Farmer und Handwerker angelockt hatte, begann es zu bröckeln. Das Problem der Holländer war nicht wie bei den Pilgervätern 1620 in Plymouth der Mangel an Nahrungsmitteln, sondern im Gegenteil das Überangebot. Die frühen holländischen Darstellungen dieser unermesslichen Fülle schwelgen in ausführlichen Beschreibungen von Schnecken, Muscheln, Austern und Wildbret. Da gibt es Hummer von einem Meter Länge (obwohl die kleineren als besser gelten) und Dutzende von verschiedenen essbaren Vögeln und Wildtieren. Vieles davon ist sicher übertrieben und wohl eher eine frühe Form der »Grundstückswerbung«, aber in New York war vieles anders, wie auch ein Gerichtsfall aus frühen Tagen zeigt. Dabei ging es um einen Mann, der einen Bären von den Ufern des East River quer durch den Ort bis zum Hudson verfolgt hatte, wo ein Junge den Bären schließlich erschoss. Die Frage war nun, wem das Fell zustand, dem Mann oder dem Jungen?

Die holländische Kolonie an der Spitze der Insel von Manhattan war von vielen Seiten aus hervorragend mit Schiffen und Booten zu erreichen, sodass sowohl Indianer als auch englische Siedler aus Connecticut und Holländer von außerhalb kamen, um dort Wild, Fisch, Vieh und vieles andere zu verkaufen.

Die Handelsgesellschaft reagierte, indem sie einen offiziellen Markt einrichtete, damit die Händler zu einer bestimmten Zeit kamen, alles unter Kontrolle war und man Steuern erheben konnte. Eine Zeit lang funktionierte das auch, aber schließlich sprengte das Angebot den Markt, sodass manche auch außerhalb der offiziellen Markttage kamen. Wie die Engländer bedienten sich nun auch die

Holländer des indianischen Muschelgeldes, das von geringem Wert war und sich daher für den täglichen Einkauf eignete und das von den meisten Händlern akzeptiert wurde. Dann errichteten die Holländer einen weiteren offiziellen Markt an anderer Stelle, wo die Indianer ihren frisch gefangenen Fisch verkaufen konnten, und schließlich noch weitere Märkte, damit auch die entfernter wohnenden Siedler versorgt würden und ihre Waren nicht einfach von Händlern kauften, die direkt zu ihnen aufs Land kamen.

In England und in vielen anderen europäischen Ländern war es in dieser Zeit verboten, Märkte in der Nähe bereits existierender Märkte zu eröffnen. Aber in Manhattan errichteten sowohl die Holländer als auch später die Engländer einen Markt nach dem anderen in unmittelbarer Nähe zueinander, wobei man offenbar annahm, damit alles unter Kontrolle halten zu können. Das war natürlich ein Trugschluss. Die gesamte Siedlung verwandelte sich allmählich in einen Markt ohne Grenzen, ohne zeitliche Beschränkung und ohne irgendeine Kontrolle. Schließlich kamen die Menschen aus allen Himmelsrichtungen, um dort etwas zu verkaufen.

Die Vermehrung des Besitzes

Die zunehmende materielle Ausstattung der Wohnungen zwischen 1625 und 1725 war ein beeindruckendes internationales Phänomen. Betrachten wir beispielsweise einmal die Gemälde in holländischen Häusern dieser Zeit. Mit jedem weiteren Jahr zeigen sich mehr Gegenstände in den dargestellten Räumen. Zuerst blanke Fußböden, dann Strohmatten und dann persische und türkische Teppiche, die von den Tischen dorthin gewandert waren. Die Stühle werden gepolstert und die Zimmer größer. Wurden Objekte früher wegen ihres Symbolcharakters auf dem Gemälde verewigt, so wurden die feiner gearbeiteten Dinge, wenn auch immer noch symbolträchtig, doch nun vor allem wegen ihres Prestiges und ihrer Bedeutung für die Gemütlichkeit eines Heims aufgenommen. Obwohl sie Allegorien vergeblichen menschlichen eitlen Strebens sind, erzählen uns die Bilder auch vom Wohlstand der Menschen. Zugegeben, diejenigen, deren Räume abgebildet wurden, waren auch überdurchschnittlich wohlhabend, doch Inventarlisten und andere Dokumente erzählen uns von einem insgesamt besseren Leben.

Viele der Gegenstände des täglichen Lebens, die wir heute für selbstverständlich halten, waren Neuerungen in dieser Zeit. Eine davon war die französische Erfindung der Kommode, von *commode*, dem französischen Wort für bequem. Die Engländer nannten sie *chest of drawers*, Schubladentruhe, weil sie nach und nach in vielen Haushalten die einfachen, von oben zu öffnenden Truhen ersetzte. Die Existenz eines so großen und teuren Möbels sagt uns, dass die Menschen offenbar eine Vielzahl von Kleidungs- und Wäschestücken besaßen, deren Verwahrung ihnen nicht gleichgültig war.

Ein anderes, im 17. Jahrhundert noch eher seltenes, aber bereits im 18. Jahrhundert ziemlich verbreitetes Utensil war die Gabel. Ihr Erscheinen ging einher mit einem vollständigen Wandel der Essmanieren, der nun ein ganzes Arsenal von neuen Gegenständen erforderlich machte. Früher hatte man das Essen auf großen Platten aus Zinn serviert. Zum Essen bediente man sich der Finger, eines Löffels und jeglicher verfügbarer Art von Messer. Die Vorstellung von individuellen Gedecken mit eigenem Teller und eigenem Besteck, bestehend aus Messer und Gabel, war völlig neu, selbst bei den Wohlhabenden.

Manche behaupten, der Wandel der Mahlzeiten von einer kollektiven, dabei gleichzeitig auch konkurrierenden Angelegenheit hin zu einer individuellen hätte damit zu tun, dass den Menschen bewusst geworden war, dass der Hunger keine ständige Bedrohung mehr darstellte. Dieser Wandel war Teil der allgemeinen Tendenz zu größerer Individualität, wie man ihn auch bei der Kleidung feststellen kann. Je stärker die Überzeugung wurde, dass man auf sich selbst gestellt war und seinen eigenen Weg gehen musste, umso stärker wurde das Bedürfnis nach Unterstreichung der eigenen Stärke und Position.

Die Einführung von Kaffee, Tee und Schokolade in Westeuropa löste eine weitere Einkaufswelle aus: Tassen, Teelöffel, Tischwäsche und was man sonst noch so für dieses neue Gesellschaftsritual brauchte. All das wurde vorwiegend aus China importiert. Da diese Getränke heiß serviert wurden, waren die herkömmlichen Trinkgefäße aus Zinn oder Leder nun vollkommen ungeeignet. Doch der Erwerb dieser neuen Gegenstände ging weit über das rein Nützliche hinaus. Bevor große Stückzahlen von Porzellantassen und -tellern aus Asien importiert wurden, hatte es nur wenige Töpfereien in Europa gegeben. Hauptsächlich aus Gründen des Wettbewerbs begann dieser Handwerkszweig nun in England und Holland stark zu wachsen. Die größere Feinheit, die jetzt bei Geschirr verlangt wurde, inspirierte auch Silberschmiede, die ihrerseits begannen, große Mengen an Löffeln und später an Kännchen und anderen zum Servieren von Tee und Kaffee nötigen Behältnissen anzufertigen.

Auch Uhren kamen in dieser Zeit in Mode. Konnte man die Uhrzeit früher nur von der Kirchturmuhr in der Mitte des Dorfes ablesen, so wurde sie jetzt vielleicht nicht gerade Individual-, aber doch Familienbesitz. Wir können davon ausgehen, dass Zeit damit auch zunehmend wichtiger wurde, obwohl das industrielle Zeitalter, mit dem Zeit eine essenzielle Bedeutung gewann, noch in weiter Ferne lag.

Inventarlisten englischer Besitztümer liefern wichtige Hinweise darüber, wie sich die Menschen in dieser Epoche veränderten. 1675 war ein Spiegel, dieses wesentliche Instrument der Eitelkeit, noch eine Rarität, was nicht weiter verwunderlich ist, da Spiegel aus Glas und Silber hergestellt werden und beides damals teure Rohstoffe waren. Um das Jahr 1725 waren Spiegel jedoch inzwischen in fast jedem Haushalt, der etwas auf sich hielt, zu finden. Wer sich im Spiegel betrachtet, sorgt sich um seine äußere Erscheinung und seine Wirkung auf andere. Der Wunsch, diese zu verändern, ist nur ein kleiner Schritt für den Geist, aber einer, der implizit zum Einkaufen führt.

»Ich muss gut aussehen, egal, was es kostet. Die Kosten werden ganz sicher durch den Nutzen aufgewogen.« So steht es in Samuel Pepys' Tagebuch mit Hinblick auf den großen zeitlichen und finanziellen Aufwand für die Auswahl, Modernisierung und Reparatur seiner Garderobe. Pepys war ein Müßiggänger und Lebemann und bekannt für seine detaillierten und freimütigen Schilderungen der Begebenheiten und Umstände seiner Zeit. Dabei war er weder adlig noch sonst irgendwie herausragend. Ende des 17. Jahrhunderts waren weit mehr Männer als Frauen mit der Mode und ihrem äußeren Erscheinungsbild beschäftigt und auch eine viel größere Zahl von ihnen als früher, wenn auch nicht die Mehrheit. Die meisten waren arm und hatten auch wenig Hoffnung, das zu ändern. Doch die Zahl der Menschen, die glaubten, dass ihnen diverse Möglichkeiten offen stünden, wuchs. Sie konnten nicht wissen, was ihnen die Zukunft bringt, aber es gab Grund, optimistisch zu sein.

Sie lebten wie die meisten Menschen unserer Zeit in der Überzeugung, dass es der Mühe wert sei, sich so zu kleiden und zu geben, dass es Aufsehen erregte oder Respekt gebot. Wie Pepys gingen sie einkaufen und gaben mehr aus als gut war.

Die Preise für Kleidung waren nach wie vor sehr hoch und verschlangen einen größeren Anteil von Pepys' und ähnlicher Leute Einkommen, als heute irgend jemand, und sei er noch so modebewusst, dafür ausgeben würde. Kleidung gab es auch damals schon gebraucht zu kaufen. Aber auch gestohlen wurde sie wegen ihres hohen Wertes viel. Dabei benutzten die Diebe angelähnliche Gerätschaften und schoben sie auf Verdacht durchs offene Fenster in die Stube und nahmen, was sie ergattern konnten. In London gab es zwei Distrikte mit zahlreichen Secondhand-Läden für Kleidung, ein wahres Paradies für Diebe und für Neuankömmlinge, die mit mehr Ambitionen als Geld in die Stadt gekommen waren. (Während der Pest war das natürlich anders, hier brachte die gebrauchte Kleidung meist den Tod.)

Reisende, die im 17. Jahrhundert nach London kamen, waren von den vielen Läden zutiefst beeindruckt. »Keine andere Stadt der Welt hat so viele und so hervorragende Geschäfte«, schrieb ein französischer Besucher 1663, einige Jahre nach der Restauration der Monarchie in England. »Sie sind geräumig und ausgestattet wie eine Bühne.« Andere Besucher waren von der großen Zahl der Goldschmiede in der Cheapside Street angetan, wobei es allerdings meist die Frauen der Goldschmiede waren, die die Begeisterung hervorriefen. Sie standen in der Tür und versuchten Passanten in die Geschäfte zu locken. Die Leute waren so etwas von Fischweibern gewohnt, die Salzfisch feilboten, aber nicht von gut gekleideten und respektabel wirkenden Frauen. Das war neu und angesichts ihrer verführerischen Wirkung auf die Männer für die Goldschmiede sicher recht lukrativ.

Mit heutigen Maßstäben gemessen waren die Auslagen eher bescheiden. Tuchhändler drapierten ihre Stoffe, um potenziellen Kunden einen Eindruck zu vermitteln, wie sich dieser Stoff als Mantel, als Kleid oder als Wandbehang ausnehmen würde, und das machten sie so, dass sie durch die kleinen Fensterscheiben von außen zu sehen waren. Meist jedoch wurden die Waren einfach im Fenster und im ganzen Laden irgendwie ausgebreitet.

Englische Inventarlisten aus den Anfängen des 18. Jahrhunderts zeigen, dass diejenigen, die so viel besaßen, dass sich eine Auflistung lohnte, zwar noch immer in der Minderheit waren, aber dass ihre Zahl wuchs und mit ihnen die Zahl der Objekte auf den Listen. Inzwischen war London auch nicht mehr der einzige Ort des Konsums. 1725 waren die meisten Gegenstände, die das Leben etwas angenehmer machten, in den Kleinstädten fast genauso verbreitet wie in der Hauptstadt. Händler stellten zu Werbezwecken gern die Wappen ihrer königlichen und adligen Kundschaft aus, aber es war weniger diese Werbung als vielmehr das veränderte Selbstbild der Menschen, das für die Ausbreitung des materiellen Besitzes sorgte.

Zwar ist das, was sich in London und den anderen Großstädten Europas abspielte, mit unserem heutigen Einzelhandel nicht vergleichbar, aber es war offensichtlich, dass sich eine grundlegende Veränderung vollzog. Die Läden wurden immer zahlreicher und wuchsen sich zu regelrechten Einkaufsstraßen aus. Der Kauf von hochwertigen Produkten, bislang eine elitäre und sehr private Angelegenheit, wurde zu einer halböffentlichen Tätigkeit für immer mehr Menschen. Die Einkaufswelt entwickelte sich rasch und bemächtigte sich der Stadt. Eine Erhebung aus dem Jahre 1725 besagt, dass es in jedem vierten Haus in London entweder ein Geschäft oder eine Taverne gab.

Beschränkung des Einkaufs zur Aufrechterhaltung der Ordnung

Auch an anderen Orten in Europa, Amerika und Asien machte sich der dynamische Wandel, der die Straßen und Wohnzimmer in England und Holland ergriffen hatte, mit neuem Geld sowie verändertem Selbstbewusstsein bemerkbar. Die herrschenden Schichten sahen darin eine Bedrohung der öffentlichen Ordnung und nicht zuletzt auch ihrer eigenen Position. Wenn die begehrtesten Objekte in die falschen Hände gerieten, hieße das nicht, dass Rang und Würde keine Bedeutung mehr besäßen und alles käuflich sei? Folglich wurde versucht, Herstellung und Verteilung von wertvollen oder neuen Waren einzuschränken. Ansonsten aber hofften sie, dass der allgemeine Konsum dem Regime zugute käme und es nicht untergrabe.

Die Schwierigkeiten einer solchen Strategie wurden in Frankreich, damals eines der mächtigsten Länder der Welt, besonders deutlich. Im 17. Jahrhundert hatte Paris alles, um es zu einer großen Einkaufsstadt zu machen: moderne Industrie, innovative Handwerker, ein großes Interesse der Bevölkerung an Mode und einen reichlichen Zustrom an Geld. Doch die Bestrebungen in Paris wurden durch die Furcht in Versailles ausgebremst, wo der königliche Hof über die Grenzen von Luxus und Geschmack entschied. Der König und seine Minister nahmen das sehr ernst. Sie betrieben nicht nur königliche Manufakturen, die hochwertige Güter eigens für den Hof und die Adelspaläste herstellten, sondern erlegten den Manufakturen und Handwerkern auch strenge Regeln auf. Damit bestimmten sie, welche Ware von wem herzustellen war und vor allem, wo und an wen diese verkauft werden durfte. Diese Bestimmungen wurden damit gerechtfertigt, dass es anders nicht möglich sei, Reichtum und Besitz zu lenken und die öffentliche Ordnung aufrechtzuerhalten. Mit der Zeit wurde dieses Regelwerk immer umfangreicher und komplexer. Viele Waren durften nur in einer Stadt oder einer Region verkauft werden, nicht aber anderswo. Die einzelnen Zünfte konkurrierten um das Privileg, die neuesten und gewinnträchtigsten Produkte herstellen zu dürfen. Die Zunftmeister intrigierten oder bestachen die Beamten, um ihre Ziele zu erreichen.

Die Durchsetzung der Gesetze war besonders schwierig, denn man musste die Produkte in den Manufakturen, die Technologie und den Vertrieb im Auge behalten. Es wurden neue Produkte erfunden, wie z.B. der Regenschirm, ein gleichermaßen nützliches wie modisches Accessoire. Regierungsbeamte kämpften nun mit sich und der Frage, ob man neue Betriebe für die Herstellung von Regenschirmen erlauben oder die Herstellung lieber in die Hände bereits bestehender Manufakturen legen sollte, deren Produkte momentan nicht so gefragt waren und die dringend neue Aufträge brauchten, um ihre Mitarbeiter weiter beschäftigen zu können. (Es ist immer schwierig, Innovationen zu regulieren, wie auch in neuerer Zeit der Fall Microsoft zeigt. Im Zentrum dabei stand der Web-Browser und die Frage, ob es sich dabei um die Verbesserung eines bereits bestehenden Produkts oder um ein neues Produkt handelte. Die französischen Beamten hatten damals Ähnliches zu erwägen.)

Auch neue und effizientere Herstellungsverfahren verhalfen französischen Bürgern zu besseren Erwerbschancen und sorgten für Kopfzerbrechen bei den Beamten. Strumpfwaren waren lange Zeit extrem teuer und den Adligen vorbehalten. Neue Herstellungsverfahren verbilligten dieses Produkt enorm und führten zu seiner weiten Verbreitung, das Kontrollsystem jedoch war diesem stetigen Wandel nicht gewachsen. Verkaufsplätze und -zeiten waren zwar vorgeschrieben, aber das führte nur dazu, dass der Handel auf die Straße verlagert wurde. Inzwischen konnten sich die Menschen nämlich so manches leisten und fanden dementsprechend Mittel und Wege, das Gewünschte auch zu bekommen. Gleiches ließ sich in zahlreichen europäischen Städten beobachten. Nachlassprotokolle belegen, dass der Wert von Erbschaften zwar nicht unbedingt stieg, dafür aber die Anzahl der vererbten Gegenstände.

Im 17. und 18. Jahrhundert war der Verwaltungsapparat bemüht, sowohl Angebot als auch Nachfrage zu begrenzen. Das konnte jedoch nicht verhindern, dass sich in Paris allmählich eine Einkaufswelt entwickelte. Doch anders als in London oder Amsterdam war Einkaufen in Paris nicht nur ein Akt des Genießens, sondern auch eine kleine politische Geste der Rebellion.

Weit weg in Japan hatten Gerichtsbeamte dieselben Probleme. Der Welthandel brachte den Handwerkern, die in der Lage waren, große Mengen ihrer Produkte zu verschiffen, Wohlstand, wodurch eine neue Klasse von Kaufleuten entstand. Der Seehandel nützte auch den Bauern, die dadurch höhere Preise für ihre Ware erzielen konnten. Die Shogune, die Landesherren, fühlten sich durch diesen um sich greifenden Wohlstand bedroht. Anders als in Europa, wo die Adligen einen Tribut von ihren Pächtern erhielten, waren die Samurai allein von den Shogunen abhängig. Die Shogune reagierten und erließen Gesetze zur Regelung des Luxus', die streng vorschrieben, welche Klasse sich wie kleiden und was sie besitzen durfte.

»Die Mode hat sich sehr verändert und wird immer prätentiöser«, schrieb Ihara Saikaku im späten 17. Jahrhundert über seine Landsleute. »In allem zeigen die Leute die Neigung zu einer Pracht, die ihrer Position nicht angemessen ist ... Viele Frauen vergessen ihren Platz in der Welt und sollten Gottes Strafe fürchten.«

Das Ergebnis war eine Flut von Bestimmungen. Es gab Beschränkungen für Hochzeitsgeschenke, für das, was es bei Feierlichkeiten zu Essen geben und wie viele Pferde man besitzen durfte. Fast jeder Lebensbereich wurde mit quantitativen Regeln belegt, und wenn das alles nichts half, erließ der Shogun kurzerhand noch ein paar Gesetze mehr. Allein 1683 wurden sieben Gesetze zur Besitzregelung erlassen. Ein Gesetz listete sämtliche Kleidungsstücke auf, die Kaufleute oder Handwerker besitzen durften, ein anderes verbot den Frauen, bestickte Kleidung zu tragen. Dieses Gesetz wurde allerdings bald wiederaufgehoben, da es ohnehin niemand befolgte. Zur gleichen Zeit drohten Gesetze sogar mit Gefängnisstrafen für das Tragen von prächtiger Kleidung, die dem eigenen Status unangemessen war, oder mit Geldstrafen für den Verkauf von feinen Seidenwaren zu hohen Preisen an Geschäftsleute und Handwerker anstatt zu niedrigen Preisen an Adlige.

Wenn man heute darüber liest, gewinnt man den Eindruck einer aussichtslosen, ja fast komisch anmutenden Situation. Trotzdem beharrten Japans Herrscher bis ins 19. Jahrhundert auf solchen Gesetzen in dem weit gehend erfolglosen Versuch, luxuriöse Kleidung und Einrichtungsgegenstände nur denen zu gestatten, die ihrer Meinung nach ein Recht darauf besaßen. In einer Hinsicht waren sie immerhin erfolgreich: Sie blieben im Amt.

Die Wahl eine Qual?

Wir leben heute in einer Welt mit einem schier unüberschaubaren Angebot, wenn auch von vielen alltäglichen Dingen. Wenn wir uns über machthungrige Politiker, die keine echten Alternativen darstellen, oder über völlig überteuertes Müsli in immer ähnlicher Zusammenstellung beschweren, vergessen wir allzu leicht, dass die Menschen sehr lange Zeit überhaupt keine Wahl hatten.

Im 17. Jahrhundert bekamen die Menschen in England einen ersten Geschmack davon, was es bedeutet, zwischen verschiedenen Produkten wählen zu können. Sie konnten sich zwischen zahlreichen Düften entscheiden und sich Fett in die Haare schmieren, damit diese glatter anlagen. Sie konnten in einen Laden gehen und zwischen unterschiedlichen Brokatstoffen wählen. Sie konnten aber auch ihre Religion neu wählen und alle schwarz gekleidet herumlaufen. Sie köpften einen König, setzten einen anderen ab und einen weiteren an seine Stelle.

Das 17. Jahrhundert war in England das Jahrhundert des Einkaufs und der Wissenschaft, aber auch das Jahrhundert mit den stärksten politischen Unruhen, die das Land je erlebt hatte. Es ist eine eigentümliche Mischung aus trivialen und folgenreichen Entscheidungen, wobei meist natürlich die politischen oder religiösen Entscheidungen für wichtiger erachten werden als der Einkauf von Stoffen oder Frisiermitteln. Und doch, der Abbau von zahlreichen Besitzbeschränkungen und damit der Abbau einer starren gesellschaftlichen Hierarchie war fast immer der erste Schritt zu größerer Freiheit.

Sicher kann die Freiheit beim Einkaufen andere Freiheiten nicht ersetzen und soll hier ganz bestimmt nicht als Vorbild dienen, denn schließlich sollten wir uns einen Anführer nicht aussuchen wie ein neues Shampoo. (Auch wenn der Frisur und der Kleidung von Kandidaten immer mehr Aufmerksamkeit geschenkt wird. Eine gelungene Selbstdarstellung hilft auf dem Weg zur Macht.) In einigen ehemaligen Sowjetstaaten mussten die Menschen feststellen, dass die neue Lust am Konsum zu organisiertem Verbrechen und Korruption führen kann. Die Möglichkeit, einkaufen zu gehen, ist also durchaus nicht gleichbedeutend mit Demokratie.

Trotzdem gehört die Konsumfreiheit meist zu den ersten Freiheiten eines Volkes. Der Häuptling eines Stammes oder der Herrscher eines Landes hebt sich durch seine Kleidung und seinen Besitz von den anderen ab. Wenn wir nicht mehr in erster Linie Mitglieder eines Stammes oder Untertanen eines Königs sind, müssen wir unsere Position selbst definieren. Wir tun das über die Kleidung und über unseren Besitz. Wahlfreiheit beginnt in den Geschäftsstraßen der Einkaufswelt. Wir haben nur ein Leben und wir wissen, dass bei der Realisierung unserer Ziele auch unsere Erscheinung, unser Besitz und unsere Kaufentscheidungen eine Rolle spielen.

5

Unsicherheit

Mode und die Suche nach der einmaligen Gelegenheit

Vor einigen Jahren an einem verregneten Tag klingelte früh morgens das Telefon und ein Freund erzählte mir von einer einmaligen Gelegenheit. Das Buten Museum von Wedgwood würde aufgelöst und alles käme unter den Hammer. Aber wir müssten sofort los, wenn nicht das Beste schon weg sein sollte.

Ich zögerte keine Sekunde, zog mich an, holte meinen Freund ab und eilte zu besagter Stätte. Wie gesagt, so eine Gelegenheit hat man nur einmal im Leben. Wie oft gibt es schon einen Räumungsverkauf in einem Museum? Oft lösen Museen den Wunsch aus, etwas zu erwerben, und in den meisten gibt es einen Laden, aber man bekommt nie etwas aus der Sammlung selbst.

Trotzdem gab es eigentlich keinen richtigen Grund, warum es mich so sehr dorthin drängte. Zum einen hatte ich in den 15 Jahren, die ich jetzt in Philadelphia lebte, dieses Museum nie besucht oder auch nur die Absicht gehabt, es zu besuchen. Wedgwood Porzellan hatte mich nie sonderlich gereizt. Und einen direkten Mangel hatten wir auch nicht, im Gegenteil, eher litten wir unter Platzmangel für unser Geschirr. Nichtsdestotrotz stürzte ich mich ins Getümmel, um Dinge zu kaufen, die ich eigentlich nicht brauchte und die mich auch zuvor nicht wirklich interessiert hatten. Muss ich noch erwähnen, dass ich in der Tat etwas von dem Porzellan erstand?

Den meisten Menschen gelingt es, sich selbst davon zu überzeugen (wenigstens zeitweise), dass sie unbedingt etwas haben müssen, was sie, nüchtern betrachtet, eigentlich nicht brauchen. Im Grunde genommen beruht unser gesamtes Wirtschaftssystem auf derartigen Käufen. Nach historischen Maßstäben leben heute sogar die relativ Armen in den Industrieländern im Überfluss. Ihre Schränke sind voll mit Kleidung und Hausrat, in ihren Regalen stapeln sich teuer hergestellte Nahrungsmittel und ihre Wohnzimmer sind voll gestopft mit Möbeln und Deko-Artikeln. Angehörige der Mittelschicht haben in der Regel alles, was sie brauchen – auch wenn sie das selbst nicht so sehen.

Einige Kritiker dieses reichen und manchmal verschwenderischen Lebensstils meinen, dass wir Opfer von Marketing und Werbung sind und dass uns unser Kaufverhalten noch in den Ruin treiben wird. Zweifellos werden wir mit mehr Werbung bombardiert als je zuvor, und das meiste davon werden wir ignorieren. Bis auf wenige Ausnahmen – die zeigen Wirkung.

Trotzdem ist es unwahrscheinlich, dass Menschen nur aufgrund von Werbung kaufen. Sie sind schließlich keine Roboter, sondern überlegen, was sie tun. Sie entwickeln eine Strategie. Sie vergleichen. Sie überdenken. Wenn es denn wirklich eine Verschwörung gibt, um Menschen zu verschwenderischem Konsum zu verleiten, so sind die Einkaufenden selbst am allerwenigsten daran beteiligt.

Werbung provoziert zwar Unsicherheit und suggeriert, dass etwas im Leben fehlt und dass nur dieses eine Produkt in der Lage ist, diese Lücke zu füllen. Aber zum Großteil wählen wir die Bereiche, in denen wir uns verunsichern lassen, selbst aus. Und wir produzieren unsere Verunsicherungen schon ganz allein, aufgrund derer wir etwas kaufen, in dem verzweifelten Versuch, etwas zu ändern, uns abzulenken, etwas zu verbessern oder das Gefühl zu haben, wieder ein Stück vollkommener zu sein.

In gewissem Sinne könnte man sagen, dass mein dringender Wunsch, Wedgwood-Geschirr zu kaufen, demonstriert, wie gut Marketing funktioniert. Wedgwood war mehr als zwei Jahrhunderte lang eine Prestigemarke bei Porzellan. Ich hatte mich nie sonderlich für die Produkte dieser Marke interessiert, aber natürlich hatte ich davon gehört. Und so ging es allen. Mein Alltagsgeschirr aus dem Jahre 1978 empfand ich mittlerweile nicht nur als altmodisch, sondern auch als unangemessen für mein Alter. Ich fühlte mich unwohl, weil meine völlig unmodernen Teller den Schluss nahe legen könnten, ich sei bislang nicht ganz so erfolgreich im Leben gewesen, wie ich mir vorgestellt hatte. Mit dem Kauf von Wedgwood könnte ich beide Probleme auf einmal lösen. Zum einen ist es ehrwürdig alt und damit wiederum zeitlos und zum anderen besitzen dieses Porzellan eigentlich nur arrivierte Leute. Die mittleren Jahre sind eine ernsthafte Zeit und verlangen deshalb nach ernsthaftem Geschirr.

Die Mode hatte meinen Kauf also zum Teil bedingt, aber der stärkere Impuls rührte aus einer anderen Unsicherheit, nämlich der Furcht, eine Gelegenheit zu verpassen. Seltenheit oder Mangel sind beim Einkaufen wie das Salz in der Suppe. Und obwohl wir im Überfluss leben, lassen wir uns doch nicht selten davon überzeugen, dass uns etwas entgeht, wenn wir nicht jetzt sofort zugreifen.

Für einen kurzen Moment – doch immerhin lange genug, um meinen Einkauf zu tätigen – dachte ich wirklich, der Besitz von Wedgwood würde mein Leben verändern und ich würde es auf immer bereuen, wenn ich jetzt darauf verzichtete. Das eine wie das andere war vermutlich eine Illusion, denn hätte ich nichts gekauft, wäre mein Leben heute vermutlich um keinen Deut anders. Trotzdem bedaure ich den Kauf keinen Augenblick. Die Suche danach hat Spaß gemacht, die Teller sind wirklich hübsch und die Preise waren niedrig. Kurz, es war, wovon alle beim Einkaufen träumen: eine einmalige Gelegenheit.

Die Erzeugung von Unsicherheit

Wedgwood wurde Mitte des 18. Jahrhunderts in England hergestellt. Für viele, die hochwertige und geschmackvolle Ware schätzen, ist dieses Jahrhundert eine wahre Fundgrube. Damals kam solche Ware zum ersten Mal in größeren Stückzahlen auf den Markt, andererseits wurde dieses Geschirr letztmals von geschickten Handwerkern per Hand hergestellt, bevor die Fabriken wenig später zur wirklichen Massenproduktion übergingen. Es waren die letzten Atemzüge einer alten Ordnung von fraglos gutem Geschmack und robuster Wohnkultur.

Natürlich ist dies eine grobe Vereinfachung und gilt nicht für alle Bereiche. Die vielerorts stark anwachsende Begeisterung für Stoffe z.B., vor allem für bunt bedruckte Baumwolle, trieb die Textilindustrie zur Mechanisierung des Herstellungsprozesses und legte den Grundstein für die industrielle Revolution. Sie veränderte den Blick der Menschen auf ihr Leben und die Art und Weise, wie sie ihren Lebensunterhalt verdienten. Die Industrialisierung war ein zweischneidiges Schwert. Sie führte zu starker Verstädterung und Umweltverschmutzung, aber auch zu einem größeren Angebot. Die große Nachfrage nach günstiger Baumwollkleidung in Europa sorgte für die Fortdauer der Sklaverei in Amerika, ein Erbe, an dem wir noch heute zu tragen haben. Trotzdem wünscht sich natürlich niemand die

Rückkehr ins vorindustrielle Zeitalter mit kürzerer Lebenserwartung und echtem Mangel. Die industrielle Revolution markierte einen historischen Wendepunkt. Waren die Güter einst selten und wertvoll, so waren sie jetzt im Übermaß vorhanden, erfuhren dafür aber eine weit geringere Wertschätzung. Die neue Welt ist so voll gestopft mit Dingen, dass man die Unsicherheiten, die zu ihrem Erwerb führen, gleich miterzeugen musste.

Es ist nicht einfach, über diese Zeit zu schreiben, ohne sich in der Streitfrage zu verfangen, wer zuerst da war, die Henne oder das Ei. Lange Zeit wurde die Massenproduktion als Voraussetzung für massenhaften Konsum angesehen. Dabei ignorierte man in der Regel die Verbesserung der Wohnungseinrichtung und der Garderobe bei einer sichtbaren Minderheit der Bevölkerung und die zunehmende Kommerzialisierung auf der Straße.

Später revidierte man diese Sichtweise dahingehend, dass eine komplette Änderung des Konsumverhaltens der industriellen Revolution vorausging. Doch neuerdings wird auch diese Sichtweise wieder angezweifelt und dagegengehalten, dass vor der industriellen Revolution nur eine kleine Elite Dinge erwerben konnte, danach aber auch die breite Masse. Demnach wären aus den Menschen erst in der Folge der Industrialisierung Konsumenten geworden, also nachdem die Hersteller Mittel und Wege gefunden hatten, nicht nur Produkte, sondern auch Nachfrage zu erzeugen.

Dies scheint auf Anhieb eine rein akademische Debatte, aber sie hat durchaus Einfluss auf unsere Art und Weise, einzukaufen und sogar darauf, wie wir unser Leben betrachten. Bedeutet Einkaufen für uns Freiheit und Selbstbestimmung, quasi als Konsequenz der sich seit der Renaissance verbreitenden Unsicherheit hinsichtlich Identität und Platz in der Gesellschaft? Zeigt es die zunehmende Autonomie des Einzelnen? Oder ist Einkaufen eine Art zwanghaftes Verhalten, das uns wenigstens teilweise für unser unbedeutendes und unerfülltes Leben entschädigen soll? Füllen wir die Innenräume unserer Häuser, weil unser eigenes Innere leer ist?

In diesem Buch, vor allem im vorangegangenen Kapitel, habe ich erstere Meinung vertreten. Es scheint offensichtlich, dass die Menschen immer schon im Verlauf der Geschichte materielle Güter besessen haben, und zwar weil sie sie brauchten und nicht als Sinnersatz. Diese Güter waren Ausdruck der Macht, dienten der Festigung von Beziehungen und der Erweiterung der eigenen Persönlichkeit. Und fraglos begannen die Menschen, nachdem sich ihre Auffassung von der Gesellschaft bzw. von der Welt als etwas immerwährend Festgelegtem allmählich veränderte, in materiellen Gütern nach Halt und Orientierung zu suchen. In Frankreich versuchte die Krone lange Zeit, das Monopol über Luxus und Geschmack zu halten. In Japan suchten die Herrscher mit aller Macht zu verhindern, dass Statussymbole auch von Menschen geringeren Standes erworben und genutzt werden konnten. Und auch in England gab es zunächst Bestrebungen, »unangemessenen« Besitz zu verhindern, was aber aus unterschiedlichsten Gründen bald aufgegeben wurde. Dementsprechend machte England auch als erstes Land den nächsten Schritt mit der Industrialisierung, die es einer noch weitaus größeren Zahl von Menschen erlaubte, Dinge zu erwerben.

Man darf bezweifeln, dass Investitionen in Organisation und Maschinen für eine mechanische Herstellung ohne einen entsprechenden Bedarf getätigt worden wären. Aber es wäre auch naiv zu leugnen, dass dies seinerseits eine Veränderung bei den Verbrauchern bewirkte, die nun selbst zum Teil der Maschinerie wurden. Denn die Industrialisierung ermöglicht nicht nur einer größeren Zahl von Menschen, Dinge zu erwerben, sondern erfordert sogar, dass die Menschen immer neue Dinge erwerben, und zwar möglichst vorhersehbar. Sie kann gar nicht zulassen, dass Zufriedenheit aufkommt, denn das würde den Wohlstand gefährden. Ein einmal ausgegebener Cent muss immer wieder ausgegeben werden und von einer Hand zur anderen immer weiterwandern, wenn möglichst viele profitieren sollen. Geiz und Glück gehen nie zusammen, behauptete Benjamin Franklin. Eine industrialisierte Gesellschaft muss ihre Mitglieder zu fortgesetztem Konsum ermuntern. Wie ein Fahrrad kann sie sich nur aufrecht halten, solange sie in Bewegung ist. Mode ist etwas, das sie in Bewegung hält.

Der Nutzen der Mode

Die Mode ist eine Möglichkeit, Dinge obsolet erscheinen zu lassen, lange bevor ihre Lebensdauer oder Nützlichkeit endet. Mode spielt also eine wichtige Rolle in einer Welt ohne Mangel. Sie macht einen guten warmen Mantel untragbar oder einen robusten und gemütlichen Sessel unmöglich. Sie scheint uns einen Blick in die Zukunft zu eröffnen, aber ihr Hauptzweck liegt darin, Unzufriedenheit bei den Menschen mit der Gegenwart und vor allem mit all den darin befindlichen Dingen auszulösen.

Nichtsdestotrotz ist Mode sehr viel älter als die Industrialisierung. »Die Mode beschädigt das Ansehen stärker als jeder Mensch«, schrieb Shakespeare in *Viel Lärm um Nichts* mehr als anderthalb Jahrhunderte vor der Industrialisierung. Und auch vor Shakespeares Zeiten war die Mode bereits eine mächtige Kraft. Wir wissen von Modewellen durch die obersten Gesellschaftsschichten bereits in der

Antike. Da gab es die verschiedensten Trends bei Frisuren, Kleidung, Namen oder Hunden und sogar beim Gehen und Stehen oder welche Körperteile gezeigt und welche bedeckt wurden. Zwar wechselten die Moden nicht so rasch und erfassten auch lange nicht so viele Menschen wie heute, aber sie sind wie die Jahreszeiten. Es geht um Wechsel, Wiederkehr und Fortgang des Lebens.

Mode ist keine Verschwörung gegen die Verbraucher, damit sie mehr kaufen – oder doch nicht nur. Sie ist ständige Begleiterin der Ereignisse im Leben und verleiht ihm Struktur. Vielleicht sind wir von den Schulterpolstern, Flokatis, jägergrünen Küchen, künstlichem Afrolook, Heckflossen am Auto, Ballonröcken oder Nietenschuhen vergangener Zeiten peinlich berührt, aber das Miterleben all dieser Modeströmungen vermittelt uns auch den Eindruck, am Leben selbst teilgehabt zu haben. Das zeitlose Dasein der Bauern, die jahrhundertelang dieselben Gegenstände benutzten und dieselben Tätigkeiten ausführten wie schon ihre Eltern und Großeltern, war mehr als öde. Veränderungen sind Herausforderungen – aber auch ein Privileg. Das sollten wir nicht vergessen.

Mode ist etwas Künstliches. Sie wird von Modezaren in Paris und Mailand entworfen oder auch von Herstellern von Inneneinrichtungen. Aber sie hat auch eine ausgesprochen geheimnisvolle Seite. Man weiß nie, wo sie hin will oder wer den neuesten Trend prägt und wie. Ein Magazin wie *Vogue* lässt vermuten, es seien die Designer, *Freundin* oder *Brigitte* hingegen legen nahe, dass es die Prominenten sind. Die meisten Soziologen und Historiker, die sich mit dem Thema beschäftigt haben, gehen davon aus, dass es bestimmte elitäre Gruppen sind, vor allem Neureiche, die gerne in die gehobenen Kreise aufgenommen werden möchten.

Es wäre unsinnig zu leugnen, dass bestimmte Gesellschaftskreise eine enorme Rolle beim Einkaufen spielen. Welche Dinge teuer und welche Marken prestigeträchtig sind, lernen wir ohne die geringste Mühe ganz nebenbei. Das heißt nun aber nicht, dass wir in dem Glauben einkaufen gehen, jemand anderes zu sein, als wir tatsächlich sind. Sehr viel häufiger kaufen wir etwas in der Hoffnung, dadurch herauszufinden, wer wir tatsächlich sind bzw. es damit besser zeigen zu können. Mode ist unsere Methode, an der Kultur teilzuhaben, selbst wenn uns diese Kultur darüber belehrt, dass der höchste Wert unserer Gesellschaft darin besteht, als Individuum gesehen zu werden.

In den letzten Jahren haben Bekleidungs- und Schuhindustrie für die Jugend Späher in die ärmsten Regionen der Erde geschickt, um herauszufinden, was die Menschen dort tragen und wie sie es tragen. Die Armen und das Gros der Menschen haben immer schon Einfluss auf die Mode gehabt, allerdings nie so offensichtlich wie in den letzten 20 Jahren.

Selbst diejenigen, die sich eher als Modemuffel bezeichnen würden, werden davon beeinflusst, wenn auch vielleicht nur sehr subtil und kaum merklich. Auch Dinge, die außerhalb der Mode zu stehen scheinen, tun es in Wahrheit nicht. Wenn die Models auf den Laufstegen Kleider vorführen, die über den Boden schleifen, so wird auch der klassischste Stil ein wenig länger. Und wenn Krawatten breit wie Lätzchen oder schmal wie Schnüre werden, wird auch der konservativste Hersteller seine Modelle breiter bzw. schmaler gestalten, und sei es nur um Millimeter. Selbst Kleidung, die betont unabhängig von der Mode ist, wird ihr in einem Mindestmaß folgen. Liegt sie zu weit ab vom Trend, wird sie ihrerseits wieder auffällig und verfehlt damit ihren Zweck.

Wedgwood gefällt uns heute aufgrund seiner Aura von Zeitlosigkeit, die, bei Licht besehen, Illusion ist. Die Manufaktur hätte sich sicherlich nicht so lange gehalten, hätte sie nicht auf geschmackliche Veränderungen bei Farbe und Form reagiert. (Einer der von mir erworbenen Teller hat ein richtiges 50er-Jahre-Design. Ich hätte nie gedacht, dass es das bei Wedgwood gibt, nämlich ein Design im gängigen Zeitgeschmack.) Zu Beginn war dieses Unternehmen sogar eines der ersten, das den Geschmack der Leute zu prägen und zu manipulieren suchte, um mehr Ware abzusetzen.

Das Design eines Produkts und einer Kultur

Josiah Wedgwood gründete sein Unternehmen 1759 und war einer der Ersten, der stilvolle Produkte mit der industriellen Herstellung verband. Anders als die französischen Porzellanhersteller in Sèvres, die unter der direkten Schirmherrschaft des Königs produzierten und deren Produkte den Geschmack bei Hofe widerspiegelten, war Wedgwood auf sich selbst gestellt und musste, um zu überleben, einen größeren Markt bedienen. Seine ärgsten Konkurrenten waren vermutlich die Porzellanhersteller in China. Sie produzierten bereits seit Jahrhunderten massenhaft hochwertige Ware und waren außerdem bereit, jeden Wunsch eines Europäers zu bedienen, soweit es in ihren Möglichkeiten stand, unabhängig davon, ob es sich um chinesischen oder europäischen Stil handelte. Wedgwood meisterte diese Herausforderung, indem er zunächst einen neuen, eigenen Stil schuf, der sich von allen anderen unterschied. Dann schuf er die Nachfrage dafür.

Wedgwoods erster großer Erfolg bestand in dem Verkauf einer großen Menge Geschirrs 1765 an den königlichen Hof. Die Vorstellung, dass es möglich war, das gleiche Geschirr zu benutzen wie die königliche Gemahlin, hatte für viele etwas Verlockendes. Unverzüglich benannte Wedgwood diese Linie in »Queensware« um. Er verkaufte außerdem ein mehr als 900-teiliges Geschirr an Katharina die Große.

Diese königlichen Abnehmerinnen beflügelten seinen Erfolg. Wegen des damit verbundenen Prestiges war er sogar willens, zum Selbstkostenpreis an die russische Herrscherin zu liefern. Andererseits hatte der prägende Einfluss des Hofes auf den Geschmack zur Zeit Wedgwoods bereits deutlich nachgelassen und war auf eine größere, aber auch amorphere Schicht übergegangen. Diese sehr vermögenden Leute besaßen weniger Adelstitel, dafür aber Einfallsreichtum bei der Verwendung und Darstellung von Kleidung und Objekten. Berühmte Leute dieser Zeit, wie z.B. Lord Chesterfield, dessen Briefe an seinen Sohn eine Theorie über guten Geschmack enthalten, oder Beau Brummel, der für schöne Kleidung lebte, beeinflussen noch heute unser Stilempfinden. Der eitle Geck, der nur noch äußere Hülle, aber kein Wesen mehr besitzt, war eine der Hauptfiguren in Possen und Witzen dieser Zeit. Sein Erscheinen auch in Theaterstücken und in der volkstümlichen Literatur zeigt uns, dass schon damals sogar diejenigen, die nicht Teil der feinen Gesellschaft waren, sich zumindest für sie interessierten.

Wir erinnern uns an Wedgwood als einen der ersten Marketingstrategen, denn er verstand sowohl etwas von seinen Produkten als auch von denjenigen, die sie kauften. Seine Waren wurden nicht maschinell, sondern in einer Manufaktur hergestellt. Er musste sich also für Produkte entscheiden, die seine Arbeiter mit großer Zuverlässigkeit und Gleichförmigkeit immer wieder herstellen konnten. So gesehen war er ein technischer Neuerer, aber er umgab sich mit Partnern und Designern, die ein wachsames Auge auf die Entwicklungen in der Architektur, Kunst und Kultur seiner Zeit hatten. Er begriff sehr schnell, dass das vereinfachte neoklassische Design, das Ende des 18. Jahrhunderts in Mode kam, sich für die Fabrikproduktion sehr viel besser eignete als die Keramik mit komplizierter Glasur. Er verpflichtete zunächst Künstler, Muster für ihn zu entwerfen, die sowohl klassisch als auch zeitgemäß wirkten, und entwickelte dann dafür effiziente Herstellungsverfahren.

Wedgwood prägte also den Geschmack der Menschen für die Ware, die er herzustellen in der Lage war. Er eröffnete eine große und elegante Galerie in London, die zeitgenössische Darstellungen als bis dato eine der schönsten Verkaufsflächen zeigen. Ganz ähnlich wie Ralph Laurens Geschäft im Rhinelander Mansion in New York, strahlten Wedgwoods Verkaufsräume altehrwürdigen Adel und Reichtum aus. Und wie viele Produkte von Ralph Lauren wirkte Wedgwoods Ware sowohl konservativ als auch zeitgemäß und war damit für die Neureichen höchst attraktiv, die den Eindruck erwecken wollten, als gehörten sie seit jeher dazu.

Er verhielt sich in vielerlei Hinsicht wie ein Kunsthändler heute mit Vernissagen für neue Produktlinien, zu denen nur geladene Gäste erschienen, die er mit großem Pomp empfing. Er entwarf Produkte, die die Mode der Zeit reflektierten, und nutzte neuartige Tonzusammensetzungen, Oberflächenstrukturen und Farben, die ihrerseits wieder zur Mode wurden. Er war besonders auf Anklang bei den Frauen bedacht, die allmählich eine führende Rolle beim Einkaufen und bei der Gestaltung des Hauses übernahmen. »Ich muss sicher nicht betonen, dass es in unserem Interesse ist, die Damen zu unterhalten und zu zerstreuen, zufrieden zu stellen und zu erstaunen, ja sogar in Entzücken zu versetzen«, schrieb er einmal.

Was Wedgwood tat, wurde überaus wichtig genommen. Er erzeugte eine Kultur rund um seine Produkte und indem er eine Mode lancierte, erzeugte er gleichzeitig dieses Gefühl von Unsicherheit, das dem Verkauf seiner Produkte zugute kam.

Pioniere der Verfeinerung: einkaufen auf amerikanisch

Wer in Fragen der Mode und des Geschmacks maßgeblich ist, war in Amerika schon immer von besonderer Bedeutung, denn amerikanisch sein heißt per definitionem unsicher sein. Eine auf demokratischen Prinzipien aufgebaute Gesellschaft aus verpflanzten Menschen besaß keine natürlichen Autoritäten, die Maßstäbe zu setzen oder guten Geschmack zu definieren vermochten. Eine Hand voll Amerikaner, wie die Besitzer von großen Plantagen im Süden, konnte sich im 18. Jahrhundert gut und gern als Adel des Landes verstehen, aber in weiten Teilen Amerikas unterschieden sich die Farmen der führenden Leute einer Region kaum von denen ihrer Nachbarn.

Mitte des 18. Jahrhunderts erlebten die amerikanischen Kolonien einen wirtschaftlichen Aufschwung. Reiche Leute bespannten die Wände ihrer neu errichteten Stadthäuser mit Stofftapeten und füllten die Räume in nie gekanntem Ausmaß mit Geschirr, Mobiliar und Teppichen. Am Vorabend der Revolution gab es in einigen amerikanischen Städten Möbelschreiner und andere Handwerker, deren Produkte so hochwertig und geschmackvoll waren, dass sie nur von wenigen ihrer Kollegen in Europa übertroffen wurden.

In der Folge des Besitzes all dieser Dinge waren viele Menschen damals intensiv mit der Überlegung beschäftigt, wie eben diese Dinge verwendet werden. Schließlich geht es bei der Etikette überwiegend um die Frage: »Wie mache ich es richtig?« Noch wenige Jahrzehnte zuvor, als die meisten Menschen in Amerika noch mit den Fingern aßen, zerbrach sich niemand den Kopf darüber, welche Gabel nun jeweils die richtige sei.

Viele erfolgreiche Menschen nahmen sich dieser allgemeinen Unsicherheit an und versuchten, Maßstäbe für ihre Landsleute zu setzen. Das taten sie z.B. durch einkaufen. Zahlreiche Briefwechsel zwischen Frauen auf dem Lande und ihren Freundinnen und Verwandten in Philadelphia, New York oder anderen regionalen Metropolen sind uns erhalten. In diesen Briefen fragen sie genau nach, wie bestimmte Dinge von den tonangebenden Leuten in der Stadt gehandhabt werden, wie sich die Frauen zu bestimmten Gelegenheiten kleiden, welche Speisen gereicht werden und auf welchem Geschirr. Oft werden Freunde in der Stadt um Besorgungen gebeten. Auf diese Weise hofften sie, die Zivilisation zu verbreiten und auch den eigenen Ruf als kulturelle Leitbilder zu festigen.

Nicht alle schätzten diesen wachsenden materiellen Wohlstand. Im kolonialen Philadelphia Mitte des 18. Jahrhunderts hatte Benjamin Franklin, ein Mann aus dem Volk und einer der größten Unternehmer des Landes, als junger Mann Erfolg, indem er wie ein alter Mann Sparsamkeit, Verzicht und Vorsorge für die Zukunft predigte. »Ein gesparter Pfennig ist ein verdienter Pfennig«, pflegte er zu sagen. Zu dieser Zeit standen die Tugenden der Quäker – Schlichtheit und Selbstbeschränkung – schon nicht mehr hoch im Kurs und wohlhabende Kaufleute und andere, schließlich sogar Franklin selbst, ließen prächtige Villen im georgianischen

Stil bauen. Noch Besorgnis erregender fanden einige, dass sogar Handwerksgesellen sich Kleidung nach der neuesten Mode aus England kaufen konnten.

Ein Großteil der Kritik an mit Silberbesteck gedeckten Tischen, prächtigen Villen und wertvollen Roben stammte von Familien, die einst selbst als kulturelle Leitfiguren gegolten hatten. Neues Geld ist eben immer eine Bedrohung für altes Geld. Denn neue wirtschaftliche Möglichkeiten bringen weit mehr Geld als alter Reichtum und Besitz, die gut angelegt und verwaltet werden. Alteingesessene Geschlechter stützen ihre Autorität dann oft auf Kultur und Tradition. Sie üben und predigen Selbstbeschränkung und spotten über das oberflächliche und ordinäre Verhalten der Neureichen. »Wann immer Eitelkeit und Genuss, die Vorliebe für Pomp und Kleidung, für Möbel, Pferde, Kutschen, Häuser, große Gesellschaften, teure Vergnügungen und elegante Unterhaltung über Moral und Urteilsvermögen triumphieren und kein Ende davon abzusehen ist, erwarten uns moralisches und politisches Unheil«, schrieb John Adams.

Solche Leute dämpfen meist modische Exzesse, denn die Neureichen möchten schließlich in die Kreise der Etablierten aufgenommen werden und dazugehören. Diejenigen, die Geld haben, werden es letzten Endes auch ausgeben und das, was sie kaufen, wird zum begehrten Objekt, d.h. zum Statussymbol für die Nächsten.

Wer sich selbst als Vorbild für Geschmack und gute Sitten präsentiert, hat vielleicht einige seiner eigenen Unsicherheiten bezüglich Status und Zulässigkeit beseitigt, doch die Bemühungen sind letzten Endes zum Scheitern verurteilt, denn Geschmack hat immer auch etwas mit Beschränkung zu tun und in Amerika verübelt man seit jeher alle Einschränkungen. Doch nicht nur dort, weltweit haben aristokratische Maßstäbe ihre Gültigkeit verloren, denn wie überall bestimmen heute die Kinder, was »in« ist.

Mit der Mode gehen – oder gerade nicht

Einigen Studien zufolge sind Mädchen zwischen zwölf und 14 die modebewussteste Kundschaft. Diese Jugendlichen auf der Schwelle zur Frau besitzen ein detaillierteres Wissen über Markenartikel und haben mehr Fragen und Überlegungen zu den verschiedenen Stilrichtungen als jede andere Altersgruppe. 15- bis 17-jährige Mädchen folgen an zweiter Stelle. Die Jungen in ihrem Alter dagegen behaupten, kaum einen Gedanken an Mode zu verschwenden, schon weil es »uncool« ist, auch nur den Anschein zu erwecken. Fragt man sie aber nach bestimmten Marken, Kleidungsstilen oder sogar Kosmetikartikeln, wissen sie meist eine ganze Menge darüber. Das vorgebliche Desinteresse an Mode, kombiniert mit dem möglichst wie zufällig wirkenden topaktuellen Outfit, war im 18. Jahrhundert bereits genauso verbreitet wie heute.

Dieses extreme Modebewusstsein bei den sehr jungen Frauen lässt ein starkes Verlangen nach Zugehörigkeit und Akzeptanz bei Gleichaltrigen vermuten. Und wenn man sie fragt, geben sie das auch unumwunden zu. Junge Menschen von heute sind sehr durchdacht und merken genau, wie Werbung und Industrie versuchen, ihr Verhalten zu lenken. Sie reagieren ausgesprochen ungehalten, wenn sie das Gefühl haben, manipuliert zu werden und im Gegensatz zu dem, was man erwarten würde, kaufen sie nicht aus einem Impuls heraus. Sie überlegen gründlich, bevor sie etwas kaufen, weil sie ihrem Einkauf eine hohe Bedeutung beimessen. Häufig gehen sie sogar im Internet quasi »vor-einkaufen«.

Dass zumindest einige etwas kaufen, um nicht abseits zu stehen, liegt auf der Hand. Aber das ist etwas anderes als die Vorstellung, die der häufigsten Kritik am Konsumverhalten zugrunde liegt, dass nämlich Mode den Versuch darstellt, sozial höher stehende Menschen zu kopieren. Diese jungen Frauen wollen hingegen akzeptiert werden und zwar von ihresgleichen. Sie hätten es damit sicherlich leichter, wenn es dafür feste Richtlinien gäbe, aber gerade bei den jungen Leuten wechselt die Mode am schnellsten. Große Modehäuser sind darauf eingestellt und können innerhalb weniger Wochen darauf reagieren. Mangelndes Selbstbewusstsein ist unter jungen Leuten endemisch, aber die Mode bringt das besonders zum Vorschein. Kein Wunder dass Frauen den Eindruck haben, es sei sehr schwierig, sich anzupassen.

Eine weitere sehr modebewusste Gruppe bilden die Afroamerikanerinnen zwischen 20 und 40. Sie geben bedeutend mehr Geld für Kleidung aus als vergleichbare nicht-hispanische weiße Frauen und drei Fünftel von ihnen (zwei Fünftel unter den weißen Frauen) halten es für sehr wichtig, modisch immer auf dem neuesten Stand zu sein. Sie fühlen sich aus Gründen der Mode doppelt so häufig unwohl.

Man sollte annehmen, dass Afro- und Hispanoamerikanerinnen sowie Amerikanerinnen asiatischer Herkunft, die modebewusster sind als Frauen, die nicht zu Minderheiten gehören, verstärkt versuchen, diejenigen zu kopieren, die in dieser Kultur vor ihnen stehen. Betrachtet man aber einmal, was Afroamerikanerinnen kaufen, dann stellt man fest, dass sie eher bemüht sind, ihresgleichen zu beeindrucken. Sie kaufen manche Dinge, wie bombastische Hüte, die weiße Frauen schon lange nicht mehr tragen. Auch das gute Kleid für die Kirche ist in vorwiegend afroamerikanischen Gemeinden nach wie vor Tradition. Die Frauen versuchen gar nicht, weiße Frauen zu kopieren, denn sie sind davon überzeugt, besser auszusehen.

Seit neuestem sind die Marketingleute fasziniert von einer neuen Spezies von Konsumenten, den so genannten rollenunabhängigen Verbrauchern. Diese Konsumenten zeigen keinerlei Unsicherheit in ihrem Kaufverhalten und treffen, obwohl sie sich durchaus bewusst sind, was andere kaufen und tragen, ihre Entscheidungen nach ganz eigenen Überlegungen. Manche machen sich sogar die Mühe, bewusst neben dem Trend zu liegen.

Studien zu diesem Thema zeigen, dass es sich hierbei um eine wohlhabende und gebildete Klientel handelt, die der Werbung ausgesprochen skeptisch gegenübersteht und eher weniger ausgibt, als sie sich leisten könnte. Ihr Motto ist nicht »Mode«, sondern »Wert«, also möglichst hohe Qualität zu einem günstigen Preis. Bei Interviews erklären sie, dass ihnen Selbstachtung weit wichtiger ist als der Respekt der anderen. Während also gut situierte »rollenunabhängige Verbraucher« in Modebewusstsein und Selbstachtung einen Widerspruch zu sehen scheinen, erachten z.B. Amerikaner afrikanischer, hispanischer oder asiatischer Zugehörigkeit Modebewusstsein gerade als Ausdruck der Selbstachtung.

Die Wertvorstellungen der rollenunabhängigen Verbraucher sind besonders in der Babyboomer-Generation verbreitet. In während der 90er-Jahre durchgeführten Untersuchungen gaben sie im Verhältnis 10:1 an, Selbstachtung höher zu bewerten als die Achtung anderer. Auch zeigten sie eine weitaus geringere Neigung zu Luxushotels oder Statussymbolen. Zwar nimmt diese Haltung mit zunehmendem Alter sowieso zu, aber bei den Babyboomern ist sie ungleich häufiger anzutreffen als in jeder anderen Generation.

Man würde vermuten, dass eine solche Gruppe der Modeindustrie Alpträume beschert, doch nichts dergleichen. Denn diejenigen, die sich der Mode am stärksten widersetzen, schaffen selbst oft neue Trends. Schließlich beruht die Mode darauf, dass Neues neben dem bisher Dagewesenen entsteht bzw. entdeckt wird und dann selbst zur Mode wird, wenn es von einer genügend großen Zahl von Menschen akzeptiert wurde.

Aber auch wenn nicht, resultiert aus dieser Antihaltung eine eigene Stilrichtung, die ihrerseits zum Absatz von Ware führt. Es ist sicher kein Zufall, dass das Jahrzehnt der rollenunabhängigen Verbraucher mit dem Jahrzehnt des Geländewagens zusammenfällt. Ein erfolgreiches Mitglied der Elterngeneration der Babyboomer hätte sich vermutlich eher für eine klassische Luxuslimousine entschieden, um der Welt den eigenen Erfolg vor Augen zu führen. Die Kinder, besessen von der Idee der Selbstachtung, bevorzugen hingegen den Geländewagen, der ihnen gestattet, oberhalb des fließenden Verkehrs zu sitzen. Sie selbst fühlen sich sicher und verschwenden keinen Gedanken daran, welche Gefahr sie für andere bei einem Zusammenstoß darstellen. Geländewagen sind alles andere als klassische Autos und zeigen ostentativ rustikale Robustheit. Aber dieses Machogefährt hat eben auch nur Symbolcharakter und unterscheidet sich damit in nichts von dem Heckflossenvehikel der Väter.

Mode ist ständig im Fluss und nimmt alle möglichen Formen an, von extremer Gestyltheit bis zur bewussten Vernachlässigung des eigenen Äußeren und des Umfeldes. Man entkommt ihr nicht, denn selbst ausdrückliche Abkehr von der Mode wird selbst zur neuen Mode. Manchmal enthält sie auch ein masochistisches Element, wie die mit Narben übersäten Körper mancher Naturvölker oder die gepiercten Nasen und Ohren heutzutage augenfällig beweisen. Trotzdem sind wir keine Modesklaven, denn wir kaufen und benutzen Kleidung und Gegenstände in dem nie ganz erfolgreichen Versuch, mehr Selbstsicherheit zu erlangen.

Die Suche nach der Herausforderung

Aber auch die Mode ist nicht der einzige Beweggrund für das Einkaufen von Dingen, die wir im Grunde nicht brauchen. Im Fall meines Wedgwood-Kaufs trieb mich ein noch viel atavistischerer Impuls, nämlich die Furcht, etwas zu verpassen.

Die Frau in der Kalahari schleppt Kinder und Feuerholz meilenweit durch eine karge Landschaft auf der Suche nach Pflanzen, Wurzeln oder kleinen Tieren, damit ihre Familie etwas zu essen hat. Man kann sich ihre Freude vorstellen, wenn sie etwas Brauchbares findet. Wir leben in einer völlig anderen Welt. Alles, was wir brauchen, umgibt uns direkt – und auch das, was wir nicht brauchen. Es gibt vieles, worüber wir uns Gedanken machen, wie z.B. darüber, wie wir die Rechnungen für all diese Dinge bezahlen. Verglichen mit der Frau in der Kalahari, die sich sorgt, ob sie genügend Termiten zum Essen für ihre Familie findet, haben wir es wirklich leicht, auch wenn wir von der gleichen Aufgabe, nämlich uns und unsere Familien zu versorgen, getrieben werden und uns dabei im Klaren sind, dass wir dafür Geschick und Ausdauer benötigen. Einkaufen muss also eine Herausforderung sein und etwas Spannendes an sich haben, sonst wäre es ja all die Mühe nicht wert.

Die sammelnden Frauen in der Kalahari werden von menschlichen Grundbedürfnissen angetrieben. Wir nicht. Stattdessen wittern wir immer die Chance, etwas zu entdecken und dann handeln zu müssen, damit uns ja nichts entgeht, wie z.B. etwas zu einem günstigeren Preis zu finden als wir erwartet hatten.

Einkaufen ist immer dann besonders aufregend, wenn sich eine Gelegenheit bietet, die sich nur ein Narr entgehen lassen würde. Es kann eine echte Entdeckung sein, wenn man etwas Wunderbares findet, von dem man zuvor gar nicht wusste, dass man es haben möchte. Es kann aber auch ein echtes Schnäppchen sein, also etwas, das uns bereits vertraut ist, das es aber ausnahmsweise zu einem günstigeren Preis gibt. Aber nur heute! Es ist erfreulich, wenn man in einem Geschäft oder im Internet das Gesuchte zu einem fairen Preis findet, aber es ist nicht zu vergleichen mit dem zufälligen Fund eines Schatzes oder dem Bewusstsein, etwas *fast geschenkt* bekommen zu haben.

Diese Empfindungen haben nichts Rationales. Ein Kauf ist eine emotionale Angelegenheit. Industrie und Läden formen dieses emotionale Erlebnis mit ihrer Werbung und ihren Auslagen, aber die Menschen entscheiden selbst, was sie als einmalige Gelegenheit erachten. Im Grunde wissen wir sehr gut, dass dort, wo das eine herstammt, noch sehr viel mehr ist, unabhängig davon, was »das eine« gerade ist. Trotzdem fürchten wir, dass wir es später bitter bereuen werden, wenn wir jetzt nicht zuschlagen. Als Einkäufer wollen wir finden, was wir erwarten, aber manchmal auch das, was wir nicht erwartet haben.

Dieses Prinzip wird selten diskutiert, trotzdem ist es sehr real. Bei Umfragen erfährt man, dass die Leute nichts mehr hassen als Routineeinkäufe. In Marketing und Wissenschaft geht man deshalb davon aus, dass der regelmäßige Gang zum Supermarkt in diesem Sinne gar nichts mit Einkaufen, sondern mehr mit Versorgung zu tun hat und damit als etwas gänzlich anderes empfunden wird.

Es stimmt schon, im Supermarkt für € 0,59 eine Tafel Schokolade zu kaufen, ist wenig spannend. Aber eigentlich passiert etwas anderes. Denn manchmal gibt es ein Sonderangebot und die gleiche Tafel Schokolade kostet jetzt nur € 0,49. Plötzlich gibt es ein begrenztes Angebot und vielleicht geht jemand nur deswegen überhaupt dorthin. Das Ausspähen von Sonderposten, Coupons mit Extraangeboten an den Waren, das Sammeln von Bonuspunkten oder Sonderangebote machen das Einkaufen im Supermarkt erheblich emotionaler und spannender. »Jeden Tag Sonderangebote« ist ein Weg, den viele Geschäfte gehen. Wir Kunden wollen Abwechslung. Sonderangebote locken uns in die Geschäfte, wo wir dann noch einiges andere erstehen, was nicht im Preis reduziert ist. Eine Werbestudie ergab, dass neun von zehn Leuten, die einen Supermarkt betreten, unabhängig ob Mann oder Frau, sich vorher überlegt haben, wie und wo sie Geld sparen können. Sie sehen das Warenangebot als eine Herausforderung, die sie meistern müssen. Die Furcht, eine Preisreduktion bei einem häufig gebrauchten Artikel zu verpassen, ist in nichts vergleichbar mit der Furcht der Frau in der Kalahari, möglicherweise von Hyänen angefallen zu werden. Aber es fügt das Fünkchen Ungewissheit hinzu, das den Konsum in unserer industrialisierten Welt spannender macht.

Dasselbe Prinzip wirkt natürlich auch an jenen Einkaufsstätten, wo ohne Zweifel »geshoppt« wird. So gibt es in Kaufhäusern Offerten, die nur einen einzigen Tag Gültigkeit haben und bei denen höhere Preise schon am nächsten Tag und nicht erst im nächsten Monat drohen. Firmen-Outlets, in denen die Hersteller ihre Fehl- und Überproduktionen verschleudern, gehörten in den prosperierenden 90ern zu den erfolgreichsten Verkaufsflächen. Ebenfalls erfolgreich waren die €-0,99-Geschäfte, in denen man zwar nie weiß, was es gibt, aber dafür ganz genau, was es kostet.

Auch Warenhäuser und Fachgeschäfte wechseln ständig ihr Angebot, nicht nur um mit der Mode zu gehen, sondern auch um die Spannung zu erhöhen. Die Käufer wissen: Wenn sie jetzt nicht zugreifen, entgeht ihnen möglicherweise etwas, denn schon morgen ist das Produkt vielleicht nicht mehr erhältlich. Ja, vielleicht finden sie es überhaupt nie wieder. (Sicherlich gibt es dann etwas vergleichbar Attraktives, aber wir neigen dazu, diese Binsenweisheit zu ignorieren.)

Wie aber sollen Internetgeschäfte diesen Faktor Unsicherheit integrieren, deren implizites Versprechen ja gerade die ständige Verfügbarkeit von Produkten ist? Auch hier ändern sich die Dinge mit rasanter Geschwindigkeit. Inzwischen setzen viele anstelle von Dauerniedrigpreisen lieber auf Sonderangebote innerhalb eines sehr kurzen Zeitraums, verbunden mit E-Mail-Coupons für irgendwelche Extras. Diese Strategie scheint sowohl die Besuchszahlen auf den Websites zu erhöhen als auch die Profite. Allerdings verlieren dadurch Links zu Seiten mit Preisvergleichen, die das Ausfindigmachen des günstigsten Angebots erleichtern, viel von ihrer Attraktivität. Es ist ein Schritt weg von der Preisminimierung, wie sie sich Wirtschaftsexperten vom Internethandel erhofften, aber es ist gleichzeitig ein Schritt hin zu einem interessanteren Einkauf im Web.

Wahrscheinlich wird sich die ständige Verfügbarkeit von Produkten im Internet auf unser Einkaufsverhalten auswirken, zumindest hinsichtlich bestimmter Waren, und das nicht nur im Internet, sondern auch in den realen Geschäften. Bevor Amazon und ähnliche Anbieter den Buchverkauf über das Internet revolutionierten, kaufte ich mehr Bücher, denn wenn ich in einem Buchgeschäft bei der Suche nach einem bestimmten Buch auf andere interessante Lektüre stieß, kaufte ich sie meist auf der Stelle, weil ich befürchtete, sie ein andermal nicht mehr wiederzufinden. Nun, da ich sie jederzeit im Web wiederfinden kann, entschließe ich mich häufig gegen eine sofortige Bestellung. Dann aber lässt oft die ursprüngliche Begeisterung nach, und das Buch gerät allmählich in Vergessenheit.

Ich verfüge zwar über keinerlei Daten, die belegen könnten, dass mein Verhalten typisch ist, aber es ist wohl offenkundig, dass der Internethandel den Markt nur für die allerwenigsten Produkte wirklich vergrößert hat. Mein Verhalten deutet in diesem Zusammenhang auch noch auf etwas anderes hin. Das Web ist zwar ziemlich ungeeignet, um sich ein größeres Warenangebot in der Hoffnung anzusehen, etwas zu entdecken, von dem man zuvor nicht wusste, dass man es überhaupt suchte, andererseits ist es unübertroffen, wenn es darum geht, den günstigsten Preis für ein bestimmtes – gesuchtes – Produkt zu ermitteln. Dieser »Sicherheitsaspekt« steht im klaren Kontrast zum Effekt im Laden, nämlich der Möglichkeit der Entdeckung in Kombination mit dem Druck, das Entdeckte auch sofort zu erwerben, der aus der Unsicherheit entsteht, es anderntags oder andernorts möglicherweise nicht wiederzufinden.

Es scheint uns zunächst absurd, dass das Internet mit seiner nie dagewesenen Informationsflut ausgerechnet eine Prise Ungewissheit braucht. Doch nehmen wir z.B. eBay, der erste große Geschäftserfolg im Internet. Es ist wie ein großer Flohmarkt. Man weiß nie, was man dort findet, aber man weiß, dass man, wenn man nur sorgfältig genug schaut, mit Sicherheit auf etwas Interessantes stößt. Das elektronische Stöbern bei eBay ist wie das Stöbern durch verstaubte Regale bei einem Trödelhändler. Man schaut immer weiter, denn schon in der nächsten Reihe könnte man etwas Wundervolles entdecken. Hat man tatsächlich etwas entdeckt, taucht gleich die nächste Frage auf, nämlich ob ich es erwerben kann. Man muss bieten und kann dabei durchaus den Kürzeren ziehen. Also ruft man die Website wieder und wieder auf und probiert, ob es dieses Mal besser klappt. Man stöbert noch ein bisschen und bietet noch ein bisschen ...

Was wir von eBay lernen, ist die Kombination von reichhaltiger Information und einer großen potenziellen Käuferschar mit der Ungewissheit des Schnäppchenjägers und der Spannung bei einer Versteigerung. In der Sprache des Marketing sind die Seiten, die häufig und lange aufgesucht werden, »klebrig«. Zumindest bei eBay lässt die Ungewissheit die »User« tatsächlich »kleben« bleiben.

Kaufsüchtig

Wenn Industrie und Geschäftsleute sich zusammentun, um Unsicherheit zu schüren und den Kunden herauszufordern, so ist das an sich harmlos. Für manche Menschen aber werden diese Unsicherheiten zu viel und Einkaufen wird für sie von einem Akt der Selbstbestätigung zu einem Akt der Selbstzerstörung.

Menschen mit solchen Schwierigkeiten haben viel Ähnlichkeit mit Spielern. Beiden kommt es darauf an, ihrem Leben mehr Spannung zu verleihen, und beide hoffen auf eine plötzliche Veränderung.

Über die genauen Zahlen der von Kaufsucht Betroffenen herrscht ebenso Uneinigkeit wie über die Frage, ob es sich um eine Krankheit handelt, um das Symptom einer Krankheit oder um die extreme Form eines an sich normalen Verhaltens. Wer seine Rechnungen bezahlt, gilt als guter Kunde, nur jene, die nicht mehr bezahlen können, werden zum Problemfall.

Nur jeder zehnte Problemfall ist ein Mann, der sein nicht vorhandenes Geld in mit Männlichkeit und Kompetenz assoziierte Elektronik und Baumarktartikel investiert. Die große Mehrheit der Kaufsüchtigen sind Frauen, die Schmuck, Kleidung und Kosmetik kaufen und nach ihren eigenen Aussagen hoffen, sich besser zu fühlen, wenn sie besser aussehen. An der University of Standford wurde auf Grundlage von zwei Dutzend hoch verschuldeten Kaufsüchtigen ein Profil erstellt. Danach blenden Kaufsüchtige alle Gedanken beim Kauf aus und behaupten, nicht zu wissen, was sie tun. Sie berichten von einem Nachlassen der inneren Spannung nach dem Kauf, gefolgt von Schuldgefühlen, Wut und Verzweiflung. Wenn sie ihre Einkäufe nach Hause getragen haben, packen sie sie oft nicht einmal aus oder entfernen die Schilder. Einige bringen sie wieder zurück, doch die Mehrheit versteckt sie.

Der Psychiater Lorrin Koran, der die Studie in Stanford durchgeführt hat, glaubt, dass Kaufsucht die Folge von Angst und Depression ist und behandelt sie dementsprechend mit Antidepressiva. Pharmazeutische Unternehmen finanzieren Forschungsgruppen zu diesem Thema, wohl in der Hoffnung, dass sich ihnen ein neuer Absatzmarkt für ihre Produkte eröffnet, wenn Kaufsucht offiziell als Krankheit anerkannt werden sollte. Andere Studien kamen zu dem Schluss, dass Medikamente hier keine Wirkung zeigen, vielfach wird die Ansicht geäußert, Kaufsucht sei ein typisch weibliches Verhalten, um mit innerer Leere, die auf mangelnder Selbstachtung beruht, Vernachlässigung oder einem unbefriedigenden Liebesleben fertig zu werden. Bei manchen Kaufsüchtigen findet sich aber sogar halb verdeckt die Absicht, eine finanzielle Krise in einer für sie unbefriedigenden Ehe oder Partnerschaft auszulösen.

Was jedoch an der Literatur über Kaufsucht am stärksten beunruhigt, ist die Tatsache, dass das Verhalten dieser Menschen unserem Verhalten beim Einkaufen verteufelt ähnlich ist und von den meisten wohl als normal beurteilt wird. Eine Studie kommt zu dem Schluss, dass Kaufsüchtige von der Furcht getrieben werden, eine Gelegenheit zu verpassen – wie die meisten von uns. Eine andere, dass der Kauf von Dingen ohne vorherige Absicht oder einen direkten Bedarf allein schon pathologisch ist. Und doch kennt das jeder. Wer ist noch nie vom Einkaufen zurückgekehrt und hat sich über sich selbst gewundert: »Was habe ich mir nur dabei gedacht?« Im Nachhinein hat man allerdings nicht selten den Eindruck, überhaupt nicht gedacht zu haben, sondern einfach nur dem Kaufrausch verfallen zu sein. Vielleicht haben Sie den einen oder anderen Kauf auch schon zurückgebracht, obwohl man manchmal nicht zurückgeben, sondern nur umtauschen kann. Uns wird erfolgreich suggeriert, dass der jeweilige Kauf den Kohl nun auch nicht fett macht. Und so greifen wir kurzerhand zu, notfalls auf Kredit. Warum groß darüber nachdenken? Wir tun es auch meist nicht, selbst dann nicht, wenn wir es uns eigentlich nicht leisten können.

In einer im Jahr 2000 durchgeführten Studie gaben 36 Prozent der Frauen und 18 Prozent der Männer zu, schon einmal Dinge gekauft zu haben, die sie im Grunde nicht brauchten. Fast jede vierte Frau sagt von sich, sie könne Schnäppchen einfach nicht widerstehen, und jede Dritte, dass sie »zur Feier des Tages« kauft, wenn es einen besonderen Anlass gibt. »Konsum als Ersatz« ist extrem weit verbreitet, und viele Nahrungsmittel werden als »kleine Belohnung« angepriesen oder als »kleine Flucht aus dem Alltag«. Hochwertiger Kaffee wird auf die Art vor allem Frauen schmackhaft gemacht, und zwar mit Hilfe von Bildern und Botschaften, die Untersuchungen über ihre Träume und Wünsche zutage gefördert haben.

»Oft kaufe ich etwas, weswegen ich später ein schlechtes Gewissen habe oder von dem ich bereits drei oder vier Stück zu Hause habe«, berichtete eine 45-jährige verheiratete Krankenschwester aus England der Psychologin Helen R. Woodruffe 1997. »Ich kaufe bestimmt nichts Extravagantes, nur Kleinigkeiten, um mir eine Freude zu machen.« Auch Schnäppchen heben die Stimmung. »Wenn ich etwas zu einem reduzierten Preis bekomme, wenn ich weiß, jetzt habe ich ein Schnäppchen gemacht – auch wenn ich es gar nicht brauche – also, wenn ich weiß, jetzt habe ich ein Schnäppchen gemacht, fühle ich mich gut.« Alles daran ist typisch für Kaufsüchtige, aber weil sie in der Lage ist, ihre Impulse zu kontrollieren, gilt sie nicht als krank, sondern als repräsentativ.

Bisher habe ich immer argumentiert, dass Einkaufen sowohl Ausdruck von Verantwortung als auch von Freiheit ist. Aber es gibt keinen Zweifel daran, dass es auch als Flucht vor der Verantwortung und als Ersatz für ein erfülltes Leben herhalten muss. Unsicherheit ist der Preis für das Leben in einer Gesellschaft, die an Selbstinszenierung, an den Erfolg aus eigener Kraft, Offenheit und Veränderung glaubt. Unsere Unsicherheiten machen uns für psychologische Manipulationen empfänglich und alles zusammen hält den Wirtschaftsmotor am Laufen.

Diese beiden Sichtweisen von den Käufern, einmal als Held und einmal als Tölpel, scheinen zwar plausibel, aber irgendwie auch unvereinbar. Die einzige Möglichkeit, dieses Paradoxon aufzulösen, besteht darin, anzuerkennen, dass es die meisten von uns die meiste Zeit hinnehmen, manipuliert zu werden. Wir machen gemeinsame Sache mit unseren Verführern. Das kann durchaus Spaß machen, aber die Existenz von Kaufsüchtigen erinnert uns daran, dass es auch gefährlich werden kann. Man kann alles übertreiben und beim Einkaufen lauert diese Gefahr ständig. Es liegt eine Bedrohung in dem Sprichwort, das letzte Hemd habe keine Taschen. Es dient oft genug als Rechtfertigung für Ausgaben und führt leicht zu voll gestopften Zimmern und innerer Leere. Wir alle werden manchmal zum Opfer gewisser Verkaufsstrategien, aber wir müssen keine Opfer bleiben. Indem wir unsere Unsicherheiten bekämpfen und unter Kontrolle bringen, können wir lernen zu widerstehen und zu schätzen, dass wir die Freiheit haben zu kaufen – oder auch nicht.

6

Aufmerksamkeit

Kaufen und Verkaufen – und die dazugehörige Welt

Ein Freund, ich will ihn Phil nennen, hatte gerade ein neues Buch erstanden und war noch ganz aufgeregt. Phil ist sowohl ein begeisterter Leser als auch ein begeisterter Sammler von Büchern. Deshalb war seine Freude über gerade diesen Kauf wenig verständlich. Es wurde rasch deutlich, dass es vor allem die Art und Weise gewesen war, wie er an das Buch gekommen war.

Phil hatte das Buch nie zuvor gesehen noch war er sich seiner Existenz in irgendeiner Form bewusst gewesen, bevor er eine E-Mail von einem Internethändler erhalten hatte. Auf der Grundlage früherer Käufe, so hieß es, würde er sich vielleicht auch für dieses erst seit kurzem erhältliche Buch interessieren und weil er so ein guter Kunde sei, würde man es ihm zu einem günstigeren als dem offiziellen Internetpreis überlassen.

Interessant daran war, dass er sich beim besten Willen nicht an einen früheren Kauf erinnerte, der einer Person oder einer Datenbank suggerieren würde, dass er sich für dieses Buch interessieren könnte. Weder handelte es sich um einen Autoren, von dem er bereits Bücher erworben hatte, noch um eine bestimmte Reihe von Titeln, die er sammelte. Trotzdem handelte es sich um ein Werk, das ihn tatsächlich sehr interessierte. Er klickte also auf den in der E-Mail befindlichen Link, bestellte das Buch augenblicklich und hielt es drei Tage später bereits in Händen.

Der Internethändler war Phil gegenüber sehr aufmerksam gewesen und konnte ihm daher einen ihm völlig unbewussten Wunsch erfüllen. Geschäftsleute wussten immer schon, wie sehr Kunden Aufmerksamkeit schätzen. Die Kunden möchten, dass ihre Wünsche ernst genommen werden, dass ihr Geschmack gelobt wird und ihre Augen für Neues geöffnet werden. Sie möchten überrascht und erfreut werden und das Gefühl haben, wichtig zu sein.

Aufmerksamkeit für den Kunden ist ein ganz wesentlicher Aspekt, aber es muss die richtige Art von Aufmerksamkeit sein. Denn Einkaufen ist wenigstens teilweise ein Ausdruck persönlicher Freiheit, weshalb die Aufmerksamkeit nicht aufdringlich sein und keinerlei Beurteilung enthalten darf. Das Beste ist meist, dem Käufer nicht in die Quere zu kommen und erst aktiv zu werden, wenn er von sich aus um Hilfe bittet. Geschmackvolle Dekoration und Warenauslage, schöne Verkaufsräume und sogar eine hübsche Verpackung sind ebenfalls wirksame Formen der Aufmerksamkeit. Im 19. Jahrhundert ersannen große Geschäfte Mittel und Wege, damit sich die Käufer einerseits freier und gleichzeitig doch gut bedient fühlten. Im Internet eröffnen sich nun neue Wege, der Kundschaft die richtige Art von Aufmerksamkeit zu geben.

Phils Kauf war durch spezielle Computersoftware möglich geworden, die bestimmte Muster im Kaufverhalten einer Person ausfindig machen kann und sie dann mit dem Kaufverhalten anderer vergleicht. Es wird davon ausgegangen, dass man die Produkte mögen wird, die andere Menschen mit einem ähnlichen Profil gekauft haben. Nehmen wir z.B. einmal an, Sie hätten drei blaue Baumwollhemden mit Button-down-Kragen gekauft, außerdem einen Wasserfilter, CDs von Duke Ellington, einen Suppentopf, drei Bücher über Schulreformen und ein Dutzend Kerzen. Die Software vergleicht diese Einkaufsliste nun mit der Liste anderer Käufer und kommt dadurch zu dem Schluss, dass Sie unbedingt einen Toaster mit einer Zusatzeinrichtung zum Aufbacken von Croissants brauchen oder einen von Inkas handgestrickten Pullover aus Bolivien. Hat das Programm bereits genügend Informationen von Ihnen und anderen gesammelt, wird es damit vermutlich nicht einmal falsch liegen.

Bei den meisten Leuten arbeiten solche Programme aber bisher nicht so erfolgreich, eben weil ihnen noch eine Menge Daten fehlt, um die richtigen Schlüsse ziehen zu können. Dementsprechend sind die Kaufempfehlungen oft noch sehr unpräzise. Außerdem haben Sie die eizelnen Artikel sicherlich auch bei verschiedenen Internetshops bestellt. Von dem einen kaufen Sie nur die Hemden, von dem anderen nur Musik und von dem nächsten nur Bücher. Das Ergebnis können nur langweilige Empfehlungen sein. Phil kauft dagegen häufig im gleichen Internetshop ein und hat somit offensichtlich genügend Daten geliefert, damit der Computer ihn mit seinem Angebot überraschen konnte. Ich muss zugeben, dass er vor allem mich überraschte. Ich kenne Phil seit Jahren und hätte mich nie getraut, ihm dieses Buch vorzuschlagen.

Es war nämlich ein Buch mit erotischen Zeichnungen. Vom technischen Standpunkt aus waren sie sicher hervorragend, doch die dargestellten Fantasien grenzten nach Meinung wohl der meisten Leute ans Perverse. Dieses Buch fände sich wohl kaum in einem der Buchläden in dem kleinen Ort, in dem Phil lebt, und wenn, würde es mit Sicherheit nicht offen ausgestellt. Noch vor zwei Jahren, so Phil, hätte er das Buch wohl überhaupt nirgends gefunden, geschweige denn sich getraut, es zu kaufen.

Ich stimmte ihm zu, wenn auch nur halbherzig. Ich habe schließlich keine Ahnung, was er noch alles so bestellt hat, um dem Computer diese Richtung zu weisen. Ich glaube aber, ich würde lieber nicht über das Internet von meinen geheimsten Wünschen erfahren oder sie mit dessen Hilfe erfüllen lassen. Phil hielt mir entgegen, dass solche Informationen auch über Kreditkartenbuchungen gesammelt werden können. Hätte er versucht, das Buch in seinem Wohnort zu kaufen, wo ihn jeder kennt, hätte es sicherlich jemand bemerkt und sein Missfallen geäußert. Er meinte, wenn er kurz vor der Berufung in das oberste Richteramt stünde, wäre das ja vielleicht auch gerechtfertigt, aber so sei es eine Privatangelegenheit.

Ich verstand, was er meinte. Die Technik, durch die er an das Buch gekommen war, könnte die fachliche und fürsorgliche Beratung ersetzen, die in den letzten Jahren leider fast gänzlich aus den Läden verschwunden ist. Für Phil war es eine ausgesprochen erfolgreiche Einkaufserfahrung. Da überall Datenbanken mit Informationen über unseren Geschmack, unsere Wünsche, Ansprüche und Schwächen entstehen, warten sicher auch angenehme Einkaufsüberraschungen auf uns andere.

Anders als einige der in Phils Buch gezeichneten Figuren, bin ich nicht zur vollständigen Auf- und Hingabe bereit. Als ich so durch die Seiten blätterte, fasste ich hier und jetzt den festen Entschluss, künftig weiterhin bei ganz verschiedenen Internethändlern zu bestellen, damit der Computer auf keinen Fall eine Chance bekäme, Vorlieben bei mir aufzudecken, von denen ich glücklicherweise gar nichts weiß.

Was Phil für eine sehr nützliche Form der Aufmerksamkeit hält, betrachte ich als ein Eindringen in meine Privatsphäre.

Privatsphäre scheint ein völlig überholtes Konzept zu sein, wenn es ums Einkaufen geht. Einkaufen mag eine private Handlung sein, doch bis vor kurzem vollzog sie sich noch in öffentlichen Räumen. Hier sind wir kaum allein mit unseren Bedürfnissen, denn es sind immer auch andere involviert: Verkäufer, Freunde, andere Kunden, Passanten. Solange es Geschäfte gibt und solange Menschen dort einkaufen, gibt es immer einen Widerspruch zwischen dem Wunsch nach Information, Beratung und Bestätigung einerseits und der Furcht, den anderen zu viel von sich zu offenbaren und von ihnen kritisiert und beurteilt zu werden.

Beim Einkaufen geht es im Wesentlichen darum, die eigene Identität zu finden bzw. zu stärken. Man ist wie ein Krebs, der gerade sein altes Haus abgestreift hat und nach einem neuen Ausschau hält. Bis er es gefunden hat, ist man höchst verwundbar. Deshalb nehmen wir zum Einkaufen gerne gute Freunde oder Freundinnen mit, deren Urteil wir anerkennen und die uns nach Möglichkeit in unserer Auswahl bestätigen. Manchmal schätzen wir aber auch die Aufmerksamkeit von geschultem Verkaufspersonal, wenn es uns auf herabgesetzte Preise oder Alternativen aufmerksam macht und bis zur endgültigen Entscheidung an die Hand nimmt. Einige vermuten hierin den Grund für letzten Endes doch nicht getätigte Käufe im Internet: Es ist niemand da, um uns bei unserer Entscheidung zu unterstützen.

Die Gegenwart anderer fügt dem Einkaufen ein emotionales Element hinzu, das einen Einkauf fördern, aber auch behindern kann. Ein flüchtiges Grinsen auf dem Gesicht eines Freundes oder eine Verkäuferin, die eher herablassend als hilfsbereit auf uns wirkt, kann die Kaufabsicht im Handumdrehen ersticken.

Das Verhalten von Freunden kann vom Verkaufspersonal kaum beeinflusst werden (es kann ihnen jedoch das Gefühl vermitteln, dass ihr Rat willkommen ist). Und man kann an den eigenen Verkaufsmethoden feilen und der Kundschaft den Eindruck vermitteln, dass sie genau die Art von Aufmerksamkeit erhält, die sie sich wünscht, nämlich persönlich, diskret, verständnisvoll, ohne dabei zu beurteilen, was gar nicht so einfach ist. Alle Veränderungen während der letzten 200 Jahre in der Einkaufswelt haben die Geschäftsleute und das Verkaufspersonal zunehmend in den Hintergrund und die Wünsche der Kunden immer mehr in den Vordergrund gerückt. In gewissem Sinne wurde Verkaufen dadurch immer unpersönlicher. Die großen Ladenketten haben den Verkauf beschleunigt, indem sie persönliche Reibungsflächen zwischen Verkäufern und Käufern reduzierten.

Neuerungen wie Fix-Preise sowie deren Kenntlichmachung durch Preisschilder, offen zugängliche Warenauslagen, Kaufhäuser, Konfektionswaren, informative und den Inhalt beschreibende Verpackungen, Selbstbedienung und elektronische Scanner haben zur Verminderung menschlicher Kommunikation beim Einkaufen beigetragen. Die ausgeklügelte Software, die Phils Wünsche erkannte und ihm das entsprechende Buch anbot, ist eine logische Weiterführung dieser Tendenz. Einkaufen ist so emotional wie immer, aber die Gefahr, dass die einmal gefasste Absicht aufgrund von Spannungen zwischen Verkäufer und Käufer aufgegeben wird, ist auf ein Minimum reduziert worden.

Eine Frau geht einkaufen: Verhandlungen über ein Kleid

Heute beklagen sich viele über die mangelnde Aufmerksamkeit in vielen Geschäften, doch zu Beginn des 19. Jahrhunderts wurde der Kundschaft so viel Aufmerksamkeit zuteil, dass der Einkauf von ein paar Metern Stoff in eine emotionale Geduldsprobe ausarten konnte. Natürlich war Einkaufen 1844 etwas anderes, als in einem der ersten amerikanischen Modemagazine, *Godey's Ladies Book*, diese kleine Anekdote über den Einkauf einer Frau erschien:

»Was kostet dieser Stoff hier?«, fragte ich einen sehr eifrigen jungen Mann.

»So?«, sagte ich und noch einmal mit mehr Nachdruck: »So so!«, als er mir den Preis nannte, denn er schien mir wirklich ungewöhnlich niedrig.

»Erlauben Sie mir, eine ausreichende Menge für ein Kleid davon abzuschneiden?«, fragte er.

»Danke, aber ich fragte eigentlich nur aus Neugier. Im Moment brauche ich keinen Kleiderstoff.«

»Aber Sie hätten doch sicherlich Verwendung dafür. Eine Dame wie Sie hat doch bestimmt Gelegenheit, so ein Kleid zu tragen. Aber auch sonst werden Sie es bei dem geringen Preis nicht bereuen. Kann ich Sie nicht doch überzeugen?«

»Ich glaube nicht. Die Farben sind ein wenig hell für ein Winterkleid«, entschuldigte ich mich.

»Aber es sind die Farben der kommenden Saison, und auch zu dieser Jahreszeit, entschuldigen Sie, wenn ich Ihnen hier nicht zustimme, finde ich sie durchaus passend …«

»Sie sollten wirklich ein solches Kleid haben,« fügte er noch hinzu. Und mit schmeichlerischer Freundlichkeit: »Und für Sie reduziere ich den Preis sogar nochmals um ein Drittel. Ach, machen Sie mir doch die Freude, gnädiges Fräulein.«

Das schien mir ein sehr seltsamer Handel und ich muss zugeben, ich wurde in meinem Entschluss, den Stoff nicht zu kaufen, schwankend. Diese Galanterie und die Bestätigung meiner jugendlichen Ausstrahlung einfach nur durch die Anrede, tut so gut, wenn man doch schon die 33 erreicht hat. Ich ließ also die nötige Menge Stoff abschneiden.

»Wollen Sie nicht lieber etwas reichlicher nehmen, dann haben wir ein glattes Maß und Sie sogar noch etwas Stoff in Reserve. Bei dem Preis!«, sagte der Verkäufer. Er schien sich bestens mit den Überlegungen einer Frau zu ihrer Garderobe auszukennen, und ich stimmte ihm zu, dass es wohl wirklich besser sei, etwas mehr zu nehmen.

Als der Verkäufer ihr den Stoff abmaß, begann die Arbeit erst, die ein neues Kleid damals verursachte. Denn im weiteren Verlauf der Geschichte geht unsere Dame zu einem Schneider, der sie von einem sehr eleganten und aufwändigen Kleid überzeugt. Schließlich hat der Stoff selbst ja so gut wie nichts gekostet. Dann weiter zu einem Kurzwarenladen, wo sie Knöpfe, Bänder und Besätze ersteht, die an den Schneider zu liefern sind. Die Pointe an der Geschichte ist, dass ein ursprünglich günstiger Kauf sich zu einer extravaganten Angelegenheit entwickelt.

Ich habe die Geschichte deshalb so ausführlich wiedergegeben, weil ich den damit verbundenen emotionalen Aufwand zeigen wollte. Es war zum einen ein zähes Ringen um den Preis und zum anderen eine Art Flirt. Die Käuferin täuscht Desinteresse vor und sucht nach Mängeln. Der Verkäufer möchte der Kundin schmeicheln, ohne plump zu wirken. Am Ende gelingt es ihm sogar, die ursprüngliche Menge zu steigern, nachdem er ihr vordergründig im Preis entgegengekommen ist. Die Frau findet ganz offensichtlich Gefallen an der Transaktion, die so viel Aufmerksamkeit und Konzentration erfordert, dass der Kauf kaum so nebenbei erfolgen kann wie heute in den meisten Fällen. Sie hat jede Menge Aufmerksamkeit erhalten und doch war diese Aufmerksamkeit nicht wirklich nützlich.

Der Aufstieg der Frau als Einkäuferin und die feminisierte Einkaufswelt

Einer der zweifellos wichtigsten Aspekte dieser Geschichte ist die Tatsache, dass sie von einer Frau erzählt wird. Einkaufen wird als weibliche Beschäftigung beschrieben, vielleicht sogar als die weibliche Beschäftigung schlechthin. Eine eigene Welt der Frauen war im Entstehen, und das Magazin, das von dieser Welt berichtete, war sowohl ihr Symptom als auch ihr Förderer. Wenn die eleganten, aber sehr vitalen Damen, die die darin abgedruckten Geschichten bevölkerten, ihr Zuhause verließen, so sagten sie häufig, sie gingen einkaufen.

Im 18. Jahrhundert war das Einkaufen ein Zeitvertreib für die Frauen so gut wie für die Männer, aber es wurde erwartet, dass zumindest sehr junge Frauen dabei von einer Anstandsperson begleitet wurden. In einigen Romanen des 18. Jahrhunderts erfahren wir von Frauen, die gemeinsam einkaufen oder gemeinsam durch die Läden stöbern. Doch das heute so allgemein verbreitete Betrachten der Schaufensterauslagen wurde damals bestenfalls als ordinär und schlimmstenfalls als pervers dargestellt; es wurde tatsächlich befürchtet, dass Frauen Schaden dadurch nehmen konnten.

Im 19. Jahrhundert wandelte sich das Einkaufen für Frauen vom Genuss zur Pflicht. Die Verkaufsläden waren nicht mehr Anbauten zu Werkstätten, sondern wurden nach und nach zu reinen Verkaufsflächen. Die Stimmung in diesen Läden wurde durch die erkannte Notwendigkeit bestimmt, Frauen besondere Aufmerksamkeit zukommen zu lassen, weil sie inzwischen die Mehrzahl der Kunden ausmachten.

Die neue Welt der Frauen entstand im ersten Drittel des 19. Jahrhunderts fast überall in den industrialisierten Städten und war Teil einer radikalen Veränderung bei den familiären Finanzen. Frauen und Kinder waren nun keine produktiven Kräfte innerhalb von Familienunternehmen mehr. Sie lebten hinter mehrschichtigen Gardinen in einem häuslichen Refugium außerhalb der Arbeitswelt. Kinder aus einigermaßen wohlhabenden Verhältnissen mussten zunehmend mehr Zeit mit Erziehung und Bildung verbringen. Sie wurden auf ein Leben in einer immer ungewisser und unvorhersehbarer werdenden Welt vorbereitet. Der Frau kam die Aufgabe zu, diese Erziehung zu leiten und zu überwachen. Außerdem sollte sie einen Haushalt führen, der den materiellen und kulturellen Erfolg der Familie widerspiegelte.

In Amerika verbreitete sich diese Lebensform ab 1830, zu einer Zeit, da der italianisierte Baustil sehr in Mode war. Die in New York um diesen Zeitraum herum entstandenen Sandsteinhäuser sind noch heute der Inbegriff für bürgerliche Ehrwürdigkeit. Andere Städte, wie Philadelphia oder Boston, verbauten mehr Ziegel- als Sandstein. Diese Häuser wirken schlichter und sind sehr viel zahlreicher. Sie markieren tief greifende Veränderungen im städtischen Leben.

Wie alle Veränderungen, selbst solche, die offenkundig zu Verbesserungen führen, lösten auch diese zunächst einmal Unbehagen und Unwillen aus. Die Dame des Hauses sorgte sich nicht nur darum, ob die von ihr gewählte Einrichtung einen guten Eindruck machen würde, sondern auch darum, ob ihr Mann diese Ausgaben für angemessen und wirtschaftlich tragbar halten werde. Das Einkaufen war eines der wichtigsten Mittel für sie, um ihrer Familie zu zeigen, wie sehr sie sich um alles kümmerte und um alle bemühte.

Es besteht kaum ein Zweifel daran, dass viele Ehemänner besorgt waren, denn mit der Frau als Haushaltsmanagerin entstand gleichzeitig das Gespenst von der Frau als Verschwenderin, die die Familie in den Ruin treibt. Die Bezeichnung der Frau als »Engel des Hauses« (Virginia Woolf) verlieh ihr einen fast religiösen Status, der sich mit der Vorstellung deckte, dass Einkaufen auch eine Form des Opferbringens war. Wenn der Hausherr es zuließ, dass seine Frau zur Herrin über den Konsum wurde, dann fürchtete er zugleich, damit einen Teil der Macht aus den Händen zu geben und die Kontrolle über das, was er geschaffen hatte, zu verlieren. Sehr viel häufiger war dies eingebildet als tatsächlich der Fall, denn damals konnte eine Frau meist ausschließlich im Namen ihres Mannes Schulden machen, der damit de facto immer das letzte Wort bei größeren Ausgaben hatte. Doch auch Adam hatte das letzte Wort, und sehen sie nur, was mit ihm geschehen ist.

Die größte Sorge der Männer bestand darin, dass die Verkäufer in den Geschäften ihre Frauen auf Abwege bringen könnten. Diese schnell sprechenden Wesen würden ihre Frauen überreden, mehr zu kaufen, als nötig war. Sie misstrauten diesen Männern zutiefst, die ihren Unterhalt in der Welt der Frauen verdienten.

In der ersten Hälfte des 19. Jahrhunderts war der Beruf des Verkäufers eine Sache für sich. Er war üblicherweise sehr formell gekleidet, drückte sich sehr gewählt aus und besaß einige Bildung. Die Geschäftsinhaber vertrauten ihnen in hohem Maße, denn meist waren sie es, die bestimmten, zu welchem Preis eine Ware verkauft wurde. Das löste bei den Geschäftsinhabern ähnliche Befürchtungen aus wie bei den Ehemännern. Würden ihre Angestellten den Laden »verschenken«?

Zeitgenössische Abbildungen von Geschäften zeigen z.B. als Stoffverkäufer junge Männer im Frack mit sehr engen Hosen. Sie standen hinter großen Tischen aus Mahagoni oder Walnussbaumholz, auf denen sie kunstvoll – und sehr verführerisch, wie man damals dachte – ihre Stoffe drapierten. Auf der Kundenseite standen bequeme Stühle, denn für so einen Stoffkauf nahm man sich gern viel Zeit.

Trotz ihrer tadellosen Kleidung und ihres guten Benehmens galten Verkäufer nicht wirklich als respektable Personen. Sie kommen einem vor wie die Faulenzer im Theater, hieß es im *Godey's*-Magazin. So viel über Stoffe und Kleider zu wissen, galt nicht gerade als männliche Tugend, und fast alles, was damals über Verkäufer geschrieben wurde, enthält Andeutungen über ihre Sexualität.

Das Stereotyp vom Verkäufer mit femininer Seite wird so stark betont, dass eher von einem verbreiteten Schreckgespenst als von einem tatsächlich vorhandenen Phänomen auszugehen ist. Da das Verkaufen von vielen als eine Form der Verführung betrachtet wurde, war es vielleicht für die Ehemänner beruhigend, wenn sie vermuteten, dass die Männer, die ihre Frauen umschmeichelten, damit sie etwas kauften, kein sexuelles Interesse an ihnen hätten.

»Einige der jungen Männer sind in der Tat nicht übermäßig erfreulich«, schrieb eine Frau anonym in dem in New York erscheinenden *Harper's Weekly* 1858 und bestätigte damit eine oft geäußerte Klage. »Einige von ihnen sind in der Tat *eingebildet, hochmütig und unfähig.* Vielleicht sind wir Älteren etwas anspruchsvoller, aber ich möchte nicht so behandelt werden, als tue man mir einen Gefallen, wenn mir die Waren in den Geschäftsräumen gezeigt werden.« Sie hatte dafür einen radikalen Vorschlag: Verkäuferinnen! Zwar gab es noch keine Konfektionskleidung, wohl aber Konfektionsunterwäsche, und die Dame fand die Vorstellung wenig erbaulich, dass ein junger Mann ihrer Tochter diese Kleidungsstücke zeigte.

Die Dame sprach vom A. T. Stewart's Store, dem so genannten Marmorpalast, der 1846 in New York eröffnet wurde. Es war bei weitem das größte und luxuriöseste Kaufhaus, das Amerika bis dahin gesehen hatte. Es war der Hauptgrund für das, was *Harper's Weekly* die Kurzwarenepidemie nannte, eine ›Krankheit‹, die sich durch extreme Neugier für die neueste Mode und eine daraus resultierende Bereitschaft, sich zu Beginn jeder neuen Saison in das Gewühl des Geschäftes zu stürzen, bemerkbar machte.

Die Ruhe in den Geschäften war schon lange vorbei. Sie wurden mehr und mehr zu hektischen Plätzen und die dort beschriebene Atmosphäre scheint uns heute sehr vertraut.

Diese Manie war zudem nicht auf die oberen Gesellschaftsschichten beschränkt. In den meisten Großstädten gab es zwar noch einige wenige Geschäfte, in denen die Damen in ihren Kutschen vor der Tür sitzen blieben, während die Ladenbesitzer mit Ware hin- und hereilten, um sie ihnen zu zeigen. Doch zu Beginn des 19. Jahrhunderts wurde diese Praxis mehr und mehr zugunsten von so genannten Bazaren aufgegeben. Das waren Vorläufer der heutigen Einkaufszentren, in denen sich Dutzende von kleinen Läden unter einem Dach ansiedelten. Auch sie wünschten sich natürlich wohlhabende und spendable Kunden, die sich Kutschen leisten konnten, doch hier gab es »Parkplätze« für die Kutschen und die Damen gingen selbst in die Geschäfte und sahen sich um.

Viele Händler, auch diejenigen mit ihren Läden in der ersten Etage, gestalteten ihre Räume palastartig, um ihrer Kundschaft den Eindruck zu vermitteln, sie betrete eine magische und exklusive Umgebung. Schon das Umherlaufen darin war eine denkwürdige Erfahrung und erschien elegant und luxuriös. Die Menschen bezeichneten solche Geschäfte denn auch oft als Paläste. Das eigentlich Neue daran war aber, dass sich in diesen Räumlichkeiten eine große Bandbreite von Menschen aus den verschiedensten Gesellschaftsschichten nebeneinander und zeitgleich wohl fühlte. Zwar wurden die Geschäfte als »exklusiv« empfunden, doch ihr Erfolg lag im Gegenteil in ihrer »Inklusivität« begründet. Zwar boten sie Luxus, doch in einer neuen Form, es war Luxus fürs Volk.

In der ersten Hälfte des 19. Jahrhunderts verfolgten manche Geschäftsleute aber auch eine ganz andere Strategie. Sie verdienten sehr gut, ohne sich auch nur den Anstrich zu geben, als hätten sie die Kutschen-Klientel im Auge. Sie verkauften Waren zu festen und anerkanntermaßen günstigen Preisen. Diesen Geschäften mangelte es vollkommen an jeder Eleganz oder Kultiviertheit und oft wurde die Ware sogar vor der Tür auf dem Gehsteig gestapelt. Sie folgten einer Strategie, die im 20. Jahrhundert unter dem Motto »staple hoch, verkaufe niedrig« zusammengefasst wurde. Damals nannte man diese Geschäfte »fast sellers«, denn bei ihnen kam es aufs Tempo an. Jeder Kauf vollzog sich anonym, diskret – und bar. Der Verkäufer musste weder die persönlichen finanziellen Verhältnisse der Kundschaft abschätzen können noch ihre Kreditwürdigkeit prüfen.

Diese Geschäfte waren die Vorläufer unserer heutigen Discountläden und Firmen-Outlets. Sie ebneten den Weg für den gesamten Einzelhandel des ausgehenden 19. Jahrhunderts, einschließlich der großen Kaufhäuser. Ihre große Neuerung bestand darin, den Schwerpunkt beim Verkaufen vom Kunden weg und zur Ware hin zu verschieben. In anderen Geschäften hing der Preis von einer freundlichen, gepflegten und emotional komplexen Verhandlung ab. Die »fast sellers« erlaubten den Käufern eine rasche Beurteilung, ohne selbst beurteilt zu werden.

Der Kauf großer Mengen zur Deckung neuer Bedürfnisse

Wer schnell kauft, kauft oft mehr. Diese Erfahrung verbreitete sich rasch bis in die eleganteren Geschäfte, die mit der Zeit erkannten, dass sie es sich nicht leisten konnten, so viel Arbeitskraft in den Verkauf von wenigen Metern Stoff zu investieren, vor allem, nachdem die Fabriken größere Mengen herstellten als je zuvor. Wenn sie also mehr verkaufen wollten, mussten sie neue Wege gehen und ihre Waren zu Alltagsutensilien machen. Mit anderen Worten: Sie mussten die Lebensweise der Menschen ändern.

Anfang des 19. Jahrhunderts verbreitete sich die industrielle Herstellung zunächst von Stoff, später auch von anderen Gütern, von England nach Amerika und ganz Europa. Mechanisierte Herstellungsverfahren begannen den Begriff von Luxus zu verändern. Früher wurde Kleidung so geschnitten, dass die Qualität des Stoffes zur Geltung kam. Nach einer kurzen Periode durch die Antike inspirierter knapper, eher freizügiger Frauenkleider, schwelgte die Mode im 19. Jahrhundert eher in stofflicher Fülle, wenn auch die Qualität dabei eine eher untergeordnete Rolle spielte. Hinzu kam eine Begeisterung für Petticoats und andere Unterbekleidung, wozu wieder große Mengen von

Stoff benötigt wurden. Zur Zeit Königin Victorias trugen die Damen mehr Material auf dem Leib als in irgendeiner anderen Epoche. Es kam schließlich so weit, dass es skandalös erschienen wäre, weniger zu tragen. Die Frauen genossen ihre neue Freiheit, einkaufen gehen zu können, aber dafür mussten sie sich in zahllose Lagen von Stoff wickeln.

Die leichte Verfügbarkeit von großen Stoffmengen führte zu zahlreichen gesellschaftlichen Veränderungen. Eine der seltsamsten Veränderungen, die sich aber mit Nachdruck durchsetzte, war die neue Etikette des Trauerns, die ihren stärksten Ausdruck in England fand, sich aber auch in Amerika und Europa verbreitete. Es gab verschiedene Grade des Trauerns, die zum einen davon abhingen, wer gestorben war, und zum anderen, wie nahe einem der- bzw. diejenige gestanden hatte. Das Trauern konnte sich leicht über Wochen und Monate hinziehen, was eine komplette zweite Garderobe erforderlich machte, wenn man gebührenden Respekt unter Beweis stellen wollte. Geschäfte, die schwarze Trauerkleidung und andere -utensilien verkauften, etablierten sich als Berater in allen diesbezüglichen Protokollfragen, und im ganzen Land wurden die zu beachtenden Gebräuche immer umfangreicher, komplexer – und teurer. (Auch Königin Victorias endlose Trauerzeit um Prinz Albert stärkte diesen Trend.)

Man zögert bei der Behauptung, die öffentliche Demonstration eines so starken Gefühls sei von der massenhaften Bereitstellung preiswerten Stoffes gefördert worden, doch es ist tatsächlich so: Das Verhalten hatte sich geändert, und es ist auch kaum vorstellbar, dass sich die Menschen noch ein Jahrhundert zuvor solche Mengen schwarzen Stoffes überhaupt hätten leisten können.

Genauso wie preiswerter Stoff die Garderobe der Damen veränderte, veränderte er auch die Innendekoration der Häuser. Gegen Mitte des 19. Jahrhunderts war das gesamte Haus mit Stoffen und Polstern geschmückt. Es gab Vorhänge und Stores an den Fenstern, und an den Vorhängen und Bordüren und Rüschen. Waren gepolsterte und mit Kissen versehene Sessel früher eher die Ausnahme, so gab es sie jetzt in jedem Raum. Das verschlang große Mengen an Textilien und kostete die Hausfrau viel Zeit. Es war auch durchaus keine Minderheit der Bevölkerung, die sich das Leben auf diese Art gemütlicher und bequemer einrichtete. Die Enkel von Leuten, die noch mit ein oder zwei Stühlen, ein paar Zinntellern, einigen Gläsern und einem Tisch ausgekommen waren, lebten nun in überfüllten Räumen.

Für alle Lebensbereiche wurde Neues entwickelt, vor allem aber für eine gepflegte Gastlichkeit und Häuslichkeit. Den Tisch nach allen Regeln der Kunst richtig zu decken, erforderte eine große Anzahl verschiedener Teller, Platten und Schüsseln, Bestecke und Trinkgläser. Silberschmiede begannen im großen Stil mit der Herstellung von Besteck für jede Gelegenheit. Für Fisch benötigte man spezielle Messer und Gabeln, Bouillon aß man mit bestimmten Löffeln, Spargel mit Zangen und Austern mit einem ganzen Arsenal an Werkzeugen. Jedem Getränk wurde ein eigenes Glas zugeordnet, plötzlich gab es unterschiedliche Gläser für Rot- und Weißwein. Was sich früher nur die sehr Reichen leisteten, wurde nun für den Mittelstand nahezu unabdingbar. Das Leben und alle Lebensräume füllten sich zusehends mit allen möglichen Dingen. Das weitaus meiste davon verkaufte sich nicht durch schnell sprechende Verkäufer, sondern durch die gestiegenen Ansprüche an eine gute Hausfrau und Gastgeberin.

Große Städte, große Geschäfte und die Freiheit der Anonymität

Manchmal ist die beste Form der Aufmerksamkeit überhaupt keine Aufmerksamkeit. Die Geschäftswelt hat stark von einer der potentesten Erfindungen des 19. Jahrhunderts profitiert: der Anonymität. Die Anonymität in der Menge befreit davon, was andere von einem wissen oder erwarten und erlaubt, jemand anderes zu sein. Man kann Vermutungen über die Menschen um einen herum anstellen und darüber, was sie denken und wovon sie träumen. Anonymität eröffnet Freiräume, sein zu können, was einem gerade in den Sinn kommt, unerwartet und überraschend. Diese Freiheit begünstigt das Einkaufen. Also lernten die Geschäftsleute im späten 19. Jahrhundert aufmerksam zu sein und gleichzeitig Unaufmerksamkeit vorzutäuschen. Damit gaben sie ihren Kunden die Freiheit, ganz nach Belieben und scheinbar unbeobachtet einzukaufen.

Sowohl in Europa als auch in Amerika entstanden Großstädte, die die Menschen zu Hunderttausenden anlockten. Von Pferden gezogene Omnibusse ermöglichten den Personentransport und damit die Entstehung von Vorstädten rund um die Zentren, Eisenbahn und U-Bahn schafften Verbindungen zu weiter entfernt liegenden Ortschaften: Es entstanden die ersten Ballungsgebiete. In Amerika ließ die Kombination aus Industrialisierung und Einwanderung Städte wie New York, Philadelphia, Boston oder Chicago innerhalb weniger Jahrzehnte um das Zwei- bis Vierfache wachsen. In Europa vergrößerten sich Städte wie London oder Paris um ein Vielfaches. Die Städte mit ihren Bettlern und Großkapitalisten, Angestellten und Taschendieben, braven Bürgern und Schurken lösten sowohl Furcht als auch Faszination aus. In einer solchen Stadt verloren zu gehen, brachte entweder den Ruin oder die große Offenbarung. Und eines stand ganz gewiss fest, langweilig war es dort nie.

Das Aufblühen der Städte im Verlauf des 19. Jahrhunderts spiegelte sich in den Geschäften. Auch hier konnte man sich – im besten Sinne – verlieren und dabei sich selbst sowie interessante Dinge entdecken.

Zu Beginn des 19. Jahrhunderts wurde London von Paris als allererste Einkaufsadresse Europas verdrängt. Viele der luxuriösen Geschäfte, die ehemals exklusiv im Dienste des Hofes gestanden hatten, zogen nun mit anspruchsvoller Handwerkskunst und kühnem Design sehr erfolgreich ein breites Publikum an. Dabei prägte Paris das übrige Land noch erheblich stärker als London das je getan hatte und jeder, der es zu etwas bringen wollte, musste einfach dorthin und sich mit Kleidung und was man sonst unbedingt so brauchte ausstaffieren, wenn man in dieser kritischsten aller Städte bestehen wollte.

Die größten Geschäfte in Paris spezialisierten sich auf *Nouveautés*, ein Wort, dessen volle Bedeutung durch die direkte Übersetzung mit »Neuheiten« bzw. »Novelties« im Modejargon der Neuzeit nur unzureichend wiedergegeben wird. (Die Amerikaner sagten dazu »notions« – Ideen –, womit sie heute Knöpfe und ähnliche Kurzwaren bezeichnen.) Diese Geschäfte verkauften zwar in der Tat Bänder, Knöpfe etc., aber daneben noch eine Vielzahl an anderen Produkten. Ihr eigentliches Versprechen aber war das Neue an sich. Die Mode beruhte dabei nicht auf adligen Vorbildern und aristokratischem Stilempfinden, sondern auf forschem Einfallsreichtum. Natürlich spielte die Oberschicht eine Rolle, schließlich musste ja jemand auch die teuren Artikel kaufen. Aber die Ware war weniger Ausdruck eines bestimmten Stils als vielmehr der Versuch, Stil neu zu definieren.

Die Geschäfte in Paris wurden sehr schnell zu einer Art Weltwunder. *Godey's* Korrespondent in Paris schrieb dazu 1844: »Früher hatten wir Läden mit schönen Dingen, danach Geschäfte und nun Ladenstraßen, die uns beim Betreten eine ganze Welt zu eröffnen scheinen. In der unteren Etage gibt es großzügige und glanzvoll eingerichtete Verkaufsräume, Spiegel auf allen Seiten und einen gemalten und gewachsten Fußboden mit herrlichen Teppichen. Man fühlt sich in Zeit und Raum versetzt und glaubt, sich in einem Saal des Schlosses von Versailles zu befinden. In einer solchen Umgebung wagte man es nicht, nach einer kleinen Menge Flanell zu fragen, sähe man dort nicht in einem fort Angestellte und Lehrlinge kommen und gehen, die Schals, Seide, Krawatten, und vieles mehr verkaufen, sowie eine aus allen Klassen bunt gemischte Menschenmenge, die schaut, bewundert und kauft.«

Es ist interessant, dass diese Beschreibung mehr als zehn Jahre vor der Eröffnung des ersten Kaufhauses entstand. Vieles, was wir erst damit in Verbindung bringen, findet sich bereits in dieser Schilderung: das Mischen der verschiedenen Gesellschaftsklassen, die bühnenreife Aufmachung, die Opulenz, die ein Gefühl aus Exklusivität und Betriebsamkeit bewirkt und dem Kunden den Eindruck vermittelt, anonymer Beobachter zu sein.

Die Bereitschaft, die Kunden sich selbst zu überlassen, sie die Räume und Waren ungestört erkunden zu lassen, fiel den Geschäftsleuten nicht leicht. London, jahrhundertelang *die* Einkaufsmetropole der Welt, fiel hinter Paris, einigen amerikanischen Großstädten und sogar hinter einigen kleineren Städten in England zurück, weil die Händler dazu nicht bereit waren.

Während des gesamten viktorianischen Zeitalters wurden die Geschäfte in London nach wie vor sehr paternalistisch geführt. Der innovativste Einzelhändler gegen Mitte des Jahrhunderts in London, William Whitely, warb für sich als der »Anbieter für alles«. Er nahm für sich in Anspruch, sich sowohl um das moralische Wohlergehen als auch um die materiellen Bedürfnisse seiner Kundschaft zu kümmern. Bei ihm war Einkaufen eine sichere und ehrenwerte Angelegenheit für Frauen ohne Begleitung. Er richtete sogar Sitzgelegenheiten und Toiletten für sie ein. Seine Angestellten wohnten, wie die meisten Verkaufsangestellten in London, in geschäftseigenen Wohnheimen. Bei ihnen wurde außerdem die Vorstellung gefördert, Teil einer großen Familie zu sein, die anderen das Einkaufen in einer sicheren und anständigen Atmosphäre ermöglichte. Whitely eröffnete den Frauen Londons ein Universum der Einkaufsmöglichkeiten und trug damit zur weiteren Verweiblichung der Einkaufswelt bei. Gleichzeitig suggerierte der Service und der gewissenhafte Umgang mit den Frauen aber auch, dass diese besonders gefährdete Wesen seien und dass sie sowohl vor skrupellosen Männern als auch vor ihren eigenen Schwächen und Torheiten geschützt werden müssten.

Vielleicht legten die Londoner Frauen mehr Wert auf Höflichkeit als in Paris oder New York, obwohl sie sich wenig empfindlich zeigten gegenüber Gedränge und Rempelei durch andere Fahrgäste in den Omnibussen, die sie zu Whitelys Läden in die Vororte brachten. In Whitelys Läden widmete man den Kunden so viel Aufmerksamkeit, dass all diejenigen abgeschreckt wurden, die weder von vornherein wussten, was genau sie kaufen wollten, noch, ob sie überhaupt die Absicht hatten, etwas zu kaufen. Die Angestellten hatten Anweisung, geduldig zu sein und beliebig vieles zu zeigen, auch wenn letzten Endes nichts gekauft wurde. Der Kundin jedoch, die einfach hereinspazierte und sich nur umschauen wollte, die also keine aktive Kaufunterstützung wünschte, wurde recht deutlich vermittelt, dass sie nicht willkommen war, vor allem, wenn sie den Verkäufern nicht bekannt war.

Das Einkaufengehen verbreitete sich immer stärker in Europa und in Amerika, aber es gab kulturelle Unterschiede. In England stand der Einkauf unter Kontrolle und die Presse zeigte große Bedenken sowohl hinsichtlich der Gefahren für Einkäuferinnen ohne Begleitung als auch hinsichtlich der Versuchungen, denen sie nicht nur durch die Verkäufer, sondern auch durch andere Männer, die versuchen könnten, sie zu verführen, ausgesetzt waren. Oft beschützte man sie deshalb, indem man sicherstellte, dass sie möglichst keinen »falschen Männern« begegneten, was bedeutete, dass vielen Männern, die keinen passenden Eindruck machten, die Tür gewiesen wurde.

In Frankreich ging es weniger um Klassenzugehörigkeit, als vielmehr um Stil. Die Frau galt hier als Vertreterin des guten Geschmacks und nicht als gefährdetes sexuelles Zielobjekt für Verkäufer. Sie war eher seine Partnerin, wenn es darum ging, einen neuen Stil zu kreieren.

In Amerika schätzte man weder die rigide Klassentrennung der Engländer noch die willkürlichen Maßstäbe für Geschmack und Stil der Franzosen und nutzte mit Erfolg die Vornehmtuerei der Massen. Die Besitzer hießen die meisten Menschen in ihren Läden willkommen, auch wenn sie eigentlich etwas zu elegant für die Leute ausgestattet waren. Dann versuchten sie, den Kunden, die Geld hatten, ihre Unsicherheiten bezüglich ihrer gesellschaftlichen Stellung zu nehmen. Zwar waren die Frauen beim Einkaufen gefürchtet, aber man glaubte auch, dass sie eine geburtsrechtliche Freiheit auslebten, wenn auch manchmal in einer etwas fehlgeleiteten Form.

In Frankreich und Amerika hatten die Geschäftsinhaber also verstanden, dass es in ihrem eigenen Interesse war, die Kunden selbstständig durch das Geschäft streifen zu lassen und die Waren selbst zu erkunden. In Paris beschrieben Geschäftsinhaber und Journalisten einen neuen Typ Frau, die *palpeuse*, die Anfasserin. Sie bummelte durch den Laden, fasste alles an, kaufte aber so gut wie nichts. Manche Beobachter hielten das für eine Form von Geisteskrankheit, sexueller Perversion oder für das Resultat der Gefährdung durch die neue Zeit. Anders als in London machten es die Händler in Frankreich und auch die meisten Händler in Amerika diesen Frauen leicht und füllten ihre Läden mit Dingen, die zum Anschauen und Anfassen verlockten. Sie begriffen, dass dieses sinnliche Erlebnis ein wichtiger Teil ihres Angebots war und dass sich Wünsche nicht immer durch Worte äußern. In zunehmendem Maße wurden Angestellte angewiesen, die Kundschaft nicht von sich aus anzusprechen, sondern abzuwarten, bis man sich an sie wandte. Schließlich könnte sie etwas entdecken, woran sie im Vorfeld gar nicht gedacht und deshalb auch nicht danach gefragt hatte. Und selbst, wenn nicht immer etwas gekauft wurde, so würde die Käuferin doch wiederkommen, wenn sie etwas zu kaufen hätte, vorausgesetzt, sie hatte sich im Laden wohl gefühlt und das Angebot ansprechend gefunden. Ihr einen magischen Raum zur Verfügung zu stellen und sie sich selbst zu überlassen, damit sie ihn in Ruhe erkunden konnte, das war genau die Art von Aufmerksamkeit, die sie brauchte.

Festpreise, die Befreiung der Kundschaft

Die Verwandlung der Geschäfte von Orten, die man aufsuchte, um etwas Bestimmtes zu kaufen, zu Bühnen, auf denen man mehr über seine eigenen Wünsche erfahren konnte, wirkte sich natürlich erheblich auf ihr Erscheinungsbild aus. Man schuf Raum für eine höchst kunstvolle Auslage und ein breites Warenangebot. Mahagonitische und voll gestopfte Regale wichen Vitrinen, die zwar auch als Theken dienten, aber deren Hauptvorteil darin bestand, Waren zu zeigen, ohne dass ein Verkäufer involviert war. Diese Absicht zeigte sich schon im Namen des führenden amerikanischen Vitrinenherstellers: The Phillips Silent Salesman Showcase Co.

Natürlich mussten mit zunehmender Bedeutung der Auslage die Geschäfte zwangsläufig größer werden, denn für Dekoration braucht man Platz. Wichtiger aber war noch, dass sich auch die Wahrnehmung der Kundschaft geändert hatte. Die schon locker gewordene Verbindung zwischen herstellender Werkstatt und Laden wurde schließlich ganz aufgelöst, d.h. die erfolgreichsten Geschäfte waren diejenigen mit den schönsten Auslagen, dem besten Warenangebot und einem hilfreichen, aber nicht aufdringlichen Service. Es war also durchaus möglich, Vorhangstoff, Ledergürtel, Strümpfe und Parfum in einem einzigen Laden zu bekommen.

Die veränderte Rolle des Verkaufspersonals begünstigte die Größe ebenfalls. Ein Verkauf war nicht länger das Ergebnis eines emotional aufwändigen Verhandelns. Die Käufer kamen nicht mehr in die Geschäfte, damit man ihnen etwas verkaufte, sondern um selbstständig und frei aus dem verfügbaren Angebot auszuwählen. Der Verkäufer stand lediglich bei Bedarf hilfreich zur Seite. Die Reputation des Geschäfts und die offerierten Waren überlagerten längst die Rolle eines einzelnen Verkäufers. Verhandlungen über Preise waren an solchen Orten gänzlich unangemessen. Feste und ausgeschilderte Preise vermittelten der Kundschaft – und nicht zufällig auch den Ladeninhabern – ein

Gefühl der Kontrolle. Feste Preise erleichterten die Geschäftsführung und erforderten weitaus weniger Vertrauen in die Angestellten, sodass eine Vergrößerung sicherer kalkuliert werden konnte.

Für die Kunden war die Auszeichnung der Preise fast noch wichtiger als ihre Festsetzung. Denn diese Art von Geschäft war relativ neu, sodass sich niemand so ganz sicher war, wie er sich dort zu verhalten hatte. Mit der Folge, das viele sich nicht recht trauten, nach etwas zu fragen, dass sie sich am Ende vielleicht gar nicht leisten konnten. Die Auszeichnung der Preise verringerte diese Unsicherheit beträchtlich und führte dadurch zu einer insgesamt größeren Käuferschar.

Feste Preise setzten sich in Paris eher als anderswo durch, folgerichtig gab es hier auch die ersten Kaufhäuser. Erstmals gab es Geschäfte, die sich über mehrere Etagen großer Gebäude erstreckten. Die Etagen waren durch breite Treppen verbunden und besaßen balkonartige Galerien, von denen dekorativ Stoffe herabhingen. A. T. Stewart's Store, der so genannte Marmorpalast, war die bewusste Nachahmung eines solchen Pariser Kaufhauses, wobei die niedrigen Preise im krassen Gegensatz zum luxuriösen Ambiente standen, was eine überaus verlockende Kombination darstellte.

Fast alle großen Kaufhäuser begannen als Stoffgeschäfte. (Harrod's in London, die große Ausnahme, begann als Lebensmittelhändler.) Überall in den großen Städten Europas und Amerikas erweiterten erfolgreiche Ladenbesitzer ihre Angebotspalette Stück für Stück, bauten profitable Produktlinien aus und strichen weniger einträgliche wieder aus ihrem Angebot. Nach und nach entstanden so ohne eigentliche Absicht unsere modernen Kaufhäuser, Orte, die mehr sind als die Summe ihrer Teile. 1859 kam in Paris schließlich all das zusammen, als Aristide Boucicaut das erste *grand magasin*, ein Kaufhaus, das von Anfang an als solches konzipiert war, eröffnete. Es wurde nicht nach seinem Besitzer benannt, sondern nach der Neuerung, die es ermöglicht hatte. *Le Bon Marché* – der günstige Preis.

Konfektionsware: Explosion der Auswahl und Vergrößerung der Geschäfte

Vielleicht die bedeutendste Neuerung im Einzelhandel im 19. Jahrhundert war die Einführung von Konfektionskleidung. Wie wir gesehen haben, gab es bereits seit langem einen Markt für Secondhand-Mode und auch konfektionierte Unterwäsche gab es seit Beginn des 19. Jahrhunderts. Doch die Anfertigung von Oberbekleidung schien bisher so aufwändig und kompliziert, dass es wenig sinnvoll schien, etwas für einen imaginären Kunden herzustellen. Also wurde Oberbekleidung nur auf Bestellung nach den Maßen jedes einzelnen Kunden angefertigt.

Henry Sands Brooks gründete 1818 das Unternehmen Brooks Brothers und war der Erste, von dem wir wissen, dass er fertig konfektionierte Anzüge verkaufte. Er begründete das damit, dass viele seiner Kunden zur See fuhren und keine Zeit hatten, auf die Fertigstellung eines Anzugs zu warten. Ihre Zeit reichte lediglich für ein paar Änderungen an einem Kleidungsstück, bei dem die Hauptarbeit bereits getan war. Im Nachhinein betrachtet war das eine geradezu revolutionäre Veränderung, doch Brooks sah es als einen eher untergeordneten Geschäftsbereich.

Was fehlte, war eine neue Einstellung der Menschen zu ihrer Kleidung. Zu Beginn des 19. Jahrhunderts war der Kauf eines Kleidungsstücks für die meisten immer noch ein größeres Projekt. Es mussten der Stoff, die Knöpfe und zahllose Kleinigkeiten je nach der gängigen Mode und dem eigenen Stilempfinden ausgesucht werden. Dazu kamen Verhandlungen mit Verkäufern und Schneidern. Es war alles in allem eine komplexe und zeitraubende Angelegenheit, fast vergleichbar mit dem Anbau eines Hauses, auf jeden Fall viel aufreibender als ein Gang durch unsere heutigen Geschäfte.

Doch immer häufiger wurden Gegenstände wie Mobiliar, Uhren oder Gewehre statt in Handarbeit von einem speziell dafür ausgebildeten Handwerker in Fabriken von weniger qualifizierten Kräften produziert, die immer nur für bestimmte Teilabschnitte verantwortlich waren. Zwar war es von hier zur in ähnlicher Weise verlaufenden Produktion von Kleidung nur ein kleiner konzeptioneller Schritt, aber dieser Schritt zog sich sehr lange hin. Kleidung, die für einen individuellen Körper maßgeschneidert war, schien sich nicht für eine solche Normierung zu eignen. Kleidung galt eher als Problemfall, denn als Möglichkeit. Die Händler zögerten, Konfektionskleidung anzubieten, denn sie fürchteten – zu Recht – auf einem Großteil der Waren sitzen zu bleiben. Es war ihnen nicht klar, dass sie dafür insgesamt eine größere Menge verkaufen und damit Profite erzielen könnten, die die nicht verkaufte Ware mehr als kompensierte.

Hingegen kamen viele Händler auf die Idee, ein paar Kleidungsstücke als Ausstellungsstücke zu fertigen, damit die Kundschaft Beispiele dafür hätte, was man mit diesem oder jenem Stoff, mit diesen oder jenen Knöpfen und Bändern machen konnte. Es ist kaum verwunderlich, dass viele Kunden genau das haben wollten, was sie in der Auslage sahen, denn es ist schließlich viel einfacher, aus einem fertigen Angebot zu wählen, als sich etwas komplett selbst auszudenken. Diese Erfahrung ermutigte letzten Endes immer mehr Händler, doch eine ganze Reihe von vorgefertigten Produkten anzubieten.

Paradoxerweise gab Kleidung, die hergestellt wurde, ohne dabei einen bestimmten Menschen vor Augen zu haben, den Kundinnen größere Sicherheit bei der Entscheidung, was ihnen für sich selbst gefiel und was nicht. Sie fühlten sich nicht mehr von der wohlwollenden Beratung des Schneiders abhängig. Nun hatten sie die Möglichkeit, ihrer Individualität Ausdruck zu verleihen, nicht indem sie ihre eigenen Vorstellungen so genau wie möglich beschrieben, sondern indem sie aus einem immer größer werdenden Angebot von Kleidungsstücken aus verschiedenen Stoffen und in verschiedenen Stilrichtungen auswählten. Fertige Kleider und Anzüge beanspruchten jedoch viel mehr Platz als zuvor Stoffballen und Knopfschachteln, sodass den Geschäften gar nichts anderes übrig blieb, als ihre Räumlichkeiten zu erweitern, wenn sie diesem neu entstandenen Bedarf gerecht werden wollten.

Die größten Geschäfte wurden in dem Maße, in dem sich die Erwartungen der Kundschaft an Angebot und Platz änderten, mehrfach umgebaut und umstrukturiert. Selbst Stewart's Marmorpalast wurde bald zu eng und in der Folge durch den »schmiedeeisernen Palast« ersetzt. Er legte den Grundstein für das, was später unter dem Begriff der Lady's Mile auf dem unteren Teil der Fifth Avenue bekannt werden sollte. (Später wurde es nach und nach als New Yorker Filiale von John Wanamaker übernommen.)

Fast alle folgten dem Pariser Muster, d.h. die Gebäudeteile zentrierten sich um einen großen Innenhof mit nach innen gerichteten Balkonen in den jeweiligen Etagen, von denen man einen Ausblick auf das Universum des immensen Angebots hatte. Über diesem Innenraum wölbte sich ein

Glasdach, um Tageslicht hereinzulassen. Das Glasdach im *Le Bon Marché* stammt übrigens von Gustav Eiffel.

Nach 1900, als die Versorgung mit Elektrizität immer flächendeckender wurde, begannen Geschäfte, darunter auch Wanamaker in Philadelphia, vereinzelt auf Tageslicht zu verzichten. Die großen zentralen Hallen blieben jedoch erhalten, da man sie als das Herzstück des Geschäftes und eine Art »öffentlichen Platz« betrachtete, an dem sich die Menschen verabreden und treffen konnten. Die großen Kaufhäuser fühlten sich als Zentren innerhalb der Stadtzentren, inklusive Poststellen, Arztpraxen, Schustern, Grundstücks- und Immobilienmaklern, Banken und anderen Dienstleistern. Ja, es gab sogar welche, die Autos und Fertighäuser verkauften. Sie versuchten ihre Kundschaft davon zu überzeugen, dass es gar nicht nötig sei, noch irgendwo anders zu schauen.

Sehnsüchte bedienen: Exklusivität für alle

Keines dieser Kaufhäuser mit einer enormen Fläche von sechs oder mehr Häuserblocks konnte es sich erlauben, nur die obersten Gesellschaftsschichten zu bedienen, und so galt es, breite Bevölkerungsschichten anzusprechen.

Vor allem in den Vereinigten Staaten arbeiteten die großen Häuser bewusst mit den Sehnsüchten der Masse. Indem sie ihre Geschäfte zu quasi öffentlichen Plätzen machten und alle willkommen hießen, die ordentlich angezogen waren und sich ordentlich benahmen, führten sie sogar denjenigen, die es sich nicht im Geringsten leisten konnten, vor Augen, was materieller Erfolg bedeuten könnte. Es gab eine Flut von Einwanderern, die hauptsächlich aus wirtschaftlichen Gründen nach Amerika gekommen waren und nun in den Geschäften sahen, was sie erwartete, wenn sie »es geschafft hatten«. War es dann so weit, entwickelten sie sich nicht selten zu Stammkunden.

Die Kaufhäuser betrieben zudem Werbung. In den meisten Städten entwickelte sich das Wachstum der Zeitungen und der Geschäfte Hand in Hand. John Wanamaker, dem die Erfindung ganzseitiger Zeitungsanzeigen zugeschrieben wird, sagte einmal, die Bedeutung der Werbung liege nicht nur darin, die Leute auf neue Produkte oder Sonderverkäufe aufmerksam zu machen, sondern sie mache das Geschehen in seinem Laden zu einer öffentlichen Nachricht und damit zu etwas, das alle wissen zu müssen glauben. Werbung rückte seinen Laden ins Bewusstsein der Menschen, selbst solchen, die ihn niemals betreten würden. Die Zeitungen lebten von solchen Anzeigen und erzählten den Lesern daher bereitwillig, dass in seinem Laden die neuesten, besten, elegantesten und unverzichtbarsten Güter weit und breit zu haben wären. So halfen die Zeitungen kräftig mit, die Warenhäuser zu Orten zu machen, wo die Menschen sich ihren eigenen Erfolg bestätigen konnten.

Kaufhäuser lebten in einem Widerspruch. Einerseits wollten sie als anspruchsvoll gelten, andererseits mussten sie möglichst viele Menschen ansprechen. Als »besseres Geschäft« zu gelten war zwar wünschenswert, aber nicht, wenn dadurch Kunden abgeschreckt wurden. Je größer die Geschäfte wurden, desto mehr schlecht bezahlte Arbeitskräfte mit nur sehr geringer Bildung wurden eingestellt. Man verlangte von ihnen ordentliche Kleidung und nach Möglichkeit Stillschweigen, denn ihre Art zu reden und sich auszudrücken stand im deutlichen Kontrast zum eigenen Anspruch.

Viele Geschäfte schrieben ihnen ein bestimmtes Serviceverhalten und Benehmen vor. Filene in Boston hatte zu Beginn des 20. Jahrhunderts einen besonders ausgefeilten

Verhaltenskodex aufgestellt. Seine Angestellten durften beispielsweise niemals danach fragen, wie viel der Kunde bereit wäre auszugeben. Stattdessen sollten sie ein Produkt aus der mittleren Preiskategorie zeigen und darauf hinweisen, dass die Auswahl natürlich größer sei. Auch sollten sie bei einem Kleidungsstück niemals nach der Größe fragen, sondern sie abschätzen und bei Unsicherheit lieber nach der kleineren Größe greifen. Zeigte ein Kunde Interesse für einen bestimmten Gegenstand, so sollten dessen Vorzüge betont werden, wobei keinesfalls Begriffe wie *toll*, *schön* oder *hübsch* zu verwenden waren. Man brauchte die Angestellten, um das hohe Maß an Service bieten zu können, den man glaubte den Kunden schuldig zu sein. Aber keinesfalls durften sie ein Hindernis darstellen. Sie sollten persönliche Aufmerksamkeit geben und gleichzeitig Distanz wahren, um die Kunden keinesfalls in ihren Träumen und Kaufentscheidungen zu stören.

Ohne industrielle Massenproduktion wären Kaufhäuser nicht vorstellbar gewesen, denn sie produzierte nicht nur ein mehr als ausreichendes und vielfältiges Warenangebot, sondern sorgte auch dafür, dass die Menschen Geld hatten, um diese Waren zu kaufen. Doch die größten Fortschritte wurden auf psychologischer Ebene erzielt, indem man mehr Menschen zum Einkaufen verlockte und mögliche Hindernisse beseitigte.

Einer dieser Fortschritte war die »Geld-zurück-Garantie«, die John Wanamaker 1865 erfand. In einer ganzseitigen Anzeige versprach er: »Jeder Artikel, der nicht richtig passt, nicht die richtige Farbe oder Qualität hat, der zu Hause nicht mehr gefällt oder aus irgendeinem anderen Grund nicht zufrieden stellt und unverzüglich zurückgebracht wird, wird zurückgenommen ... Der Kaufbetrag wird vollständig erstattet.«

Das war in mehrfacher Hinsicht ein erstaunliches Angebot, denn jeder hatte bestimmt schon einmal einen Kauf später bedauert und befürchtete immer, dass ihm das erneut passieren könnte. Die »Geld-zurück-Garantie« bedeutete, dass diese Befürchtung sich nun in Luft auflöste und führte sehr wahrscheinlich zu einem deutlichen Verkaufsanstieg, wobei vermutlich nur wenig zurückgebracht wurde. Auch die Ehemänner beruhigte diese Garantie beim Gedanken an ihre einkaufenden Frauen, denn sie konnten nun auch noch im Nachhinein ihr Veto einlegen. Der seriöse Ton der Anzeige, der ja gleichzeitig implizierte, dass man die Kunden für ehrenwerte Leute hielt, schmeichelte ihnen und gab ihnen das Gefühl, es mit einem Geschäftsmann von Format zu tun zu haben. (Im Verlauf der letzten 50 Jahre ist diese Garantie fast wieder völlig verschwunden, vielleicht weil man davon ausgeht, dass es heute nicht mehr nötig ist, sich das Kundenvertrauen zu sichern. Andererseits ist sie im Internet kürzlich wieder aufgetaucht. Hier handelt es sich um ein neues Einkaufsmedium, bei dem die Kunden noch wenig Vertrauen in die Händler, die Ware oder auch in ihre eigene Urteilskraft haben.)

Boucicaut und Wanamaker besaßen natürlich kein Monopol für die psychologischen und ökonomischen Aspekte des Einkaufens. Der vielleicht größte Händler war Frank W. Woolworth, der zwischen 1879 und 1919 in fast allen Städten Amerikas insgesamt mehr als 1300 Filialen eröffnete sowie weitere in Kanada, England und Deutschland. Sein Erfolg beruhte auf einer simplen, aber wirkungsvollen Idee: Kein Artikel in seinem Laden kostete mehr als fünf Cents. Jeder, der auch nur einen Nickel besaß, konnte ohne Scheu hineinspazieren, was faktisch bedeutete, dass wirklich jeder kommen konnte. Die Angestellten hatten Anweisung zu warten, bis sie angesprochen würden, und keinerlei ungebetene Empfehlungen oder Urteile zu einem Kauf abzugeben. Bei Woolworth brauchte sich niemand zu genieren.

Die Überwindung dieser psychologischen Hemmschwelle hatte enorme Folgen, sowohl für Woolworth als auch für seine Zulieferer. Um die Ware zu einem so günstigen Preis anbieten zu können, musste er gewaltige Mengen einkaufen und kanalisieren. Andererseits mussten diejenigen, die das lukrative Geschäft der Zulieferung übernehmen wollten, harte Arbeit leisten, um die Ware preiswert und dennoch in akzeptabler Qualität herzustellen. Waren sie nicht in der Lage, die Ware so herzustellen, dass sowohl sie selbst als auch Woolworth mit fünf Cents Verkaufspreis noch einen Gewinn erzielen konnten, kam kein Geschäft zustande. (Später erweiterte Woolworth sein Angebot sehr widerstrebend um Waren für zehn Cents.)

Etwas zu einem bestimmten Preis herzustellen ist heute gang und gäbe, doch vor 120 Jahren war das eine völlig neue und oft nur schwer zu realisierende Aufgabe. Woolworth wusste, dass er dafür Druck auf die Hersteller ausüben musste, aber er wollte sein Ziel erreichen und jeden, wirklich jeden, zum Einkaufen bewegen.

Aufmerksamkeit für die Kunden von heute

Zwar gibt es Woolworth in Amerika nicht mehr, jedoch eine ganze Reihe von Läden, die nach seiner Verkaufsstrategie verfahren, wie zum Beispiel Wal-Mart und andere Großmärkte. Das hat die logische Konsequenz, dass die Hersteller ihre Fabrikation in die ärmsten Winkel der Erde verlagern. Wenigstens in den Industrieländern ermöglicht es aber den Armen das Kaufen.

Mit dem Service sind heute allerdings die wenigsten zufrieden, Umfragen zufolge nicht einmal die Hälfte der Kunden. Am häufigsten wird darüber geklagt, dass weit und breit niemand vom Verkaufspersonal zu sehen ist, wenn man Hilfe braucht, und wenn doch jemand kommt, hat er bzw. sie von dem Produkt keine Ahnung. Viele Jahre lang gingen die Hersteller von kleinen Elektrogeräten, Elektronik und Kosmetik deshalb davon aus, dass die beste Information, die man als Kunde erwarten kann, auf der Verpackung zu finden ist.

Man hat manchmal den Eindruck, dass überhaupt niemand mehr für Hilfe und Beratung zuständig ist, doch dieser Eindruck täuscht. In Amerika gehören 18 Prozent der arbeitenden Bevölkerung im weitesten Sinne zum Verkauf, der allerdings zu den Arbeitsbereichen mit der schlechtesten Bezahlung gehört und in dem die Reallöhne seit Mitte der 80er-Jahre sinken. Ein Grund dafür ist sicherlich, dass in diesem Bereich immer mehr Teilzeitkräfte arbeiten, viele hier ihren ersten Arbeitsplatz haben und oft genug nicht älter als 14 sind. Der Maßstab für Produktivität der Beschäftigten im Verkauf ist sukzessive gesenkt worden, teils aufgrund der fallenden Löhne, doch überwiegend aufgrund von Technologien und Geschäftspraktiken, die weniger Geschick und Wissen beim Verkaufspersonal erfordern.

Das Internet bietet jede Menge auf die Kunden zugeschnittene Informationen und suggeriert zunehmendes Verstehen ihrer Wünsche. Damit nähert es sich dem lange verfolgten Ideal des persönlichen Services ohne die Gefahr eines Reibungsverlustes. Bisher nutzen jedoch sehr viel mehr Menschen das Internet als Informationsquelle denn als Einkaufsmöglichkeit. In gewissem Sinne wiederholt es die Erfahrung mit richtigen Verkäufern. Informationen nehmen wir leicht an, Urteile sehr viel schwerer.

Das erklärt auch die Begeisterung sowohl der Internethändler als auch der Interneteinkäufer bei der Übernahme des von den Medien viel beachteten Boo.com (mit Sitz in London), wo junge Mode verkauft wird. Um mit der Website ein wenig anzuecken und Aufmerksamkeit zu erregen, enthielt der Text ursprünglich einen Anstrich von Sarkasmus und Herablassung, sowohl was die Ware als auch was potenzielle Käufer betraf. Die Firma wurde aufgekauft und das Image geglättet. Die Botschaft war klar. Niemand braucht so einen unangemessenen, rüden Ton. Selbst wenn wir es mit Computern zu tun haben, wünschen wir uns die richtige Form der Aufmerksamkeit.

7

Zugehörigkeit

Geschmack, Lebensstil und Gruppendruck

De *gustibus non disputandum* rät ein altes Sprichwort. Zu Deutsch: Über Geschmack lässt sich nicht streiten. Geschmack scheint eine der persönlichsten und subjektivsten Eigenschaften des Menschen überhaupt zu sein. Sprechen einen bestimmte Nahrungsmittel, Kleidungsstücke oder Einrichtungsgegenstände nicht an, so ist es also wenig sinnvoll, seinen Geschmackssinn, seine Augen, seine Nase oder seine Überzeugungen zu überprüfen.

Lassen wir das Sprichwort jedoch einmal beiseite, stellen wir fest, dass sich Menschen andauernd über Geschmacksfragen streiten. Sie machen sich Gedanken über ihren eigenen Geschmack und stellen den anderer infrage. In seinem wörtlichen Sinne, d.h. auf das Essen bezogen, ist Geschmack nicht individuell, sondern kulturell bedingt. Man teilt gewisse Neigungen für bestimmte Gerüche, Konsistenzen und Aromen und ebenso gewisse Abneigungen. Wenn man mit einer Vorliebe für *Kimchee* aufwächst, so ist das typisch koreanisch, gefüllter Fisch ist dagegen eine jüdische Spezialität aus Osteuropa, und wenn man nichts dabei findet, ein behaartes Schweineohr aus der Suppe zu fischen, stammt man mit großer Sicherheit aus Pennsylvania. All diese Vorlieben haben etwas zu bedeuten. Sie besagen, dass man zu einer bestimmten Gruppe von Menschen oder zu einem bestimmten Platz auf der Erde gehört und diejenigen, die diese Vorliebe nicht teilen, eben auch nicht dazugehören.

Sprechen wir von Geschmack im weiteren Sinne, um Präferenzen bei Kleidung, Einrichtung, Kunst oder Unterhaltung zu beschreiben, ist dieser also nicht rein individuell. Und wenn den eigenen Geschmack tatsächlich niemand teilt, dann handelt es sich eher um Exzentrik, Verirrung oder eine asoziale Haltung. Ein Geschmack, der hundertprozentig individuell ist, wird von einer Gruppe mit großer Wahrscheinlichkeit negativ beurteilt. Selbst Leute, die sich zu »schlechtem Geschmack« bekennen, tun das in der Gruppe und setzen ihrerseits Normen, nach denen pinkfarbene Plastikflamingos, billig gemachte Science-Fiction-Filme oder gestrige Polyesterkleidung »schlecht genug« sind, um in dieser speziellen Gruppe akzeptabel zu sein.

Geschmack ist nämlich nicht dasselbe wie Mode. Mode kommt und geht, während sich Geschmack über einen längeren Zeitraum allmählich entwickelt. Die meisten Menschen erleben Mode als ein Phänomen, das vom Himmel fällt, selbst wenn sie sie selbst inspiriert haben. Geschmack teilt man zwar mit anderen, trotzdem hat man das Gefühl, als käme er von innen, von einem selbst. Er ist unser Maßstab bei der Beurteilung von Mode und bei der Entscheidung, ob wir ein bestimmtes Kleidungsstück tragen, ob wir ein Tapetenmuster leiden mögen oder ob uns ein neuer Popsong gefällt. Es ist ein Bündel von Kriterien, das wir mit wenigen oder auch mit vielen gemein haben können. Manche kaufen nach der neuesten Mode, andere mit eher konservativem Geschmack suchen nach Variationen von bereits Vertrautem. Doch auch die ganz Modebewussten können nicht alles erwerben, was neu auf den Markt kommt, oder jeden neuen Frisurentrend mitmachen. Auch sie müssen eine Auswahl treffen, je nach Neigung, Hobby, finanziellen Mitteln und Wertvorstellungen. Das heißt, alle haben Geschmack – irgendeinen.

Der Begriff des Geschmacks beruht auf der Vorstellung, dass die Dinge eine Bedeutung haben und dass Menschen mit dem gleichen Geschmack die gleiche Bedeutung darin sehen. Denn eigentlich können die Dinge ganz unterschiedliche Bedeutungen haben, sogar widersprüchliche. Der eine betrachtet ein Stück Tortenbrie und sieht darin eine köstliche aromatische Versuchung, für den anderen ist es ein Ausdruck elitären Gehabes oder ein Beleg dafür, dass derjenige, der ihn serviert, einen gewissen Erfolg demonstrieren will (oder Misserfolg, denn die Wahl ist überaus banal). US-Präsident George W. Bush z.B. assoziiert Brie mit der Art von Leuten, die an der Küste leben und gegen ihn gestimmt haben. Nicht zu mögen, was andere mögen, ist eine wichtige Komponente des Geschmacks.

Zwar probieren Heranwachsende als Teil des Erwachsenwerdens verschiedene Stilrichtungen aus, doch ihre Herkunft und ihr schulisches Umfeld beeinflussen ihren Geschmack so weit, dass er sich im Laufe ihres Lebens zwar noch etwas modifiziert, aber nicht mehr radikal ändert. (In den Chaträumen und auf den schwarzen Brettern des Internets identifizieren sich junge Leute häufig über die Marke der Kleidung, die sie am liebsten tragen.)

Der Geschmack der Kunden ist für Einzelhändler überaus wichtig, denn eine langfristige Kundenbindung ist für sie auf Dauer am profitabelsten und Stammgeschäfte werden danach ausgewählt, ob man dem eigenen Geschmack entsprechend häufig genug fündig wird. Die einflussreichsten Marken führen deshalb nicht einfach neue Stilrichtungen ein, sondern bilden und lenken den Geschmack. Sie schaffen Gruppen mit gleichen Empfindungen und gleichen Wertvorstellungen, die oft erstaunlich lange Bestand haben. Als sich der Body Shop, die Ladenkette für alternative Kosmetik, beispielsweise gegen aufwändige Verpackungen wandte, setzte er sich damit gegen die gesamte Konkurrenz ab. Damit vermittelte er umweltbewussten Frauen ein ruhigeres Gewissen, ohne dass sie auf Pflege und Verschönerung verzichten mussten. Man verband also Ware mit Werten und kreierte einen neuen Stil.

Unser Geschmack bestimmt, wo und was wir einkaufen und auch, wie wir uns mit der gekauften Ware fühlen. Der Begriff hat jedoch etwas Altmodisches. In einer Zeit, in der Marketingstrategen den Händlern Werkzeuge an die Hand geben, um immer neue Märkte und genau definierte Nischen zu erschließen, scheint uns »Geschmack« ein vager und unwissenschaftlicher Terminus. Dieser Terminus bringt auch deswegen Probleme mit sich, weil er oft zur Beurteilung der Auswahl anderer gebraucht wird. Sagt man, jemand habe einen guten Geschmack oder auch nur Geschmack, bedeutet das, dass man seine bzw. ihre Wahl für gut befindet und sehr wahrscheinlich den Geschmack teilt. Sagt man hingegen, jemand habe einen schlechten Geschmack, ist es unwahrscheinlich, dass man sich um seine Freundschaft bemüht, denn man sieht die Dinge offensichtlich anders als er. In der Marketingsprache ist »Geschmack« deshalb sukzessive durch neutralere Begriffe ersetzt worden, wie z.B. Lebensstil oder Bevölkerungsgruppe.

Die wenigsten von uns sehen sich jedoch als Vertreter eines bestimmten Lebensstils oder als Angehörige einer bestimmten Bevölkerungsgruppe. Wenn wir einkaufen gehen, dann suchen wir uns etwas aus und lehnen anderes ab und genau darin zeigt sich unser Geschmack.

Beeinflussung des Geschmacks und die Schaffung von Märkten

Vor der Industrialisierung war Geschmack eine einfache Sache. Doch mit der Industrialisierung wuchs das Angebot und die Käuferschar. Im vorindustriellen Europa und in Ostasien wurde Geschmack hauptsächlich durch kleine Anbieter rund um Schlösser, Paläste und andere Herrschaftssitze bestimmt, denn deren Bewohner waren die Einzigen, die Geld besaßen, um irgendetwas zu kaufen, und die Einzigen, die nach ihrem Besitz beurteilt wurden. Als sich Vermögen entwickelten, die sich der Kontrolle durch die Mächtigen entzogen, fühlten sich die »Geschmacksbestimmer« bedroht, obwohl diese Neureichen in den meisten Fällen danach strebten, dieselben Dinge zu besitzen wie die herrschende Klasse. Aber gerade die Unmöglichkeit der Unterscheidung zwischen altem Adel und Neureichen anhand von Kleidung und Besitz störte die Mächtigen.

Von der Überschwemmung der Märkte mit industriell gefertigten Gütern im 19. Jahrhundert und von der Flut der Menschen, die erstmalig eine gewisse Kaufkraft besaßen, waren die bisherigen Anbieter und »Geschmacksbestimmer« schlichtweg überfordert. Wie häufig bei Menschen zu beobachten, die zum ersten Mal Geld haben, wurden die meisten von sehr auffälligen und protzigen Dingen angezogen, denn ihnen fehlte der Hintergrund und die Erfahrung, die ihnen ein differenziertes Urteil ermöglicht hätten. Verständlicherweise entschieden sie sich daher meist für das größte und bombastischste Teil, das sie sich gerade noch leisten konnten.

Nur wenige der Fabrikanten besaßen handwerkliche Tradition oder Kenntnisse im Designbereich. Sie fanden aber schnell heraus, dass es herstellungstechnisch kaum einen

Unterschied machte, ob man ein schlichtes oder ein überladenes Muster produzierte. Letzteres hatte zudem den Vorteil, dass man Materialfehler oder falsch abgepasste Nähte weniger schnell bemerkte. Die Ware wurde von unerfahrenen Menschen gekauft, die pompöse Muster mit gehobener Lebensart gleichsetzten. Üppige Verzierungen erschienen nicht nur an traditionell dekorativen Gegenständen wie Möbeln, sondern sogar an Gebrauchsgütern wie Öfen.

Ein Übermaß an Verzierung wurde so typisch für das 19. Jahrhundert, dass es in unseren Augen den viktorianischen Stil schlechthin ausmacht. Nichtsdestoweniger gab es zahlreiche Bestrebungen, vor allem in England, wo die Industrialisierung ihren Anfang nahm, aber auch später in Westeuropa und Nordamerika, den Geschmack durch Vereinfachung und Rückführung zur Tradition zu reformieren und wieder »rationaler« zu machen. Diese Geschmacksreform wurde aus einer elitären Perspektive betrieben, obwohl die eingesetzten Mittel auf große Bevölkerungsschichten zielten, wie beispielsweise die Aufnahme von Kunst als Unterrichtsfach in den öffentlichen Schulen sowie die Einrichtung von Museen und Ausstellungen oder Werbung für gut befundene Produkte. Heute erscheinen uns diese Produkte genauso ornamental wie die von den Reformern abgelehnten, trotzdem hatten die Bemühungen, den Geschmack der Hersteller und der Käuferscharen zu »verbessern«, eine langfristige Wirkung.

Eine der vielleicht wirksamsten Reformbemühungen kam ausgerechnet von einer der traditionellsten Quellen für Geschmack und Stil, dem Königshaus. Prinz Albert, Königin Victorias Gemahl, entschloss sich, die alte Tradition der königlichen Geschmacksvorgabe in einer für das 19. Jahrhundert typischen Art und Weise fortzusetzen. Er behauptete, dass die britischen Hersteller Gefahr liefen, Marktanteile an ausländische Hersteller zu verlieren, da diese schönere und hochwertigere Ware lieferten. Er glaubte, dieses Problem weniger durch Vorhaltungen als vielmehr durch ästhetische Bildung, in die auch gleich die Öffentlichkeit mit einzubeziehen sei, lösen zu können.

Die große Ausstellung (»The Great Exhibition«) von 1851 im Crystal Palace im Hyde Park, die erste Weltausstellung, orientierte sich zwar an den großen Handelsmessen des Mittelalters, war dabei aber so modern strukturiert wie ein Kaufhaus. Sie zeigte einem großen Publikum eine riesige Fülle an Möglichkeiten, die die unterschiedlichsten Materialien boten. Indem die Öffentlichkeit etwas über Kunst und über die Industrie lernte, hofften Prinz Albert und die anderen Organisatoren beides zu verbessern.

Eine wichtige Hinterlassenschaft dieser Ausstellung war eine Reihe von Museen, von denen eines, nämlich das South Kensington Museum, das später in Victoria and Albert Museum umbenannt wurde, besondere Wirkung zeigte, vor allem in den Vereinigten Staaten. Viele der anderen großen Museen waren richtige Schatzhäuser, die Kronschätze und wertvolle königliche Sammlungen umfassten und in früheren Herrscherpalästen untergebracht waren. Das Victoria and Albert Museum war von Anfang an als erzieherische Einrichtung konzipiert und hatte sowohl ästhetische als auch ökonomische Verbesserungen zum Ziel. Seine Botschaft war, dass Kunst nicht nur in der Kirche zur Preisung Gottes oder in den Palästen zur Ehrung des Königshauses da war, sondern für alle Menschen. Und dass die eigene Auswahl nicht nur den ökonomischen Status eines Menschen widerspiegelte, sondern auch einen kulturellen Status. Wenn man den eigenen Geschmack bewusst entwickelte, konnte man auch dadurch Zugehörigkeit zu einer höheren Gesellschaftsschicht erlangen.

Amerika, das weder eine Aristokratie noch künstlerische Meisterwerke besaß, wurde sowohl von der Londoner Ausstellung als auch von den Museen inspiriert. Die Weltausstellung von 1876, die Centennial Exposition in Philadelphia, brachte den Amerikanern so unterschiedliche Dinge wie das Telefon oder japanische Kunst näher. Eines der Ausstellungsgebäude wurde später zu einem Museum (dem heutigen Philadelphia Museum of Art), dessen angeschlossene Schule besonderen Wert darauf legte, dass die Kunst in den Manufakturen angewendet wurde. Viele der Ausstellungsstücke wurden von der Smithsonian Institution erworben und jahrzehntelang dort ausgestellt. Diese Einrichtung wuchs mit der Zeit zu einer amerikanischen und etwas größer angelegten Version des von Prinz Albert ins Leben gerufenen Londoner Museumskomplexes. Viele weitere Einrichtungen, wie das Brooklyn Museum oder das Art Institute of Chicago, folgten dem Victoria-and-Albert-Modell, und obwohl die meisten amerikanischen Museen große Schätze erwarben, präsentieren sie sich noch heute als Bildungseinrichtungen. Und einige, vor allem das New Yorker Museum of Modern Art, sahen sich immer auch als Einrichtung zur öffentlichen Geschmacksbildung.

Es war kein Zufall, dass Kaufhäuser und Museen etwa zur gleichen Zeit entstanden und dass sich ihre Aktivitäten zum Teil sogar ähnelten. (Kaufhäuser organisierten häufig große Kunst- und Designausstellungen, eine Praxis, die zwar nicht in Amerika, dafür aber in Europa und vor allem in Japan noch heute fortbesteht.) Sowohl Kaufhäuser als auch Museen ermuntern zu einer sinnlichen Reise durch die Räume und ihre Besucher sind offen für neue Eindrücke. Beide zeigen und kreieren neue Stilrichtungen.

Wie die Avantgarde zum Konsum kommt oder der Genius von »Liberty«

Neben der Hauptströmung der von Prinz Albert vorgeschlagenen kommerziell orientierten Designreform entstanden im 19. Jahrhundert zwei weitere Bewegungen zur Geschmacksbildung in England, die das Einkaufsverhalten der Menschen veränderte. Sie bewirkten dies hauptsächlich durch den Einfluss eines handwerklich außerordentlich klugen Unternehmers, Arthur Lazenby Liberty. Er begriff, dass eine große Konsumentengemeinschaft viele verschiedene Geschmacksrichtungen hervorbringt, und bediente nicht die große Menge, sondern eher kleinere Gruppen mit etwas abweichendem Geschmack, die den sie umgebenden Dingen eine hohe Bedeutung beimaßen. Er offerierte die Produkte, die ihrer Lebenseinstellung und ihren Prinzipien entsprachen. Sein Geschäft wurde zum Sammelplatz für Minderheiten mit ausgeprägtem individuellen Geschmack, bei ihm fühlten sie sich verstanden und wohl.

Mittels seiner Atmosphäre und seines Warenangebots schafft sich jedes Geschäft seine eigene Klientel, doch Liberty ging noch einen Schritt weiter und trug zur Entstehung einer vollständigen alternativen Kultur bei. Das gelang ihm, weil er erkannte, dass die meisten Menschen etwas kaufen, um sich und ihren Überzeugungen Ausdruck zu verleihen, und dass selbst diejenigen, die sich den jeweils vorherrschenden Strömungen bei Kleidung und Einrichtung entziehen, als Gruppe ihrerseits wieder einen lukrativen Markt bilden. Vielleicht versuchten Libertys Kunden zu demonstrieren, dass sie einen besseren Geschmack als die breite Masse hatten, aber auch sie konsumierten, und das oft mit größerem Profit für den Händler, wenn es ihm gelang, ihnen das Gewünschte zu offerieren.

Die erste dieser Avantgarde-Gruppen bei Liberty war eine ästhetische Bewegung, die dem Ideal der Schönheit ohne moralische Tabus oder Berücksichtigung der Kultur oder des Zeitgeschmacks huldigte. »Schönheit ist das größte aller Wunder«, schrieb Oscar Wilde, das Aushängeschild dieser Bewegung, in seinem Roman *Das Bildnis des Dorian Gray*. Und: »Nur oberflächliche Leute urteilen nicht nach der äußeren Erscheinung.«

Der Ästhetizismus war aus der Romantik hervorgegangen und seine Anhänger folgten Keats Diktum: »Etwas Schönes bereitet ewig Freude.« (A thing of beauty is a joy forever.) Sie waren davon überzeugt, dass Schönheit weit über jeder Mode steht. Sie opferten dem Kampf gegen die gängige Mode und der Entwicklung eigener Ideen viel Zeit und Mühe. Wilde war allerdings der Meinung, dass das Streben nach Perfektion, ein wesentliches Merkmal des Ästhetizismus, unweigerlich unzufrieden mache und nur zu weiterem Konsum führe. »Eine Zigarette ist die perfekte Form eines perfekten Vergnügens«, schrieb er in seinem Roman, in dem es um die Suche nach Perfektion und dem daraus resultierenden Verderben geht. »Es ist exquisit und macht einen am Ende unzufrieden.«

Da sie davon überzeugt waren, dass es Schönheit in jeder Kultur gebe, waren die Ästheten ständig auf der Suche nach exotischen Stilrichtungen. So entfalteten z.B. japanische Möbel und Holzschnitte, die bei der fünften Weltausstellung 1862 in London gezeigt wurden, eine über Jahrzehnte anhaltende Wirkung.

1875 eröffnete Liberty einen eigenen Laden in der Regent Street und nannte ihn East India House. Seine Spezialität waren importierte Seidenstoffe in bunten Mustern, die bald Teil des Ästhetizismus wurden. Wenig später beauftragte Liberty englische Designer mit dem Entwurf ähnlicher Muster, die binnen kurzem ebenfalls sehr gefragt waren. Was schön ist, gilt vielleicht ewig, doch gab es ständig etwas neues Schönes zu entdecken. Sogar unter den Menschen, die von sich dachten, jenseits aller Modefragen zu stehen, gab es welche, die unbedingt bei den Ersten im jeweils neuesten »Look« sein wollten. 30 Jahre später verkaufte Liberty noch immer Produkte aus exotischen Gefilden sowie eine eigene Produktlinie, die keltische Objekte zur Vorlage hatte.

1884 entschloss sich Liberty, eine Abteilung für Kleider hinzuzunehmen, wofür er den Architekten, Designer, Autor und Kritiker E. W. Godwin engagierte. Das war offenbar eine glückliche Eingebung, denn Godwin war eine der herausragendsten künstlerischen und intellektuellen Gestalten seiner Zeit und weithin als Verfechter für einen einfacheren, bequemeren und attraktiveren Kleidungsstil bekannt. (Der italienische Mode-Einzelhändler Prada startete kürzlich eine ähnliche Initiative, indem er den holländischen Architekten Rem Koolhaas als künstlerischen Berater engagierte. Koolhaas zählt vielleicht nicht zu den berühmtesten Architekten unserer Zeit, aber er ist als Freigeist und Designer berühmt. Wer bei Prada einkauft, hat bestimmt schon von ihm gehört. Er berät auch Condé Nast, den Herausgeber von *Vogue, Lucky* und anderen einkaufsorientierten Magazinen.)

Liberty hatte noch einen weiteren Grund, Godwin zu engagieren. Jeder wusste, dass er der Liebhaber von Ellen Terry war, die damals als beste Schauspielerin des Londoner Theaters gefeiert wurde. Sie trug die Kleider, die Liberty verkaufte. Das taten allerdings auch viele andere Frauen, »die damit gegen gängige Modediktate rebellierten«, wie der *Grove Dictionary of Art* verzeichnet. Indem sie Wilde und Terry nachahmten, riefen sie aber eine andere

Tyrannei ins Leben, den Fluch der Berühmtheit. (Heute stehen manche Berühmtheiten für einen bestimmten Geschmack, wie Oprah Winfrey, Martha Stewart oder Michael Jordan, die bei der Vermarktung von Produkten kräftig mithelfen, u.a. auch dadurch, dass sie Vorbilder abgeben, denen Normalsterbliche nacheifern können.)

Manche kauften bei Liberty ein, weil das Angebot ihnen half, ihre Ideen zu verwirklichen, während andere sich wie die »Stars« kleiden wollten. Beide Gruppen fühlten sich dort gut aufgehoben.

Eine weitere Avantgarde-Richtung, der sich Liberty widmete, war die Arts-and-Crafts-Bewegung. Anders als die Ästheten führte sie die Hässlichkeit der industriell gefertigten Waren nicht auf den vulgären Geschmack der Käufer, sondern auf die Herstellungsmethoden selbst zurück. Der Autor und Designer William Morris, der später für seine Blumendrucke und verstellbaren Stühle bekannt werden sollte, war der Auffassung, dass sowohl die Dinge als auch das Leben der Menschen durch einen Mangel an Handwerkskunst verarmt seien. Wer ein Produkt von Anfang bis Ende selbst herstelle, verleihe ihm eine einzigartige Qualität, die niemals erreicht würde, wenn viele in Form von sich ständig wiederholenden kleinen Handgriffen daran arbeiteten. Karl Marx sollte dies später als »Entfremdung von der Arbeit« bezeichnen. Morris glaubte, die Lösung des Problems und die Befreiung des Arbeiters liege in der Wiederbelebung und Adaption vorindustrieller Produktionsmethoden.

Es ist erstaunlich, dass eine Hand voll Intellektueller mit einer Vorliebe für das Mittelalter eine internationale Bewegung auslösen konnte, die ein Dreivierteljahrhundert andauern sollte. Der Wunsch nach einem sorgfältigeren, weniger verschwenderischen und menschlicheren Materialismus ist noch heute zu Beginn des 21. Jahrhunderts aktuell. Damals wie heute werden viele Produkte unter diesem Gesichtspunkt verkauft.

Liberty nahm einen sehr pragmatischen Standpunkt in Bezug auf die Arts-and-Crafts-Bewegung ein. Während die ästhetische Bewegung eine eigene Stilrichtung bei Architektur und Design ins Leben rief (vor allem die Möbel von Charles Locke Eastlake), interessierte sich Liberty mehr für Stoffe, Kleider und Ähnliches. Die Stärke der Arts-and-Crafts-Bewegung wiederum lag vor allem im Design von Möbeln, Metallarbeiten und anderen Einrichtungsgegenständen. Somit ergänzten sich die beiden Strömungen, und obwohl die Arts-and-Crafts-Philosophie eine moralische Komponente hatte, was die Ästheten ablehnten, gab es eine beträchtliche Überschneidung bei Gebäuden, Mobiliar, Kleidung und Objekten.

Größtenteils ignorierte Liberty die Prinzipien von Arts-and-Crafts. Er engagierte hervorragende Designer und Handwerker für die Herstellung von Prototypen, die er in seinem Geschäft verkaufte. Dann modifizierte er sie, sodass sie industriell hergestellt werden konnten. Auf diese Weise blieb von der Bewegung nur der »Look« übrig. Damit aber zog er Käuferscharen von jungen Leuten mit ästhetischen und intellektuellen Ansprüchen an, die mit ihrem Kauf etwas aussagen wollten.

Der Gerechtigkeit halber sei erwähnt, dass mit den Herstellungsverfahren der Arts-and-Crafts-Bewegung nur sehr teure Objekte in kleiner Stückzahl hergestellt werden konnten. Trotzdem fanden sich die meisten Anhänger nicht unter den Superreichen, sondern unter den gebildeten Nachkommen des oberen Mittelstandes, der durch die Industrialisierung entstanden war. Viele der Produkte, die am ausklingenden 19. und beginnenden 20. Jahrhundert in Großbritannien, Deutschland, den Vereinigten Staaten, Skandinavien und anderen Ländern hergestellt wurden, basierten zwar auf dem Design der Arts-and-Crafts-Bewegung, wurden aber nicht nach deren Prinzipien produziert.

Libertys »Verdienst« liegt darin, eine neue Art von Kunden geschaffen bzw. entdeckt zu haben, die fließende Gewänder ohne Rüschen und Bänder bevorzugte sowie preiswerte bunte Steine statt teurer glitzernder Brillanten mochte und im Eichenholz eine perfekte Oberfläche sah, aber in Mahagoni nur Düsternis. Um die Jahrhundertwende spielte er eine größere Rolle bei der Verbreitung der sinnlichen und verspielten Formen der international begeistert aufgenommenen *Art Nouveau* voller Blumen und Ranken. Dieser neue Stil, in Deutschland als Jugendstil bekannt, besaß, zumindest in Großbritannien, keinerlei intellektuellen Hintergrund. Er war einfach nur neu – und der reine Genuss.

Geschmacksreform in Amerika: versprengte Gemeinschaften

Die Vereinigten Staaten sind so groß, dass es unwahrscheinlich ist, dass dort jemals wie Liberty's in England ein einzelnes Geschäft einen solchen enormen Einfluss hätte ausüben können. Viele Amerikaner waren jedoch von der Qualität und Schlichtheit der Arts-and-Crafts-Produkte überaus angetan und wollten ebensolche erwerben bzw. selbst herstellen. Anstatt Geschäfte zu eröffnen, gründete man Zeitschriften, mit deren Hilfe es gelang, ein Zugehörigkeitsgefühl zu einer Bewegung auch unter denjenigen zu wecken, die mit ihrer Neigung in ihrem Umfeld ziemlich allein standen. Dafür stellte man Adressenlisten von Gleichgesinnten zusammen, Vorläufer unseres heutigen Nischenmarketings und der virtuellen Gemeinschaften.

1900 eröffnete Gustav Stickley seine Möbelfabrik, in der er für den Mittelstand große Stückzahlen im so genannten *mission-style* herstellte, d.h., sie waren am Arts-and-Crafts-Design orientiert. Im Jahr darauf gründete er die Zeitschrift *The Craftsman* und ab 1904 verkaufte er Pläne für Bungalows, nach denen die Leser ihr Haus selbst errichten konnten. Bis 1915 wurden solche Häuser in einem Gesamtwert von schätzungsweise zehn Millionen Dollar gebaut.

Die Möbel und dekorativen Einrichtungsgegenstände, die Stickley verkaufte, standen für eine Schlichtheit und Qualität, von der die Käufer glaubten, sie nirgendwo sonst bekommen zu können. Allerdings wollten sie damit nicht gegen irgendetwas rebellieren. Sie kauften diese Dinge nur deshalb, weil sie ihnen gefielen und akzeptierten dabei, dass auch der Hersteller Gewinn machte. Wie Elbert Hubbard, ein anderer Arts-and-Crafts-Hersteller, bemerkte: »Die Welt des Kommerzes ist genauso ehrenwert wie die Welt der Kunst, nur etwas notwendiger.«

Hubbard ist vor allem für seine Beziehungen zu den Roycrofters bekannt, eine Gemeinschaft der Arts-and-Crafts-Bewegung in East Aurora, New York. Hubbard war eine Zeit lang als leitender Angestellter bei Larkin Manufacturing Co. in Buffalo tätig, einem frühen und ehrgeizigen amerikanischen Versuch, alternative Märkte zu erschließen. Larkin hatte einst als Seifenversandhandel begonnen und die dekorativen Objekte zunächst nur als Prämien angeboten, um den Seifenabsatz anzukurbeln. Später übernahm er sie als reguläre Verkaufsobjekte in seinen Warenkatalog. Neben der Seife gefiel der Kundschaft mit einer Neigung für die Arts-and-Crafts-Bewegung fast alles aus seinem Angebot und mit der Zeit gewannen seine Produkte den Ruf, von hoher Qualität zu sein. Während andere amerikanische Versandhäuser wie Sears Roebuck und Montgomery Ward sich mit ihren umfangreichen Katalogen an einen großen, aber unspezifischen Kundenkreis wandten, bediente Larkin eine Marktnische. Heute erinnert man sich an Larkin besonders deswegen, weil er Frank Lloyd Wright damit beauftragte, seinen Firmensitz zu bauen. Dieser wurde zwar vor einem halben Jahrhundert abgerissen, gilt aber nach wie vor als eines der beeindruckendsten Bürogebäude aller Zeiten. Weniger bekannt ist vermutlich, dass bei Larkin alle Geschäftsvorgänge in einer Art Datenbank, wie wir heute sagen würden, erfasst wurden. In einem Karteikartensystem wurde jeder Einkauf jedes einzelnen Kunden verzeichnet und danach wurde entschieden, welcher Artikel wem angeboten wurde. Die gesamte Produktpalette war also auf ein bestimmtes Marktsegment ausgerichtet und zusätzlich wusste Larkin über die Kaufgewohnheiten einzelner Kunden sehr gut Bescheid. Das Unternehmen nutzte diese Informationen auch bei der Entwicklung neuer Produkte.

Die technischen Möglichkeiten hinkten allerdings Larkins Ideen deutlich hinterher. Heute könnte der gesamte Ablauf, der damals Hunderte von Menschen beschäftigte, von wenigen mit PC ausgerüsteten Mitarbeitern bewältigt werden. Über das Internet ist es heute jedem möglich, sowohl Menschen mit ähnlichen Interessen und Vorlieben zu finden als auch Händler mit entsprechendem Warenangebot.

Diesbezüglich war das Larkin-Experiment im besten Sinne amerikanisch, indem es versuchte, weit verstreute Konsumenten mit einem ähnlichen Geschmack zu einer Käufergemeinschaft zu verbinden und wie im Internet mangelnde Nähe durch Information wettzumachen. Der zumindest zeitweilige Erfolg des Unternehmens beruhte auch darauf, sich die Kaufkraft derjenigen zunutze zu machen, die dem üblichen Warenangebot skeptisch bis ablehnend gegenüberstanden und nach Alternativen suchten.

Die Möbel der amerikanischen Arts-and-Crafts-Bewegung gerieten mehr als 50 Jahre lang aus der Mode, bis sie schließlich in den 70er-Jahren des 20. Jahrhunderts wiederentdeckt wurden, was zu einem enormen Preisanstieg führte. Die Arts-and-Crafts-Ideen halten sich auf sehr ungewöhnlichen Wegen am Leben. Die Bemühungen von Martha Stewart im häuslichen Bereich z.B. spiegeln die Prinzipien dieser Bewegung insofern, als auch sie auf aufwändige Handarbeit Wert legt. Stewart führt ein Unternehmensimperium, dessen es Ziel ist, die Dinge – und seien sie so kurzlebig wie eine Tischdekoration zu Thanksgiving – mit Sorgfalt herzustellen.

Zu Beginn des 21. Jahrhunderts ist eine Industrie entstanden, die dem Bedürfnis nach Schlichtheit Rechnung trägt. Man möchte Ihnen vielleicht weniger, dafür aber die echten und wirklich schönen Dinge verkaufen, die Ihr Leben tatsächlich bereichern. *Real simple*, ein Magazin der Time Inc. Division von AOL-Time Warner, schreibt für diesen wachsenden Markt. Seine Artikel und Werbeanzeigen veranschaulichen, was man heute unter Schlichtheit versteht. In einer der letzten Ausgaben suggerierten die Anzeigen, dass Schlichtheit vielleicht nur eine in Ruhe getrunkene gute Tasse Kaffee bedeuten könne oder eine mit natürlichen Mitteln und neuester Technologie erzielte jugendliche Haut. Oder ein Geländewagen im Gegensatz zu einem mit wilden Spielereien überladenen Lastwagen, der eine dunkle Abgaswolke hinter sich herzieht, ein Fahrzeug, dass Sie zu innerer Harmonie in und durch die Natur trägt.

Einer der aufschlussreichsten Artikel in diesem Magazin aber handelte von dem Genuss eines wohlig heißen Bades. Die für dieses »reine Vergnügen« nötigen Utensilien umfassten einen Handtuchwärmer aus Chrom, eine dicke Badematte, ein Nackenkissen aus Frottee für die Badewanne, einen Badschrank, eine Lampe mit weichem Licht, ein Tablett für Shampoo, Schwamm etc., einen Sisalhandschuh sowie eine dunkelborstige Acca Kappa Bürste. Auf der dritten Seite des Artikels haben wir bereits mehr als 1 000 Dollar ausgegeben und dabei fehlen uns noch Tee, Badeöl bzw. -salz oder -milch und Handtücher.

In einem Brief gibt ein Leser die Begründung: »Schlichtheit bedeutet nicht, den eigenen Lebensstandard zu senken, es bedeutet, das Wichtigste an die erste Stelle zu setzen. Wir brauchen kein schlechtes Gewissen zu haben, wenn wir uns vergnügen, solange wir uns darum bemühen, dass unser Leben zielgerichtet, angenehm und sinnvoll ist.«

Zwar definieren nicht alle Schlichtheit so hedonistisch, aber der Hang zur Schlichtheit ist ein Auswuchs unserer konsumübersättigten Gesellschaft. In einem Kaufhaus oder in einem Supermarkt sehen sich die Kunden Tausenden von Artikeln gegenüber, die nicht nur ihre Bedürfnisse nicht befriedigen, sondern regelrecht Ablehnung und Widerwillen auslösen. Die Menschen, die sich am stärksten gegen das Einkaufen wenden, erzählen auf Befragung, dass diese Überfülle an nutzlosen und hässlichen Dingen sowie dieses Spektakel der kaufsüchtigen und besitzgierigen Menschenmassen sie geradezu körperlich krank mache. Selbst wer gerne einkaufen geht, fühlt sich in manchen Augenblicken von dem Überangebot und den eigenen raffgierigen Impulsen abgestoßen. Die logische Konsequenz wäre, dann eben nicht einkaufen zu gehen, doch meist versuchen wir stattdessen etwas zu finden, was unsere Erhabenheit und unseren überlegenen Geschmack demonstriert.

Das Marketing lernt daraus, dass der so genannte neue Konsument bereit ist, für Authentizität und wahre Freude mehr auszugeben. Er möchte, dass man seinem guten Geschmack und seinem Qualitätsanspruch schmeichelt und sich einer Gruppe von besseren Konsumenten mit besserer Lebensführung zugehörig fühlen. Er sträubt sich gegen die ständige Kommerzialisierung auf dieselbe Weise wie die Arts-and-Crafts-Bewegung gegen die billige Massenproduktion im 19. Jahrhundert: nämlich indem er hochwertigere Ware kauft. Der Wunsch der Arts-and-Crafts-Anhänger nach Authentizität und Hochwertigkeit wird von diesem neuen Konsumenten erneut vorgetragen und ist eine Konstante der amerikanischen Kultur. Wir möchten gleichzeitig das Richtige tun, das Echte bekommen und auf nichts verzichten.

Erklärungen für das Konsumentenverhalten – Veblen und sein Konzept der Nachahmung

Auf der Schwelle zum 20. Jahrhundert, als Liberty & Co. seine größte Blütezeit erlebte und die Arts-and-Crafts-Bewegung nach Amerika schwappte, publizierte der amerikanische Wirtschaftler und Freidenker Thorstein Veblen *The Theory of the Leisure Class*. Dieses Buch enthält die nach wie vor einflussreichste Kritik an Konsum und Zurschaustellung, die je veröffentlicht wurde. Selbst wenn man anderer Meinung ist, wird es schwierig, die von ihm geprägten Begriffe wie z.B. »Konsumrausch« zu vermeiden.

Die Kernaussage Veblens ist, dass – wenigstens seit des Übergangs der Menschheit von den »Wilden« zu den »Barbaren« – die Mächtigen ihrer Macht unter anderem dadurch Ausdruck verliehen, dass sie sich dem Produktionsprozess entzogen. Da Muße jedoch von außen meist unbemerkt bleibt, suchten sie sich wertvolle Gegenstände, um ihren Status sichtbar zu machen, und setzten damit einen ewigen Wettbewerb in Gang: »In jeder Gemeinschaft, in der mehrere Personen die gleichen Güter besitzen, wird – für den eigenen Seelenfrieden – jede Person bemüht sein, so viel von ihnen zu besitzen wie die anderen, mit denen sie sich auf einer Stufe wähnt. Es ist natürlich besonders erfreulich, wenn sie etwas mehr besitzt.« Nach Veblens Ansicht hat Kaufen vor allem etwas mit »Dazugehören« zu tun, aber es wird dabei zwangsläufig zu einem Wettbewerb, da jeder versucht, ein ganz klein wenig mehr zu haben als die anderen. Nachahmung sei der Hauptantrieb für diesen Teufelskreis des Konsums. Man orientiert sich an den Leuten an der Spitze oder an denjenigen, die einem nur knapp voraus sind und versucht, das Gleiche zu besitzen wie sie – oder etwas mehr – oder etwas Besseres. Der eigene Geschmack wird demnach vollständig von den Mächtigen und Reichen bestimmt.

Veblen und die Anhänger der Arts-and-Crafts-Bewegung teilten die Abneigung gegen Übermaß und Verschwendung der Massenproduktion. Anders als sie sah er jedoch, dass auch die vorindustrielle Kultur von den gleichen Motiven getrieben wurde. War sie weniger verschwenderisch, so lag das lediglich daran, dass ihr die technischen Möglichkeiten dafür fehlten. Veblen stand der Bewegung also durchaus skeptisch gegenüber, denn, so bemerkte er zu Recht, sie ändere nichts an der gegebenen Gesellschaftsordnung. Es sei nur eine andere Form des Konsumrauschs oder was er als »pekuniär bedingten Geschmackskanon« bezeichnete. Die alternativen Märkte, die Liberty, Stickley oder Larkin bedienten, könnten nach Veblen als besonders privilegiertes Segment einer Gesellschaftsschicht gelten, die viel Zeit mit der Suche nach Schönheit, Stil und anderen unproduktiven Aktivitäten verbringt. Angehörige dieser Schicht kaufen Dinge zum sichtbaren Beweis ihrer sozialen Stellung und ihres Feinsinns.

Mehr als ein Jahrhundert nach Erscheinen des Buches ist nur noch ein kleiner Teil der Bevölkerung in den Industrieländern direkt mit der Produktion beschäftigt. Die Mehrzahl der Fabrikarbeiter, zumindest in Europa und Nordamerika, hat zudem kürzere Arbeitszeiten als die meisten Manager und Selbstständigen und besitzt dabei doch einige Kaufkraft. Unsere Gesellschaft besteht nach Veblens Definition heute also ganz überwiegend aus einer Klasse der Müßiggänger, obwohl die wenigsten von uns das Gefühl haben, viel Muße zu besitzen. Wir sind fieberhaft mit Konsum beschäftigt, genau wie Veblen vorausgesagt hat. Mehr und mehr Menschen besitzen immer größere Häuser, die mit immer mehr Dingen voll gestopft werden.

Trotzdem sind die Mechanismen von Geschmackserzeugung und Nachahmung weitaus komplizierter als Veblen angenommen hatte. Seine Theorie enthält zwar verschiedene Gruppen von Konsumenten, denen man sich zuordnen kann, doch ging er andererseits davon aus, dass es nur eine Erfolgsleiter gibt. Heute gibt es nicht nur verschiedene Maßstäbe für Erfolg, sondern eine multidimensionale Matrix aus Geschmack und Status, auf der man sich in ganz unterschiedliche Richtungen bewegen kann und auf der »unten« und »oben« in unerwarteter Weise miteinander verwoben sind. Man kann seiner eigenen Überlegenheit oder des »finanziellen Gewichtes« eines anderen niemals völlig sicher sein. Die Konsumgesellschaft eröffnet uns weit mehr Möglichkeiten, unsere Zeit zu verbringen und uns der Umwelt zu präsentieren, als Veblen sich jemals hätte träumen lassen.

Man fragt sich, was Veblen wohl zur HipHop-Kultur gesagt hätte. Mit ihrem dringenden Bedürfnis nach Anerkennung und ihrem Protzen mit teuren traditionellen Statussymbolen scheinen sich viele Gangster-Rapper Veblens Theorie zu verweigern. Sie präsentieren sich als Gestalten, denen die Gesetze egal und die stolz darauf sind, mehr Geld mit Drogenhandel, Zuhälterei, Raub und anderen kriminellen Aktivitäten zu verdienen als die Leute des Establishments und sich die gleichen Dinge leisten zu können. Mit dem, was sie kaufen, ahmen sie diejenigen nach, die sie angeblich so sehr verachten. Sie kommen aus einer Kultur jenseits der bürgerlichen Gesellschaft und sind trotzdem in der Lage, diese mit ihren eigenen Mitteln zu übertrumpfen. Dabei behaupten sie niemals, keine Freude an materiellem Besitz zu haben. Das Ganze wird noch komplizierter, wenn man berücksichtigt, dass HipHop zwar als Ausdruck der Ghetto-Kultur angefangen hat, aber dass er hauptsächlich deswegen finanziell erfolgreich ist, weil sich die meisten Anhänger unter den überwiegend weißen Vorortjugendlichen finden. Die luxuriösen Autos und Armbanduhren der Rapper wirken auf die Eltern der Fans sicher genauso attraktiv wie auf die Rapper selbst. Ist der heutige HipHop also nichts weiter als eine Maskerade für einige Jugendliche, um sich selbst und anderen zu beweisen, dass sie keine Klone ihrer Eltern sind? Oder ist es eine echte Rebellion?

Wenn Sie Kritik am Konsum üben und den Theorien Veblens glauben, kommen Sie vielleicht zu dem Schluss, dass es sich bei HipHop lediglich um Nachahmung in einer anderen Verkleidung handelt. Wenn Sie aber Produkte verkaufen wollen, dann sehen Sie HipHop vielleicht als etwas ganz Neues und Bedeutsames. Verkleidungen sind wichtig.

Wer man gerne sein möchte, ist fast genauso wichtig, wie wer man ist. Dasselbe gilt für Produkte. Weil HipHop viele gehobene Stilrichtungen assimiliert hat, kann ein und dasselbe Hemd sowohl Ghetto-Status als auch Anwartschaft auf einen Ministerposten bedeuten. Wenn Sie das Hemd vermarkten wollen, müssen Sie also die Unterschiede kennen und Ihre Botschaft entsprechend verpacken.

In der ersten Hälfte des 20. Jahrhunderts verstanden es einige Einzelhändler, Geschmacksgemeinschaften zu begründen und damit Stammkunden zu gewinnen. Fast alle größeren Einzelhändler und Fabrikanten suchten einen möglichst großen Markt für ihre Produkte, wobei sie davon ausgingen, dass es nur eine einzige Richtung bei der Geschmacksentwicklung gäbe und dass ihre Kunden natürlich daran interessiert seien, ihren Geschmack entsprechend fortzubilden. Kaufhäuser richteten Abteilungen für »bessere Kleidung« ein, für gewöhnlich in den oberen Stockwerken, eben für Käufer, die nach oben strebten.

Die Erklärung von Alfred Sloan 1924, dem damaligen CEO von General Motors, dass das Ziel des Unternehmens sei, für jeden Geldbeutel ein Auto zu bauen, bestätigte Veblens Nachahmungstheorie. Ganz oben stand der Cadillac, und darunter der Buick, das Oldsmobile, der LaSalle und der Pontiac. Das am wenigsten prestigeträchtige, dafür aber am weitesten verbreitete Auto war der Chevrolet, der manchmal auch »Baby-Cadillac« genannt wurde. Dieser Spitzname verdeutlicht die Vorstellung von einem linearen Wertzuwachs der verschiedenen Autos. Sicher hatte jedes der Autos ein eigenes Image, doch im Grunde war klar, dass jeder eigentlich nach einem Cadillac strebte.

Die Amerikaner setzten Anfang des 20. Jahrhunderts als Erste bei Werbung und Verpackung psychologische Prinzipien ein. Ursprünglich hatte man die Eigenschaften und

Vorzüge eines Produkts gepriesen, doch jetzt wurden Verpackung und Werbung eingesetzt, um den Produkten eine zusätzliche *Bedeutung* zu verleihen. Walter Dill Scott, einer der Pioniere auf dem Gebiet der psychologischen Werbung, drückte das 1917 so aus: »Heutige Werbung wirkt weniger durch Überzeugung als vielmehr durch Suggestion.« Und die konnte über die eigentliche Bedeutung eines Produkts weit hinausgehen. Mit dem »Modell T« hatte Henry Ford beispielsweise ein erschwingliches und praktisches Auto gebaut, doch Sloans Produktlinie von General Motors war mehr als eine Hand voll verschiedener Autos. Es war ein weithin anerkannter Maßstab für persönlichen Erfolg und gesellschaftliche Stellung.

Vor dem Zweiten Weltkrieg beruhte die Verkaufspsychologie überwiegend auf Spekulationen. Nach dem Krieg begannen Marketingexperten, systematische Befragungen, Tests und weitere Werkzeuge zur Erkundung der innersten Gefühle der Konsumenten zu entwickeln. Ein Ergebnis davon war, dass man Produkte absichtlich mit widersprüchlichen Aussagen verband. »Tide«, das erste konzentrierte chemische Waschmittel, sollte einerseits hochwirksam und andererseits sanft sein, was man versuchte, durch eine ausgewogen dunkelblau-gelbe Verpackung auszudrücken. Solche Tricks beschrieb Vance Packard 1955 in seinem Bestseller *Die geheimen Verführer* (dt. 1957) über Verbrauchermanipulation.

Trotz sorgfältigerer Erforschung gingen Marketingexperten jedoch nach wie vor davon aus, dass die Reaktionen auf Produkte einheitlich seien und alle Menschen in einem Produkt das Gleiche sähen. Diejenigen, die der allgemeinen Tendenz zuwiderliefen, wurden einfach ausgeklammert. So gab es beispielsweise Autokäufer, die nicht an die Erfolgsleiter von General Motors glaubten und lieber einen VW kauften. Dieser Trend wurde jedoch weitgehend ignoriert. Ein Ford-Manager wies dieser Gruppe keinerlei Bedeutung zu und bezeichnete sie geringschätzig als »Nonkonformisten im grauen Flanell«. Anders als Arthur Liberty erkannte er nicht, dass es sich hierbei um eine möglicherweise profitable Klientel handelte. Ford war nicht darauf eingestellt, auch den Geschmack von Minderheiten zu bedienen, und verlor deshalb Marktanteile an die ausländische Konkurrenz.

Es gibt viele Hinweise darauf, dass die Konsumenten nach dem Zweiten Weltkrieg das Gefühl hatten, in einer Gemeinschaft mit weniger Klassenunterschieden zu leben. Die Abstufungen zwischen den Einkommen wurden geringer, und einflussreiche Massenmedien, besonders das Fernsehen, lieferten allen die gleichen Informationen und damit den gleichen Bezugsrahmen. Weil Hersteller und große Einzelhändler das Fernsehen nutzten, um ihre Kundschaft anzusprechen, hatten sie kaum eine andere Wahl, als Unterschiede bei Geschmack und Wünschen zu nivellieren und eine gemeinschaftliche Basis für ihre Produkte zu finden. Eine Weile funktionierte das auch.

Lifestyle, Gruppen und Individualisten: die Konsumenten von heute

Der Massenmarkt nach dem Zweiten Weltkrieg wich ab 1960 allmählich der Hyperdifferenzierung unserer heutigen Einkaufswelt. Es wurde deutlich, dass es Grenzen der Zusammengehörigkeit gab. Nicht alle teilten die gleichen Wertvorstellungen. Nicht alle folgten den gleichen Idealen. Und nicht alle waren der gleichen Meinung. Im Marketing war man lange Zeit von der Psychoanalyse fasziniert, die universell anwendbare Erkenntnisse für das Verständnis und die Manipulation eines Massenmarktes zu liefern schien. Nun wandte man sich der Soziologie zu, die die Unterschiede zwischen den Menschen beleuchtete und Wege zu einer zunehmend differenzierten Verbraucheröffentlichkeit versprach. Es ergab keinen Sinn mehr, von *dem* American way of life zu sprechen, denn jetzt hatte jeder einen eigenen.

Während der 60er- und 70er-Jahre halfen Umfragen sowohl Wählerschaften als auch Marktsegmente zu definieren. Man versuchte nicht mehr herauszufinden, was potenzielle Kunden von diesem oder jenem Produkt hielten, sondern erforschte die Menschen selbst. Indem man ihren Hintergrund, ihre Überzeugungen, ihre Gewohnheiten und Ziele beleuchtete, versuchte man das Einkaufen als Teil eines allgemeinen Verhaltensmusters zu begreifen und daraus abzuleiten, wie bestimmte Produkte in das jeweilige Leben passten.

Dieser veränderte Blick auf den Verbraucher fiel mit gewissen Entwicklungen bei Informations- und Kommunikationssystemen zusammen und beschleunigte sie höchstwahrscheinlich sogar. Zeitschriften, die versuchten für jeden etwas zu bieten, wurden zunehmend von so genannten *Special Interest*-Magazinen verdrängt, deren Inhalte und Werbung auf einen kleinen, aber klar umgrenzten Markt abgestimmt waren. Videorekorder, Kabel- und Satellitenfernsehen schmälerten den Einfluss des zuvor allgegenwärtigen öffentlich-rechtlichen Fernsehens. Scannersysteme an den Kassen und Kreditkarteninformationen ermöglichen die Dokumentation des Einkaufsverhaltens einzelner Familien.

1978 führte die zur Stanford University gehörende Forschungsgesellschaft SRI das so genannte VALS ein (values and life styles). Dieses Modell führt Daten aus Psychologie, Soziologie und demografischer Entwicklung in einer Typologie des Konsumverhaltens zusammen. Danach gibt es neun Kategorien: An einem Ende der Skala stehen die »Überlebenden« – Leute, die eigentlich kein Geld zum Ausgeben haben – und am anderen Ende die »Integrierten« – Leute, die das Konsumnirwana erreicht und genug zum Ausgeben haben und zudem eine ziemlich klare Vorstellung darüber besitzen, wie und wofür sie es ausgeben wollen. Die für den Markt interessanteste Kategorie befindet sich aber in der Mitte. Die »Nachahmer« entsprechen mit ihrer Fremdbestimmung, d.h. dem Vergleich mit denjenigen, die ihnen nur eine Nasenlänge auf der Erfolgsleiter voraus sind, der Theorie Veblens. Sie machen etwas weniger als 20 Prozent des Marktes aus. Andere eher selbstbestimmte Konsumenten, die stärker nach dem Image bzw. dem Erlebnis als nach dem Produkt selbst suchen oder solche, die ihre Einkäufe am Rahmen ihrer sozialen Verantwortung ausrichten, bilden ähnlich starke Gruppen. Zahllose Unternehmen machten sich VALS bereits zu Nutze und 1983 schrieb der Vater des Modells, Arnold Mitchell, ein viel gelesenes Buch mit dem Titel *The Nine American Lifestyles*. Obwohl sich immer mehr Unternehmen auf VALS verließen, war es eigentlich nur ein theoretisches Konstrukt ohne empirische Datenbasis. Erst bei seiner Verfeinerung und Wiedereinführung 1989 als VALS2 konnte es sich auf solides Zahlenmaterial stützen.

Während der 80er-Jahre entwickelte sich die Leistungsfähigkeit der Computer sprunghaft und ermöglichte das Zusammentragen und den Vergleich ungeheurer Datenmengen. Daraus ergaben sich demografische Gruppen, die sich mehr oder weniger selbst erklären. Heute konkurrieren die Marketingstrategen miteinander, um immer neue griffige Namen für immer enger definierte Konsumentengruppen zu finden. So wird Supermärkten erklärt, dass ihr Gewinn mit dem richtigen Warenmix steht und fällt, der z.B. den unterschiedlichen Fitnessbestrebungen seiner Kundschaft gerecht wird. Gehören sie zu den »Gesundheitsaposteln«, die alles für ihre Gesundheit tun, zu den »aktiven Attraktiven«, denen ihr äußeres Erscheinungsbild besonders am Herzen liegt, oder eher zu den »schwer arbeitenden Hedonisten« oder den »desinteressierten Nihilisten«? Es gibt Dutzende von Kategorien mit mehr oder weniger witzigen Bezeichnungen. In seinem 2000 erschienenen Buch *The Clustered World* teilt Michael Weiss die amerikanische Bevölkerung in 62 Gruppen ein, denen er so sprechende Namen gibt wie »Kreis der Sieger«, »Pools und Patios«, »Pick-ups und Gewehre«, »Hispanische Mischung« etc. Selbst die größte Gruppe, »Kinder und Sackgassen« umfasst lediglich 3,5 Prozent der Bevölkerung.

Diese genaue Einteilung wird noch weiter untergliedert, indem sie geografischen Gebieten von der Größe eines Postleitzahlenbereichs oder Bistums zugeordnet wird. Dabei findet man bereits in einem einzigen Häuserblock Wohnungen voller südasiatischer Skulpturen oder solche, die wirken wie ein Clubraum der Rotarier oder welche, in denen man glaubt, im Regenwald zu stehen, umgeben von Tapeten mit überdimensionalen Palmen und voll gestopft mit tropischen Pflanzen. Die Nachbarn stimmen vielleicht für die gleiche Partei und wohnen in äußerlich ähnlichen Häusern, trotzdem geben sie vielleicht ihr Geld in einer Art und Weise und für Dinge aus, wie es unterschiedlicher kaum sein könnte. Genau diese Unterschiede sind es, die diejenigen, die etwas zu verkaufen haben, herausfinden und sich zu Nutze machen wollen.

Hier kommt nun das Internet ins Spiel mit seinen »Cookies«, die unsere Wege beim Surfen aufzeichnen, und mit seinen Programmen, wie wir sie in Kapitel 6 bereits beschrieben haben und die in der Lage sind, augenscheinlich sinnlose Einkaufsmuster zu erfassen. Beim Einsatz solcher Technologie geht man davon aus, dass wir zu bestimmten Gruppen mit gemeinsamen Interessen und gemeinsamem Geschmack gehören, obwohl wir keine Ahnung haben, wer diese Leute sind. Wir fühlen uns allein mit unseren Kaufsehnsüchten und nur der Computer weiß, wer diese mit uns teilt.

Die letzte Konsequenz aus diesem Wissen ist der »individuelle Markt«, wobei die Verkäufer so viel über alle potenziellen Käufer wissen, dass sie in der Lage sind, sowohl die Produkte als auch die Verkaufstechnik auf den jeweiligen einzelnen Kunden abzustimmen. Die Idee ist verführerisch, obwohl sie sich möglicherweise als Seifenblase entpuppt. Denn beim Einkaufen spielen unsere Wertvorstellungen eine entscheidende Rolle, und die teilen wir mit zumindest einigen anderen Menschen. Was uns als Individuen auszeichnet, ist dagegen beim Einkaufen weit weniger wichtig. Das so genannte Mikromarketing betrifft lediglich die Feinabstimmung der Verkaufsbotschaft an den Einzelnen bzw. an die Gruppe, zu der er gehört, und hat sehr wenig mit dem Produkt selbst zu tun.

Ein Beispiel: Ein Wirtschaftsbericht über den Ledermöbelfabrikanten Natuzzi informierte darüber, dass es 13 verschiedene Geschäfte in der King of Prussia Mall in Pennsylvania gäbe, die die Produkte dieser Firma verkauften. Das scheint der Vorstellung von spezialisierten Märkten diametral zu widersprechen. Ein Besuch im Einkaufszentrum zeigte, dass die Geschäfte überwiegend das Gleiche anboten, auch wenn sie mit den Möbeln unterschiedliche Botschaften und Images verbanden.

Bei einer der typischsten Einzelhandelsketten, JC Penney, waren die Möbel klobig mit dicken Polstern, so als ob sie weiträumige Vorstadtwohnzimmer ausfüllen sollten. Bei Bloomingdales waren die Möbel schon weniger klotzig, als seien sie für Großstadtwohnungen gemacht, bei denen jeder Quadratmeter ein halbes Vermögen kostet und man wenig mit ausladender Bequemlichkeit anfangen kann.

Die anderen Unterschiede waren geringer, die Betonung ihres unterschiedlichen Images hingegen deutlich ausgeprägt. Das Möbelgeschäft Domain beispielsweise verbreitet eine Atmosphäre von exotischer Unordnung, mit fransenbebordeten Lampenschirmen, alten Teppichen und bunten Stoffkissen auf jedem Sitzplatz (für diesen Look müssen Sie allerhand einkaufen). Unter anderem gab es auch einen riesigen überladenen Sessel und eine Ottomane aus der Reihe »Havanna«, die das Kuba vor Castro repräsentieren sollten, einen aber eher an Hollywood erinnerten. In einem anderen Geschäft findet man den Sessel »Buster«, einen zwar ähnlich überladenen Sessel, der aber aufgrund seiner Verkaufsumgebung ein ganz anderes Image verkörpert. Buster ist so überdimensioniert, dass er schon fast lächerlich wirkt. Wie bei einem großen, gutmütigen Hund, muss man bei seinem Anblick unwillkürlich lächeln. Clevere Leute haben sich sehr um dieses Aussehen bemüht, das gleichzeitig an Popart und an Großvaters Zeiten erinnert, als die Dinge noch nicht »so als ob« waren und Erlebnisse dafür schlichter und echter. Ironie und Nostalgie scheinen im Widerspruch zueinander zu stehen, doch ein Sessel kann offensichtlich beides zugleich verkörpern.

Genauso wie einst Liberty & Co. verkaufen Domain und andere Möbelhäuser Empfindungen. Der Unterschied liegt darin, dass Liberty sich seine Kundschaft mittels eines eigenen Warensortiments, das sowohl ihre Sehnsüchte als auch ihre Ideale bediente, selbst erschuf. In unserer fragmentierten Welt aus demografischen Gruppierungen und Mikromärkten hingegen kaufen wir alle mehr oder weniger denselben Sessel – doch wir tun das aus 62 verschiedenen Gründen.

8

Feierlichkeiten

Weihnachten mit der Familie

Wer Weihnachten feiern will, muss einkaufen gehen – wohl oder übel. Doch selbst, wer sonst gerne einkauft, gerät angesichts der Menschenmassen, des Verkehrsgewühls und des Zeitmangels häufig in Stress und ist angespannt, missmutig und hektisch. Viele Menschen lieben den festlichen Schmuck und die Weihnachtsmusik, aber sie beklagen auch, dass dies viel zu früh vor den Feiertagen in die Geschäfte kommt. Zwei volle Monate »Jingle Bells« zerren an den Nerven und die Zeit reicht nie, um alles rechtzeitig fertig zu bekommen.

Man könnte meinen, dass Einkaufen beim Begehen eines religiösen Feiertages gar nicht so wichtig ist, doch in den letzten 200 Jahren hat sich Weihnachten zu einem Familienfest entwickelt und zu einer Gelegenheit, an Verwandte und Freunde zu denken, was wir am liebsten mit Geschenken unter Beweis stellen. Das Einkaufen ist damit ein zentraler und sehr emotionaler Aspekt dieses Festes geworden, denn dadurch zeigen wir unsere Gefühle für andere.

Es steht außer Frage, dass Feiertage einen wichtigen ökonomischen Faktor darstellen. In den Vereinigten Staaten wird etwa ein Drittel aller Einnahmen im Einzelhandel zwischen Mitte November und Mitte Januar erzielt. Je nachdem wer zählt, betragen die feiertagsbezogenen Ausgaben dort zwischen 850 und 1150 Dollar pro Haushalt. Anfang 2001, nach einem guten Weihnachtsgeschäft, wenn auch nicht so gut wie in den Vorjahren, gaben einige Bundesstaaten das Ausmaß ihrer Haushaltslücken bekannt. Die Einnahmen aus der Umsatzsteuer waren weniger gestiegen als erwartet. So kam es, dass einige staatliche Leistungen gefährdet waren. In der nächsten Weihnachtssaison, nach dem Anschlag vom 11. September, redete man der Bevölkerung ein, mit ihrem Konsum etwas gegen den Terrorismus zu tun. Denn es kommt einem vermutlich kaum in den Sinn, dass die eigene Zurückhaltung bei den Weihnachtseinkäufen möglicherweise zur Folge hat, dass die örtlichen Schulen keine neuen Schulbücher bekommen oder die Weltwirtschaft einen Dämpfer erhält – aber genau so funktioniert unser Wirtschaftssystem.

Andererseits verursacht vielen Menschen das Bewusstsein von der wirtschaftlichen Relevanz des Weihnachtsgeschäfts Schuldgefühle beim Einkaufen und bei ihrer Art, das Fest zu feiern. Alle Jahre wieder beklagen viele, Weihnachten stehe nur noch im Zeichen des Kommerzes und seine wahre Bedeutung sei völlig untergegangen. Wir kauften nur noch Dinge, die niemand wirklich brauche.

Trotz dieser Klagen ist der emotionale und spirituelle Einfluss von Weihnachten in den letzten Jahrzehnten beständig gewachsen. Weihnachten, das ist für uns Familie und Tradition, auch wenn die Mitglieder der Familien geografisch immer weiter verstreut leben und manche der heutigen Familienkonstellationen noch vor einem halben Jahrhundert auf wenig Verständnis gestoßen wären. Ohne allgemein verbindliche Regeln oder Erwartungen bezüglich dessen, was eine Familie eigentlich ausmacht oder wie sie sich verhalten sollte, wird »Familie« zunehmend von ihren Mitgliedern definiert. Doch egal wie, Beziehungen brauchen äußerlich sichtbare Zeichen, etwas Fassbares, das beweist, dass sie tatsächlich existieren.

Weihnachten erscheint uns manchmal wie ein undurchdringlicher Filz aus Beziehungen, die uns zwingen, Geschenke für Leute zu kaufen, die wir kaum kennen. Die ewige Frage des Verkaufspersonals: »Wie viel möchten Sie denn anlegen?«, zwingt die Aussuchenden dazu, jeder Beziehung einen finanziellen Wert beizumessen. Es kann ausgesprochen peinlich werden, wenn der oder die Beschenkte im Gegenzug erheblich mehr oder erheblich weniger ausgegeben hat.

Man hat jedoch den Ausweg, für ein Geschenk mit anderen zusammenzulegen und damit der ständigen Sorge um Ausgewogenheit zu entgehen. Beim Einkaufen von Geschenken müssen wir uns an das Alter unserer Nichten erinnern und uns überlegen, was heutige Kinder in ihrem Alter mögen und ob wir ihnen das wirklich schenken wollen. Wir denken an Menschen, denen wir früher vielleicht einmal sehr nahe standen und zu denen wir die Verbindung nicht abreißen lassen wollen. Wir müssen an unsere weit entfernt lebenden Eltern oder Kinder denken und wie bzw. womit wir ihr Leben bereichern können. Im Kontext lebenslanger Beziehungen scheinen Weihnachtsgeschenke unwichtig, doch sie zwingen uns, aneinander zu denken und beweisen, dass wir es tatsächlich tun. Wir gehen alle unsere eigenen Wege und hoffen, dass unsere im Dezember gekauften und in grün und rot verpackten Geschenke uns doch irgendwie zusammenhalten und aneinander binden.

Die Menschen brauchen Feierlichkeiten. Sie bringen Struktur in den Alltag und markieren bestimmte Lebensabschnitte. Alle Feiertage haben, zumindest bei ihrer Festsetzung, etwas Religiöses. Aber sie entlassen uns auch einen Moment aus unseren Pflichten und verführen uns zum Essen, Trinken und Einkaufen. Wie wir gesehen haben, wurden Handelsmessen im Mittelalter häufig auf Feiertage gelegt. Zum einen, weil die Menschen dann Zeit haben und sich freier fühlen, und zum anderen, weil größere Geldausgaben meist eine durchaus ernste Angelegenheit sind.

Aus theologischer Sicht ist Ostern und nicht Weihnachten der höchste christliche Feiertag, denn es wird die Wiederauferstehung von Jesus Christus gefeiert, ein Ereignis von kosmischer Bedeutung. Weihnachten ist dagegen ein eher häuslich geprägtes Ereignis, denn es fällt den Menschen natürlich viel leichter, sich mit der freudvollen Geburt eines Kindes zu identifizieren. Es scheint, als hätten Weihnachtseinkäufe und Bescherung die Bedeutung des Feiertages für die Christen beträchtlich erhöht, genauso wie die Einbindung von Hanukkah als Teil der Jahresendfeier die Beachtung ihres Feiertages in den jüdischen Gemeinden verstärkt hat.

Heute hat es den Anschein, als bewältigten wir die zwiespältige Natur unserer Feiertage, indem wir den Konsum zwar einerseits bedauern, ihm aber andererseits nachgeben. Manche von uns finden raffinierte Wege, um ihre moralische Integrität zu schützen. Eine Frau meldete sich in einem Radioprogramm zu Wort und erzählte, dass ihre Familie die Bescherung auf den 6. Januar verlegt habe, auf das Fest der Heiligen Drei Könige, da ja auch diese dem Jesuskind an diesem Tag Geschenke gebracht hätten. Indem sie genauso verfahren, hielte sich ihre Familie getreu an die in den Evangelien beschriebene Weihnachtsgeschichte. Außerdem könnte man dann von den reduzierten Preisen nach den Feiertagen profitieren. Die Anruferin hatte den Eindruck, allem gerecht zu werden und gleichzeitig noch einen finanziellen Vorteil davon zu haben. Wir möchten das Gefühl haben, an der tieferen Bedeutung eines Feiertages teilzuhaben, aber wir freuen uns auch über die Geschenke. Und wer freut sich nicht ganz besonders über ein Schnäppchen.

Die tiefen Wurzeln des Genusses

»Die Kauflust packt jeden hin und wieder. Auch denjenigen, der so stolz darauf ist, dass er das ganze Jahr über gespart hat. Die Menschen sind nicht nur sich selbst, sondern auch anderen gegenüber großzügiger. Ströme von Geschenken fließen in alle Richtungen.«

Der das geschrieben hat, lebte im 4. Jahrhundert in Konstantinopel. Es war der Philosoph und Rhetoriker Libanius. Er beschreibt hier die Feierlichkeiten im Römischen Reich am 1. Januar. Es war einer von mehreren Feiertagen rund um die Wintersonnenwende, genauso wie der Saturnalia am 17. Dezember, bei dem manche Herren und Sklaven Rollen und Kleider tauschten, oder der Tag der unbesiegbaren Sonne am 25. Dezember, einer der höchsten Feiertage eines mächtigen, ursprünglich aus Syrien stammenden Kultes.

Die meisten Menschen begingen zwei oder mehr dieser vorchristlichen Feiertage. Dadurch entstanden zusammenhängende Zeiträume von Feiertagen, wie wir sie heute auch kennen. Es begann mit einer Art Erntedankfest, wie es heute in vielen Teilen der Welt noch gefeiert wird. Die höheren Feiertage folgten etwas später zur Zeit der Wintersonnenwende, wenn das Angebot an frischen Nahrungsmitteln bereits knapper wurde. Nach den Festtagen mussten die Menschen von ihren Vorräten leben, die aus geräucherten, getrockneten, gepökelten, in Essig eingelegten oder anderweitig haltbar gemachten und gelagerten Lebensmitteln bestanden. (Sauerkraut an Neujahr, eine Tradition in von Deutschen besiedelten Gebieten, erinnert daran.) Diese Feiertage waren weniger eine Zeit der religiösen Besinnung, sie läuteten mit üppigen Festen die kommenden mageren Zeiten ein.

Es liegt etwas Trotziges in der Tatsache, dass man die opulentesten Feiertage ausgerechnet in die am stärksten von Hunger und Mangel bedrohte Jahreszeit legte, auch wenn man berücksichtigt, dass die meisten Lebensmittel vermutlich verrottet wären, hätte man sie nicht gegessen. Trotzdem hat der Verbrauch so vieler Ressourcen in der kältesten und schwierigsten Jahreszeit etwas Bedrohliches.

Zur Zeit Libanius' wurde von den christlichen Gemeinden bereits ein neuer Feiertag begangen, nämlich die Geburt ihres Propheten und Erlösers, die man auf den 25. Dezember legte. Da schließlich niemand den genauen Geburtstag von Christus kannte, legten ihn die religiösen Führer der frühchristlichen Kirche kurzerhand auf diesen Tag und versuchten damit, den bereits seit Jahrhunderten existierenden Feiertag für ihre Zwecke umzuwidmen.

Der heidnische Charakter dieser Feiertage ist jedoch nie ganz verschwunden. Unsere Feierlichkeiten anlässlich von Erntedank, Hanukkah, Weihnachten, Kwanzaa, Neujahr oder der Heiligen Drei Könige scheinen oft die zeitgemäße Ausprägung sehr urtümlicher Feiertraditionen zu sein. Die Details ändern sich vielleicht geringfügig, doch die Grundstruktur bleibt die Gleiche. In Amerika tauschte man ursprünglich zum Neujahrsfest und nicht zu Weihnachten Geschenke aus, und die Silvesterfeiern mit bunten Hüten und Luftschlangen geben uns einen Hinweis auf die Feste anlässlich der alten saturnalischen Herrschaftsumkehr.

Die frühchristlichen Führer fürchteten, dass alte heidnische Bräuche die christliche Bedeutung von Weihnachten bald wieder zudecken könnten. Also erfanden sie den Advent für die vier Wochen vor Weihnachten als eine Zeit des Gebetes und der Reflexion ähnlich der Fastenzeit vor Ostern. Die Adventszeit spielt keine übermäßig wichtige Rolle für Weihnachten, aber wir glauben doch, dass wir den Genuss der Feiertage erst nach einer gewissen Zeit der Prüfung verdient haben. Das ist wohl auch einer der Gründe für die Weihnachtseinkäufe. Verkehrschaos, Menschengedränge, gestresstes Verkaufspersonal und all die anderen kleinen Unannehmlichkeiten brauchen wir offenbar als Vorbereitung und zur Unterstreichung der Bedeutung der Feiertage. Die Art und Weise, wie die Leute sich bei den Erzählungen ihrer haarsträubenden Einkaufserlebnisse gegenseitig übertrumpfen, zeigt, dass das »Opfer« des Einkaufens ein wichtiger Bestandteil des bevorstehenden Festes ist.

Das ist so, auch wenn es Aspekte beim Einkaufen vor Festtagen gibt, die wir durchaus genießen, z.B. die Lichter, die Dekorationen, die besonderen Waren und Verkaufseffekte in den Schaufenstern, die Kapellen der Heilsarmee und manchmal sogar das Menschengewimmel. Der Einzelhandel weiß das und investiert eine Menge Geld in all das Drumherum. Betrachtet man die einkaufenden Menschen, so erscheinen manche zwar hektisch und gehetzt, manche aber auch entspannt, gut gelaunt und recht zufrieden. Trotzdem berichten wir uns gegenseitig von Pech, Misserfolgen und Fehlschlägen sowie monatelangem Suchen nach etwas ganz Bestimmtem. Meistens gibt es jedoch ein Happyend und wie Odysseus gelangen wir schließlich doch alle nach Hause.

Die Erfindung des (amerikanischen) Weihnachtsfestes

Es ist schon erstaunlich, wie extravagant heutzutage in Amerika Weihnachten gefeiert wird, wenn man bedenkt, dass dieses Land überwiegend von Leuten begründet wurde, denen Feiertage und ganz besonders Weihnachten wenig bedeuteten. In den Neuenglandstaaten und in Pennsylvania lehnten die Puritaner und Quäker die Feiertage entweder als Götzenverehrung gänzlich ab oder hielten sie zumindest für schädlich, weil sie die Menschen zu selbstzerstörerischen Exzessen verleiteten.

In England, dem Herkunftsland der meisten Einwanderer, war die Bedeutung im Laufe der Jahrhunderte verblasst. Anfänglich wurde es mit der Mildtätigkeit des Königs und des Adels gegenüber ihren Untergebenen assoziiert. Von Heinrich III. heißt es, er habe an Weihnachten in York ein Fest für rund 1000 Adlige und Pagen gegeben. Er wurde später von Richard II. übertrumpft, der zu diesem Anlass für 10000 Gäste 2000 Ochsen schlachtete und 200 Fässer Wein spendierte. (Ein Fünftel Ochse für jeden scheint doch recht reichlich bemessen.) Geschenke, das waren die mildtätigen Gaben der Grundbesitzer. In gewissem Sinne war es die Umkehrung der üblichen Feudalbeziehungen, bei denen stets die Untergebenen etwas an die Herren abgeben mussten. Dies sicherte den Bestand des Systems und milderte Ressentiments, indem es die Vorstellung stärkte, dass die Beziehung zwischen Grundbesitzer und Pächtern auf Gegenseitigkeit beruhe. Zu Weihnachten bekamen die Bauern eine Ahnung von dem, was sie alles mit ihrer eigenen Hände Arbeit hervorbrachten und leisteten, nämlich das Beste, was das Land zu bieten hatte.

Wie wir weiter oben bereits gesehen haben, gaben wohlhabende Leute mit zunehmender Verstädterung und untergehenden feudalen Strukturen mehr für die eigene äußere Erscheinung und weniger für mildtätige Zwecke aus. Als die Puritaner an die Macht kamen, wurde Weihnachten per Gesetz verboten, aber auch nach der Restauration war klar, dass die alten feudalen Strukturen, an denen sich die Feste früher ausgerichtet hatten, nie wieder in ihrer alten Form existieren würden. In einer urbanen Kultur bedrohte allein die Vorstellung von langen winterlichen Perioden des Müßiggangs, wie sie auf dem Lande unvermeidlich waren, die Produktivität. Aus diesem Grund verschwanden die mehrere Tage dauernden Festlichkeiten aus dieser Jahreszeit.

Zu Beginn des 19. Jahrhunderts gab es in Amerika nur wenige allgemein gültige Feiertage. In weiten Teilen des Landes war man der Meinung, der Sonntag genüge vollauf als freier Tag. Die Nation genügte sich ohne Heilige, an deren Geburtstage man denken musste, und ohne diesbezüglich zu beachtende Gebräuche. Im Süden hingen die Grundbesitzer überwiegend der Anglikanischen Kirche an und gaben an Weihnachten, ähnlich wie manche Angehörige des englischen Adels, rauschende Feste. Auch in New York war der überwiegende Teil der englischen Immigranten anglikanischen Glaubens. Sie feierten Weihnachten, auch wenn es keine offiziellen Feiertage waren.

In den ersten drei prosperierenden Jahrzehnten des 19. Jahrhunderts feierten die wohlhabenden Städter dafür verstärkt Neujahr, wobei ihre Häuser für andere offen standen und sie selbst Besuche machten. Auch wurden teilweise kleinere Geschenke ausgetauscht. Die Tradition des Schenkens entwickelte sich aus der so genannten Weihnachtsschachtel, die gut situierte Leute an Hauspersonal, Wachmänner, Zeitungsjungen und ähnlich niedrig gestellte Personen verschenkten, die für ihre Bequemlichkeit sorgten. Dies ging zurück auf den mittelalterlichen Brauch der Mildtätigkeit gegenüber den Bauern. Man findet dies heute noch im weihnachtlichen Obulus für den Briefträger, die Müllabfuhr, Haushaltshilfen, Lieferanten und allen anderen, die uns zu Diensten sind. Die allgemein verbreitete Vorstellung, dass Geschenke ein Auswuchs unserer Konsumgesellschaft seien, ist also gänzlich falsch. Im Gegenteil, diese Sitte ist vermutlich näher an den Ursprüngen von Weihnachten als viele andere Bräuche, die wir damit verbinden und als sakrosankt empfinden. (Früher war es sogar üblich, Bettlern eine Kleinigkeit zu geben, die dafür von Tür zu Tür gingen. Ein Überbleibsel aus dem Mittelalter, das oft etwas Bedrohliches hatte.)

1823 veröffentlichte der reiche New Yorker Clement Clarke Moore sein Gedicht *A Visit from Saint Nicholas* (dt. von Erich Kästner: *Als der Nikolaus kam*), auf das viele unserer heutigen Vorstellungen von Weihnachten zurückgehen. Es kommt uns heute vor wie die Beschreibung eines traditionellen Weihnachtsfestes, doch als es erschien, war das alles völlig neu. Das Gedicht beruht teilweise auf einem holländischen Brauch, bei dem die Kinder ihre Schuhe an Nikolaus, also am 6. Dezember, vor die Türe stellten und hofften, dass er über Nacht etwas hineinfüllen werde. Der Historiker Stephen Nissenbaum hat jedoch nirgends einen Anhaltspunkt dafür gefunden, dass dieser Brauch jemals in Nieuw Amsterdam weitergeführt wurde. Die Vorstellung, dass Santa Claus durch den Schornstein fährt, geht auf die Geschichte vom heiligen Nikolaus zurück, der einst als Bischof in Myra (in der heutigen Türkei) Säckchen mit Gold durch die Fenster oder die Schornsteine von Häusern armer Familien warf. Der heilige Nikolaus war jedoch eine gestrenge und ernste Gestalt und keineswegs so ausgelassen und vergnügt wie ihn Moore darstellt.

Das Gedicht wirkte wie ein Katalysator für die Neubestimmung von Weihnachten als Familienfest und als Ausgleich für die sonstigen geselligen Feierlichkeiten New Yorks. Man feierte die Geburt eines Kindes und damit die Kernfamilie aus Mutter, Vater, Kind. Doch auch diese Neubestimmung wäre ohne die industrielle Revolution nicht denkbar gewesen.

Die industrialisierten Gesellschaften produzierten immer mehr und immer billigere Ware. Gleichzeitig vollzog sich ein demografischer Wandel, der half, Weihnachten als Familienfest zu etablieren. Der Schlüssel für Weihnachten, so wie wir es heute kennen, war die Entstehung der bürgerlichen Familie. Etwa ab 1830 waren Arbeitsplatz und Heim nicht nur in Amerika zwei völlig getrennte Welten. Hatten die Heranwachsenden früher Seite an Seite mit ihren Eltern und anderen Erwachsenen gearbeitet (zu dieser Zeit in der Landwirtschaft immer noch üblich), waren sie nun aus dem Produktionsprozess herausgenommen. Um es mit den Worten Veblens zu sagen, sie gehörten nun zur »Freizeitklasse«. Die Mutter hatte die Kontrolle über diese Welt und sorgte für Erziehung, moralische Führung und ein geeignetes Umfeld des Nachwuchses. Wie wir gesehen haben, galt das Einkaufen als eine Form der materiellen Fürsorge für das Heim und die Familie und damit als wichtiger Bestandteil der weiblichen Rolle.

Geschäftsleute und Selbstständige hatten weniger Kinder als noch ihre Eltern. Zu Beginn des 19. Jahrhunderts gab es in den Magazinen mehr Werbeanzeigen für empfängnisverhütende und Abtreibungsmittel als für Weihnachtsgeschenke. In Familien mit wenigen, dafür aber häufig verwöhnten Kindern hatten die Eltern mehr Zeit für ihre

Sprösslinge, die nun nicht mehr als wirtschaftlicher Reichtum, sondern als Bereicherung des Lebens betrachtet wurden. Müttern wurde die Verantwortung aufgebürdet, ihren Kindern eine schöne Kindheit zu bieten. Außerdem stand mehr Geld für jedes einzelne Kind zur Verfügung, sodass die Geschichte vom Heiligen Nikolaus hier auf fruchtbaren Boden fiel. Weihnachten geriet zur Feier des geliebten, in trauter Familie geborgenen Kindes. Man kann die Geschichte vom Kindlein in der Krippe in Bethlehem so interpretieren, aber man muss es nicht. Jedenfalls ist das seit Mitte des 19. Jahrhunderts die Bedeutung von Weihnachten in Amerika.

Seit anderthalb Jahrhunderten ist Weihnachten immer mehr ein Fest der Kinder geworden – das die Mütter ausrichten. Selbst in den religiösen Geschichten erscheint uns Joseph wie ein Statist. In den Evangelien wird er an den Rand des Geschehens gedrängt, nicht nur von Mutter und Kind, sondern auch von allen anderen Helfershelfern, wie Engeln, Schäfern und den Weisen aus dem Morgenland. (Ein hartnäckiges Weihnachtsklischee aus dem späten 19. Jahrhundert zeigt uns eine mit entschlossener Miene durch die Einkaufsstraßen und Ladengänge strebende Frau, unwillig gefolgt von ihrem Mann, der zu nichts anderem nutze ist, als zum Tragen eines bedenklich wankenden, sich immer höher türmenden Geschenkestapels.)

Es waren überwiegend Frauen, die die heutigen weihnachtlichen Traditionen begründeten, angefangen vom weihnachtlichen Schmuck über das Aufstellen eines Baumes bis hin zum Einkauf und Verpacken von Geschenken. All das war sehr arbeitsaufwändig und musste größtenteils von ihnen allein bewältigt werden.

Selbst heute noch, wo die Frauen meist einer Berufstätigkeit außerhalb der eigenen vier Wände nachgehen, gelten die Weihnachtsvorbereitungen als Frauensache, nicht nur bei den Männern, auch bei den Frauen selbst. In einer Studie von 1990 wurde herausgefunden, dass Frauen sehr viel früher mit dem Einkaufen beginnen und viel mehr Geschenke kaufen, dabei aber weniger Geld für das einzelne Geschenk ausgeben. Auch ist es ihnen weitaus wichtiger als den Männern, dass ihre Geschenke Anklang finden und Freude bereiten. Insgesamt bedeuten die Feiertage für sie hauptsächlich Arbeit, die sie möglichst gut erledigen wollen. Sie akzeptieren die Mühen rund um Weihnachten, da sie – noch – Familie und Zuhause als ihren Bereich ansehen. Männern hingegen erscheint Weihnachten häufig wie eine mehr oder weniger erwartete Krise, die man irgendwie überstehen muss.

Es dauerte ein paar Jahrzehnte, bis sich Weihnachten in dieser Form durchsetzte. Noch in der ersten Hälfte des 19. Jahrhunderts blieben viele Geschäfte über Weihnachten geöffnet, mit der Folge, dass so viele Leute ihre Weihnachtseinkäufe direkt an Weihnachten erledigten, dass in den Einkaufsstraßen von New York und Philadelphia schier kein Durchkommen war. Obwohl weder die Zeitungen noch die Zeitschriften irgendein markantes Ereignis erwähnten, waren sie ab Mitte des Jahrhunderts plötzlich voll von Geschichten von Frauen beim Weihnachtseinkauf. Sie berichteten außerdem, dass die Frauen viele der Geschenke selbst herstellten und die Strümpfe ihrer Kinder mit Süßigkeiten und Kleinigkeiten füllen. Diese Aktivitäten scheinen nicht auf ein gelungenes Marketing zurückzuführen zu sein, obwohl sich der Einzelhandel natürlich schnell darauf einstellte. Einige Jahre später gab es dann Erzählungen von Kindern, die in die Stadt mitgenommen wurden, »um Weihnachten zu erleben«, da die ganze Einkaufswelt voller Lichterglanz und Weihnachtsdekoration war, was den

Eindruck vermitteln sollte, dass Einkaufen um diese Zeit etwas ganz anderes sei als sonst.

Der Einzelhandel reagierte sehr rasch auf diese neue Begeisterung für das Weihnachtsfest. 1845 verkündete ein Geschäft in Philadelphia, dass Kris Kringle anwesend sei, um die Kunden persönlich zu begrüßen. Kris Kringle war ein Produkt der deutschen Kolonie in Pennsylvania und unterschied sich deutlich von Moores Santa Claus, denn er war schlank, hatte scharfe Gesichtszüge, trug einen hohen Hut und einen Spitzbart. 1874 stellte Macy's Puppen im Wert von 10 000 Dollar in die Schaufenster. Die New Yorker kamen in Scharen, um sie anzuschauen – und kauften nebenbei auch etwas ein. 1920 erfand Gimbel's in Philadelphia die Thanksgiving Parade, um die Weihnachtszeit einzuläuten. Dieser Einfall wurde unverzüglich von Hudson's in Detroit und Macy's in New York kopiert. Wer allerdings zuerst auf die Idee mit dem Weihnachtsschlussverkauf kam, weiß man nicht so genau. Hingegen ist erwiesen, dass dieser Schlussverkauf einen beträchtlichen Anteil am Umsatz im Weihnachtsgeschäft ausmacht.

Interessant dabei ist, dass der Einzelhandel noch 1880 von seinen Fachzeitschriften davor gewarnt wurde, besondere Vorkehrungen für das Weihnachtsgeschäft zu treffen und zusätzliche oder spezielle Ware einzukaufen. Die Einzelhändler sollten sich möglichst nicht an Events oder am weihnachtlichen Dekorieren der Schaufenster beteiligen und bei dem allgemeinen Trubel nicht allzu sehr mitmischen.

Wir vermuten immer, dass der weihnachtliche Kommerz am eigentlichen Sinn des ursprünglich religiösen Weihnachtsfestes vorbeigeht und ihm schadet, aber in Wirklichkeit entstand beides parallel zueinander. Ein Beispiel: Fast alle Weihnachtslieder, die wir auch heute noch singen, entstanden zwischen 1850 und 1870 oder wurden in dieser Zeit ins Englische übertragen. Vor allem die Geschäftsleute sorgten für ihre Verbreitung, wie beispielsweise John Wanamaker, der jedes Jahr um die Weihnachtszeit Tausende von Liederbüchern an seine Kundschaft verschenkte. Dagegen standen viele Kirchen den Weihnachtsfeierlichkeiten zunächst sehr ablehnend gegenüber, mussten aber dann auf Wunsch ihrer Gemeindemitglieder schließlich nachgeben.

Viele andere Weihnachtstraditionen, die für uns heute ganz selbstverständlich dazugehören, setzten sich nur ganz allmählich durch. Der Weihnachtsbaum z.B. geht auf die tiefe Verehrung der Bäume und der Natur in Nordeuropa zurück. Königin Victoria und Prinz Albert brachten diesen deutschen Brauch nach England und sorgten auch für seine zunehmende Popularität in Amerika, wo er durch deutsche Einwanderer bereits bekannt war. Der Weihnachtsbaum von Victoria und Albert war dabei so klein, dass er bequem auf einem Tisch stehen konnte. Lange Zeit wurden die Geschenke an den Weihnachtsbaum gehängt, häufig in kleinen, speziell dafür hergestellten Füllhörnern aus Papier, weswegen die Weihnachtsgeschenke klein und leicht waren. Erst gegen Ende des 19. Jahrhunderts begannen die Geschenke deutlich größer zu werden und die Tragfähigkeit der kleinen Tannenbäume oder der am Kamin aufgehängten Socken zu übersteigen. Man stieg auf bunt eingepackte Kartons und verzierte Schachteln um.

Das Verpacken der Weihnachtsgeschenke erregte seit jeher das besondere Interesse der Anthropologen und derjenigen, die sich mit Folklore befassen. Es begann zunächst damit, dass die Dinge in den Geschäften in einfache Schachteln gesteckt wurden, die sich leicht verpacken ließen. Warum das Ganze immer aufwändiger wurde, ist bis heute nicht geklärt. Heutzutage werden fast alle Geschenke verpackt. Ausnahmen bilden lediglich zu große oder zu seltsam geformte Dinge oder Selbstgemachtes, wie Kuchen oder Plätzchen, die manchmal nur mit einer Schleife oder einem Band verziert werden.

Manche Anthropologen haben vermutet, das Einpacken sei der Versuch, die industrielle Herkunft eines Geschenkes zu verbergen und es dadurch zu veredeln. Das Argument überzeugt jedoch nicht ganz, denn häufig machen die Gebenden gar keinen Hehl daraus, woher sie das Geschenk haben.

Es ist wahrscheinlicher, dass das Einpacken ein zusätzlicher »Liebesbeweis« ist, denn es fügt einem in Massen hergestellten Geschenkartikel eine persönliche und selbst gemachte Note hinzu. Die Verpackung ist kein Verstecken, sondern ein sichtbarer Beweis dafür, dass der Schenkende dem Beschenkten zugetan ist, und sie zeigt, dass das Geschenk eine persönliche Beziehung unterstreichen soll.

Aber da ist noch etwas. Die Verpackung macht aus dem Geschenk eine weihnachtliche Dekoration. Der Feiertag, so wie er seit dem 19. Jahrhundert verstanden wird, gilt dem geschützten Heim. Ursprünglich schmückten die Geschenke den Baum. Als die Geschenke immer zahlreicher und immer größer wurden, legte man sie an den Fuß des Baumes. Alle, die ein Geschenk mitbringen, zeigen damit ihre Wertschätzung für die Familie. Der Baum und die verpackten Geschenke darum herum werden zum zentralen Element der Weihnachtsdekoration. Sind die Geschenke erst einmal ausgepackt, gehen sie natürlich in den persönlichen Besitz des Beschenkten über, doch bis dahin sind sie ein buntes Symbol für die Familie als Ganzes.

Santa Claus: Genuss und Selbstkontrolle

Santa Claus ist die zentrale Gestalt des heutigen amerikanischen Weihnachten und nicht wenigen bereitet er Kopfzerbrechen. Entzündet er denn nicht bei Kindern die Gier nach Konsumgütern und legt den Grundstein für eine lebenslange Sucht? Oder ist er gut für die Kinder, indem er ihnen zeigt, wie man feiert, ohne dabei das Maß aus den Augen zu verlieren?

Santa Claus und seinesgleichen beunruhigte seit jeher vor allem religiöse Menschen. Auch er ist allwissend und eine Quelle der Güte, kurz, er ist die kindliche Version eines Gottes. Immerhin, er ähnelt in gewisser Weise Saturn, der zu Zeiten der Römer dem winterlichen Feiertag seinen Namen gab. Aber er ist auch ein sehr geschäftiger Halbgott mit vielen Eigenschaften eines Hausierers aus dem 19. Jahrhundert. Im 20. Jahrhundert machte er eine Metamorphose zu einem seriöseren Geschäftsmann durch, der sowohl eine von Elfen betriebene Fabrik am Nordpol als auch den weltweit effizientesten Über-Nacht-Zustelldienst managt.

Seine Gegner sehen deshalb eine blasphemische Figur in ihm, der die kleinsten Kinder zu einer Pseudoreligion der Einkaufsstättenverehrung verführt und unsere Gesellschaft in den moralischen Bankrott, in die materielle Verschwendungssucht und die spirituelle Wüste treibt.

Andererseits wird er trotz seiner göttlichen Attribute nicht als religiöse Figur gesehen, seine Zauberkraft ist nicht sektiererisch. Die Amerikaner sind hinsichtlich Religion unterschiedlicher Auffassung, doch die Vorstellung eines so überaus fleißigen Mannes, der seine Güte in Form von Markenartikeln verteilt, findet offenbar überall Zustimmung.

Die beste Verteidigung wurde von dem Anthropologen Claude Lévi-Strauss vorgetragen. Er behauptete, dass Santa Claus bzw. sein französisches Gegenstück Père Noël dazu beiträgt, dass Kinder Selbstdisziplin lernen, denn seine Großzügigkeit ist direkt proportional zum artigen Betragen des Kindes. (Er sieht schließlich alles.) Noch wichtiger aber sei, so Lévi-Strauss, »dass die Gabe von Geschenken nur zu einer bestimmten Zeit den Kindern beibrächte, sich zu gedulden und sich zu beschränken, da sie nur in dieser Zeit quasi das Recht haben, sich etwas zu wünschen.«

Mehr oder weniger gelten diese Argumente für die ganze Weihnachtszeit, denn sie kanalisiert einen großen Teil unserer Ausgaben und konzentriert unsere Genusssucht auf einen nützlichen, wenn auch manchmal problematischen Bereich – die Familie. Es beschränkt überdurchschnittlich hohe Ausgaben auf einen kurzen Zeitraum und hilft uns so vielleicht dabei, das ganze restliche Jahr mit unserem Geld vernünftig hauszuhalten, und sei es nur deshalb, weil unsere Kreditkarten maximal belastet sind.

Heutzutage tut der Einzelhandel alles für einen möglichst hohen Umsatz im Weihnachtsgeschäft. Es bleibt ihm auch kaum etwas anderes übrig. Doch die Konzentration so vieler Käufe und die Flut der Warenströme in einer so kurzen Zeitspanne bringt für den Kunden zwangsläufig Gedränge und für den Einzelhandel Stress mit ungelernten Kräften und enormen Warenmengen, von denen niemand weiß, was sich verkauft und was nicht. Diese Schwierigkeiten wurden bereits im letzten Drittel des 19. Jahrhunderts deutlich, als das ganze Weihnachtsdrumherum noch im Entstehen war. Auch dies war einer der Gründe, warum der Einzelhandel zunächst nur zögernd auf den neuen Trend reagierte, es war einfach zu viel Aufwand damit verbunden: die Auswahl, Beschaffung und Lagerung zusätzlicher und spezieller Ware, zusätzliches Verkaufspersonal, Dekoration und besondere verkaufsfördernde Events und das damit einhergehende geschäftliche Risiko. Heute erzielt der Einzelhandel den Löwenanteil seiner Gewinne im Weihnachtsgeschäft, während er im Laufe des übrigen Jahres nicht selten Verluste einfährt und Schulden macht, die er nach den Feiertagen begleichen kann. Für ihn ist das Weihnachtsgeschäft ein Glücksspiel, bei dem er jederzeit verlieren kann. Die Kunden haben nicht selten den Eindruck, die Geschäftswelt habe sich mit Weihnachten gegen sie verschworen, doch kaum jemand im Einzelhandel würde sich freiwillig ein System ausdenken, bei dem so viel von einem einzelnen Ereignis abhängt.

Seit mehr als einem Jahrhundert versucht der Einzelhandel auf verschiedene Art und Weise mit den extremen Ansprüchen zu dieser Jahreszeit fertig zu werden. Eine Methode besteht darin, die Kunden zu einem früheren Kauf zu verlocken, indem man das Weihnachtsgeschäft in die Länge zieht. Das wurde zunächst als Freundlichkeit gegenüber dem im Weihnachtsgeschäft über die Maßen beanspruchten Verkaufspersonal begründet, heute verkauft man es als Zeichen der Effizienz einer klugen Kundschaft bei den Weihnachtseinkäufen. Wer jedoch strategisch denkt, wird sich zumindest einige seiner Einkäufe in der Hoffnung auf herabgesetzte Preise bis zum Schluss aufheben. Doch wie dem auch sei, die Verlängerung des Weihnachtsgeschäftes hat das Gedränge der in letzter Minute Einkaufenden nie verhindern können. Stattdessen fördert es das Missbehagen beim Einkaufen und das Gefühl der exzessiven Kommerzialisierung der Feiertage.

Eine andere Strategie bestand darin, nach weiteren Anlässen zum Schenken zu suchen und damit Ausgaben, Geldfluss und Warenströme gleichmäßiger über das Jahr zu verteilen. In Japan gibt es beispielsweise die Tradition des Schenkens zum Mittsommerfest, was den Geschenkeaustausch zum Neujahrsfest relativiert. Doch weder in Nordamerika noch in Europa hat sich neben Weihnachten ein ebenso wichtiger Feiertag etablieren können. Jahrelang galt Ostern als Zeit der Erneuerung – auch bei der Garderobe, doch dieses Fest hat im Laufe der letzten 50 Jahre nicht nur an religiöser, sondern auch an kommerzieller Bedeutung verloren. Andere Feiertage, die sich über ein verlängertes Wochenende erstrecken, wie in Amerika der President's Day, der Labor Day oder der Memorial Day, werden zum Anlass für Preissenkungen genommen. Manche Geschäfte hatten lange Zeit einen Terminkalender mit speziellen Anlässen für Preisreduktionen, um Kunden anzulocken. Die »Back-to-School«-Saison gegen Ende des Sommers ist in Ländern mit Schuluniform die einzige weitere ausgeprägte Einkaufszeit, wenn auch nicht entfernt mit Weihnachten vergleichbar.

Eine vertraute Plattitüde ist das Bedauern, dass nicht immer Weihnachten ist. Vom Standpunkt der Einkaufenden ist jedoch das Gegenteil zutreffend und man ist heilfroh, dass Weihnachten nur einmal im Jahr ist. Es ist eine schwierige und nervenaufreibende Zeit, aber auch eine Zeit des Gebens und des Genusses. Wir könnten es uns gar nicht leisten, wenn sie das ganze Jahr anhielte.

9

Bequemlichkeit

Effizienz, Branding und die Verflechtungen des Alltags

Als meine Freundin Anita erfuhr, dass ich an diesem Buch arbeite, wollte sie unbedingt, dass es ein Kapitel über »das Einkaufen früher« bekommt. Damit meinte sie das Einkaufen wie zu Zeiten ihrer Mutter und wie sie es als Kind erlebt hatte.

»Einkaufen, das war ein Ereignis, denn man tat es nur gelegentlich. Aber dann war es eine wichtige Sache.« Ihre Erinnerungen ranken sich um ein einst sehr bekanntes, aber heute nicht mehr existierendes Modefachgeschäft, bei dem Generationen von gut betuchten Frauen ihre Kleidung und die passenden Accessoires kauften. Es war die Art von Geschäft, in dem man immer mit »seiner« Verkäuferin zu tun hatte, die vielleicht auch andere Familienmitglieder »betreute«. War man ein guter Kunde, gab sie sich stets große Mühe, etwas Passendes zu finden.

»Sie fragte z.B., für welche Gelegenheit man ein Kleid suchte«, erinnert sich Anita. Vielleicht hatten ja bereits andere Kunden Kleidung für die gleiche Gelegenheit bei ihr eingekauft. »Und sie hatte eine sehr diskrete Art zu erfragen, wie viel meine Mutter ausgeben wollte. Dann holte sie ein Kleid nach dem anderen herbei und erklärte seine Vorzüge, wie Schnitt, Material etc.« Anita und ihre Mutter saßen dabei in einem separaten Raum. Manchmal probierte Anita auch das eine oder andere Kleid an.

»Man konnte eine ganze Stunde damit verbringen und trotzdem kein Kleid finden, das einem zusagte. Aber die Verkäuferin hatte immer noch etwas in petto. Wenn man schon aufgeben und gehen wollte, dann zauberte sie etwas ganz Besonderes herbei. Es war immer etwas teurer, doch aus irgendeinem Grund war es fast immer genau das, was ich suchte. Es stand mir oft so viel besser als alles andere, das ich zuvor probiert hatte, dass es mir den höheren Preis wert schien.

Ich glaube heute, dass es immer dieses letzte Kleid war, dass sie mir eigentlich die ganze Zeit verkaufen wollte. Die anderen dienten nur dem Zweck, mir dieses umso schöner erscheinen zu lassen. Selbst damals war mir das schon halbwegs klar, aber ich genoss das Prozedere.« Und noch heute genießt sie die Erinnerung.

Anita ist eine berufstätige Frau unter ständigem Zeitdruck, die heute mit Sicherheit keine Zeit mehr für derlei aufwändiges und geruhsames Auswählen hätte. Wie die meisten geht sie in gut sortierte Geschäfte, die die Stilrichtungen, Marken und Designer führten, die sie schätzt. Sie geht davon aus, die richtige Kleidung ohne Hilfe aus dem Angebot herausfinden zu können und erwartet nicht, dass sie ihr vorgeführt wird.

Im Nachhinein wirkt das alte Verfahren viel entspannter und bequemer. Die Verkäuferin kannte ihre Kundinnen und – vielleicht noch wichtiger – auch deren Freundinnen und Freunde. Sie konnte also wirklich gut beraten. Heute ist so ein Service nicht länger nützlich und Anita lebt in einem Umfeld, in dem andere Dinge für die Bequemlichkeit wichtig sind. Der beste Service, den ein Geschäft ihr bieten kann, ist, das Richtige zu einem guten Preis zu führen. »Diese Art des Verkaufens war eine Kunst«, sagt sie von der Verkäuferin aus ihrer Jugend, »doch wer hat dafür heute noch Zeit?«

Heute, da die meisten Frauen außer Haus arbeiten, hat sich der ehemalige weibliche Kalender der formalen gesellschaftlichen Ereignisse überholt, und das ernsthafte aber entspannte Einkaufen ohne Zeitdruck ist nur noch Erinnerung. Beruf, soziales Umfeld und Familie sind eng miteinander verwoben und greifen ineinander. Anstelle einer Reihe von besonderen Ereignissen gibt es nun zahllose Augenblicke, in denen wir uns und eventuell unsere Familie möglichst vorteilhaft präsentieren wollen. Das Einkaufen ist zwar nach wie vor genauso wichtig, aber es dient anderen Zwecken. »Ich möchte, dass meine Kleidung Autorität ausstrahlt, sodass sie verstehen, dass ›nein‹ auch ›nein‹ bedeutet«, sagt eine leitende Angestellte in einer Untersuchung von 1997. Eine andere wünscht sich, dass ihre Kleidung ihr unbekannten Leuten die Botschaft vermittelt, »dass ich mich um sie kümmern werde und dass sie darauf vertrauen können, dass ich mich für sie einsetzen werde.«

Einkaufen konkurriert im Zeitplan der Menschen mit vielen anderen Tätigkeiten. Viele Frauen geben in Umfragen an, ruhige private Augenblicke, in denen sie einmal Zeit für sich haben, seien für sie sehr erstrebenswert. Diese wenige freie Zeit wird immer seltener damit verbracht, Kleider in irgendwelchen Geschäften anzuprobieren.

Dieser Trend sagt uns, dass das Einkaufen noch mehr vereinfacht und beschleunigt werden muss. Die Geschäfte müssen ihre Märkte schneller analysieren, ihre Ware darauf abstimmen und der Kundschaft anzeigen, wo sie das Gesuchte finden können. Kataloge, Internet und Teleshopping ersparen uns Zeit und ermöglichen uns den Einkauf von zu Hause aus oder während der Mittagspause im Büro. Heute gilt Einkaufen nicht mehr als etwas Besonderes, sondern als etwas, dass jederzeit und allerorten möglich ist. So wie eine Frau immer Ehefrau, immer Mutter und immer Rechtsanwältin ist, so ist sie auch immer Käuferin.

Dieser Wunsch nach größerer Effizienz steht im Widerspruch zu einer anderen Tatsache, dass nämlich Einkaufen auch eine der häufigsten Freizeitbeschäftigungen ist. Nach Veblens Definition handelt es sich ganz ohne Frage um eine Freizeitbeschäftigung, denn schließlich produzieren die Menschen nichts, wenn sie einkaufen. Für eine signifikante Minderheit bedeutet Einkaufen eine Freizeitbeschäftigung im weiteren Sinne, denn sie tun es, weil es ihnen Spaß macht, weil sie sich dabei erholen oder weil sie gerade nichts anderes mit ihrer Zeit anzufangen wissen.

Der Widerspruch zwischen Effizienz und Freizeit ist nicht mehr ganz so krass, wenn wir berücksichtigen, dass das Leben der meisten Menschen heute sehr verflochten ist. Arbeit unterbricht das Privatleben und umgekehrt. Kaufgelegenheiten und -anreize unterbrechen alles. Es gibt wenig Zeit für Eltern, sich um ihren Nachwuchs zu kümmern, also wird Einkaufen auch als Anlass genutzt, etwas gemeinsam zu unternehmen.

Diese Bestrebungen, das Einkaufen zu einer Art Familienvergnügen zu machen, sind in der Tat ein Versuch, das Einkaufen unserem heutigen Lebensstil anzupassen. Bisher war der Einzelhandel stets darum bemüht, etwas zu (er)finden, was das Einkaufen ihrer Kundschaft bequemer macht: neue Geschäftsgestaltung und Verkaufsumgebungen, wie beispielsweise Einkaufszentren, Kaufhäuser, Gewerbegebiete oder das Internet. Auch versuchte man das Einkaufsverhalten vorherzubestimmen, indem man Marken und Geschäftsnamen mit Images verband (das so genannte Branding) und indem man eine abwechslungsreiche und fast unentrinnbare Einkaufswelt schuf. Bequemlichkeit bedeutet nicht nur, das Gesuchte schnell zu finden, schnell zu bezahlen und das Geschäft zügig wieder verlassen zu können. Die Kunden sollen sich auch wohl fühlen und aufgeschlossen für das Angebotene sein. Dafür muss man sie respektieren und auf ihre Wünsche eingehen. Das Wichtigste aber ist vielleicht zu erkennen, dass die Menschen neben dem Einkaufen noch sehr viel mehr zu tun haben.

Bequemlichkeit heute

Seit dem 16. Jahrhundert hat es immer Stadtbezirke gegeben, in denen sich Anbieter ähnlicher Produkte oder Handwerker einer Fachrichtung ansiedelten. Das Gleiche geschah bereits vor 2 400 Jahren in der Athener Agora. Der Nachteil, die Konkurrenz so dicht auf dem Hals zu haben, liegt vor allem darin, dass die eigenen Produkte vergleichbar in Qualität und Preis sein müssen. Der Vorteil liegt zweifellos darin, dass die Kundschaft genau weiß, wo sie hingehen muss, wenn sie etwas Bestimmtes sucht.

Lange Zeit aber mieden Kaufleute diese Konzentration und versuchten, sich möglichst weit von der Konkurrenz entfernt anzusiedeln. Das zwang die Kunden durch viele Geschäftsstraßen zu laufen, wenn sie Produkte oder Preise vergleichen wollten. Auf dem Weg kamen sie an anderen Geschäften vorbei, blieben dort an einer Auslage hängen und kauften etwas, was sie zwar nicht geplant hatten, dem sie aber nun nicht widerstehen konnten. Einige Betreiber von Einkaufszentren sind jedoch wieder zur alten Denkweise zurückgekehrt und siedeln Geschäfte mit ähnlichem Sortiment an, sodass es sich für Kunden mit festen Kaufabsichten lohnt, dieses Einkaufszentrum aufzusuchen. Sie haben sogar angefangen, Areale bestimmten Warensegmenten, wie Möbel, Haushaltswaren, Bekleidung oder Schuhen zuzuordnen, um das Einkaufen zu erleichtern. Sehr weit verbreitet ist das allerdings noch nicht. Meist spricht sich der Erfolg eines Konzeptes aber schnell herum und wird dann unverzüglich von anderen aufgegriffen.

Die Betreiber von Einkaufszentren mussten sich anpassen, denn in den 90er-Jahren wandten sich die Käufer bequemeren Einkaufsalternativen zu. Riesige Zentren, wo man sein Auto weit entfernt abstellen und dann weite Wege bis zu den jeweiligen Geschäften zurücklegen musste, wurden den Leuten allmählich zu mühselig und zeitaufwändig. Die Alternative war eine Art Ladenstraßen, also Zentren mit aneinander gereihten Geschäften mit ähnlichem bzw. überlappendem Angebot und Parkplätzen unmittelbar davor. So gibt es in einem Geschäft vielleicht Möbel und Lampen, im nächsten Schranksysteme und Betten und noch ein Geschäft weiter Haushaltsgeräte und Möbel. Es handelt sich also nicht um direkte Konkurrenz, bietet der Kundschaft aber trotzdem Vergleichsmöglichkeiten. Die Kunden können entweder schnell bei einem bestimmten Geschäft vorbeischauen oder aber mehrere Geschäfte mit einem Stopp verbinden. Je nach Bedarf. Diese Art von Bequemlichkeit entspricht heutigen Bedürfnissen .

Eine andere Alternative sind Megastores wie Wal-Mart und Co., die so gut wie alles anbieten, manchmal sogar exklusive Produkte oder ein besonderes Design. Es gibt auch Ladenstraßen mit Geschäften, die eine besondere Vormachtstellung für bestimmte Produkte oder Marktsegmente haben, wie beispielsweise der Spielzeug-Supermarkt Toys Я Us. Er hat quasi ein Monopol geschaffen und inzwischen versucht erst gar niemand mehr, mit ihm zu konkurrieren.

Manchmal gibt es aber auch ein Zuviel des Guten. Während manche Leute die überwältigende Vielfalt in den Baumärkten genießen, fühlen sich andere schlichtweg verloren und erdrückt von dem Überangebot.

Möchten Kunden schnell genau das finden, wonach sie suchen oder möchten sie in einer reichen Auswahl schwelgen? Das ist eine uralte Frage und die Antwort lautet, dass sie eben beides wollen, weshalb sich die Geschäftsleute auch bemühen, beide Impulse zu befriedigen. Selbst Supermärkte, die im Allgemeinen übersichtlich aufgebaut und beschildert sind, stellen zur Auflockerung hier und dort Extratische mit besonderen Angeboten auf, die die Einkaufenden von ihrer geplanten Route locken und zum Kauf verleiten sollen. In Kaufhäusern spiegelt eben diese Balance zwischen Ordnung und Chaos oft den Charakter des Hauses.

So bemerkte John Wanamaker vor knapp 100 Jahren, dass die Mehrheit seiner Kundinnen aus berufstätigen Frauen bestand, die ihren Einkauf möglichst schnell erledigen wollten. Folglich gestaltete er sein Geschäft sehr übersichtlich und streng geordnet. Heute gibt es in vielen Geschäften »Rundwege«, die die Kunden zu dem Gesuchten führen, sie aber auf dem Weg dorthin an zahlreichen anderen Waren vorbeiführen. Dieses zeit- und raumeffiziente Konzept verspricht hohe Einnahmen pro Fläche und genau danach bemisst der Einzelhandel seinen Erfolg.

Andere Kaufhäuser setzen erfolgreich auf ein gewisses Durcheinander. So gestaltete Bloomingdale's seine Filialen in den 70er- und 80er-Jahren mit Absicht wie einen Irrgarten. Die Sicht war ständig durch irgendetwas begrenzt, Wege verliefen nicht selten im Kreis und man begegnete der gleichen Ware an verschiedenen Stellen, häufig neben Produkten, zu denen sie keinerlei logischen Bezug hatte. Andererseits wurde gerade für Yuppies vieles unter einem Dach geboten.

Wenn wir einkaufen gehen, freuen wir uns über Überraschungen. Der Einzelhandel macht gute Geschäfte mit den Dingen, die wir ohne jegliche vorherige Absicht erwerben, weshalb er sicherlich niemals so geordnet wie ein Dezimalsystem daherkommen wird. Andererseits muss Einkaufen in einer Zeit, da niemand Zeit hat, vereinfacht und erleichtert werden. Ob im Internet oder im realen Geschäft, es muss möglich sein, Gesuchtes schnell zu finden, aber auch unverhofft auf Nicht-Gesuchtes zu stoßen, das unwiderstehlich ist.

Selbstsichere Kunden und Selbstbedienung

Zu Beginn des 20. Jahrhunderts war das Geschäft Filene in Boston wie die meisten Kaufhäuser in Familienbesitz. Doch anders als die Mehrheit betrachtete die Familie Filene das Einzelhandelsgeschäft nicht als Kunst, sondern als Wissenschaft. Fast überall im Geschäft sollte sich das Verkaufspersonal jeglicher persönlicher Meinung enthalten und die Kleidergröße immer eine Nummer kleiner einschätzen. Die Rolle der bürgerlichen Frau bestand darin, kulturelle Normen zu setzen und den Geschmack der Familie zu prägen. Die Kaufhäuser akzeptierten das und unterstützten sie darin.

Wie in den meisten Kaufhäusern wurden auch bei Filene im Basement besonders preisgünstige Waren oder Restbestände angeboten. Ein Großteil der Kunden konnte es sich nicht leisten, in den oberen Stockwerken einzukaufen, doch hatten manche von ihnen den gleichen Ehrgeiz. Sie suchten hochwertige und geschmackvolle Ware zum günstigen Preis. Status war schön und gut, ein Schnäppchen war besser.

1909 gab es eine Neuerung in Filenes Basement. Man kaufte größere Mengen an hochwertiger Ware, die die Kunden vielleicht noch ein paar Monate zuvor in den oberen Stockwerken gefunden hätten. Zusätzlich führte man eine zeitliche Staffelung der Preise ein, d.h., lag eine Ware länger als eine bestimmte Zeit im Regal, wurde sie im Preis herabgesetzt. Man verzichtete auf edles Verkaufsambiente oder auf Service, sodass die Kundschaft vollkommen auf sich allein gestellt war und gemäß ihrem Geschmack, Stilempfinden und Qualitätsurteil auswählte.

Diese zeitliche und automatische Preisstaffelung, die es noch heute in der Bostoner Filiale gibt, führt dazu, dass die Kunden immer wieder und wieder kommen. Zum einen, um zu sehen, was es Neues gibt, und zum anderen, um zu prüfen, ob ein bestimmtes Produkt nach der Preisreduktion noch da ist. Sie verleitet die Menschen aber auch zu hinterhältigen Tricks, wie beispielsweise dem Verstecken von Ware in der Hoffnung, dass sie niemand anderes bis zur Herabsetzung gefunden hat. Das System weckt das Gefühl von Knappheit und damit den Wunsch, etwas zu erwerben, bevor es ein anderer tut. Einkaufen wird dadurch zu einer Art Spiel, nämlich dem Erwerb von Gegenständen unter ihrem Wert. Die Einkaufenden werden zu Jägern und Sammlern in Filenes Basement, der Bostoner Variante der Kalahari-Steppe.

Filenes Basement war jedoch nicht der erste Ort mit Selbstbedienung. In den meisten Discount-Läden und auch in manchen gehobenen Kaufhäusern und Fachgeschäften gab es das bereits. Doch es war eine der frühesten Bühnen für den selbstsicheren und unabhängigen Kunden, der seinem eigenen Urteil vertraut und niemanden zur Beratung braucht. Heute trifft das auf mehr oder weniger alle Kunden zu, doch zu Beginn des 20. Jahrhunderts glaubten noch viele Einzelhändler, ihre Kundschaft benötige Hilfe. Außerdem missfiel ihnen die Vorstellung, dass die Kunden allein durch die Auslagen stöberten und möglicherweise etwas beschädigten. Heute verlieren Waren aufgrund des raschen Wandels schnell an Bedeutung und Wert, weshalb die Kunden einfach erwarten, dass sie alles, was es in einem Geschäft zu kaufen gibt, auch sehen und anfassen können. Hinzu kommt, dass Personalkosten hoch sind. Also gehen viele Geschäfte das Risiko ein.

Selbstbedienung konnte sich nur langsam durchsetzen. Selbst 99-Cents-Läden offerierten eine minimale Beratung und hielten den Großteil ihrer Waren – wenn auch sichtbar – unter Verschluss. Die Lebensmittelläden experimentierten sogar erst in den 20er-Jahren mit Selbstbedienung. Der erste Supermarkt öffnete 1930, doch erst nach 1945 begann sein Siegeszug. Kaufhäuser boten eine Menge frei zugänglicher Waren an, sodass die Kunden niemanden fragen oder holen mussten und selbst einen raschen und prüfenden Blick darauf werfen konnten. Aber Verkaufspersonal stand zur Verfügung und war jederzeit zur Hilfe bereit.

Selbstbedienung bei Kleidung, Wäsche, Haushaltswaren und kleinen Geräten gab es sogar erst ab 1950, als viele Menschen nach dem Zweiten Weltkrieg aus den Städten in die Vororte zogen. Der Einzelhandel folgte ihnen dann nach und nach. Die Ersten in der Nähe solcher Schlafstädte waren Discounter, die genauso aufgebaut waren wie unsere heutigen Supermärkte. Man hatte einen Einkaufswagen, suchte zusammen, was man brauchte und schob es zur Kasse. Solche Läden hatten ein preiswertes Angebot, befanden sich meist nicht weit von zu Hause und machten das Einkaufen leicht. Es gab kein Verkaufspersonal, dass einem die Zeit raubte oder versuchte, einen von irgendetwas zu überzeugen. Man suchte einfach sein Produkt, legte es in den Einkaufswagen und bezahlte an der Kasse. Fertig.

Die Kaufhäuser in den Stadtzentren merkten immer deutlicher, dass sich der Einkauf zunehmend in die Nähe der Wohngebiete verlagerte. In den 60er-Jahren begannen sie daher, Ableger in den großen regionalen Einkaufszentren zu etablieren, die schnell zu überdachten Einkaufsstraßen wurden, umringt von kleineren Ladenkettenfilialen. Die Betreiber hatten schnell herausgefunden, dass dies eine Erfolg versprechende Mischung war. Doch das ist ja alles allseits bekannt und soll hier nicht weiter ausgeführt werden. Im Allgemeinen wird die Veränderung des Einkaufsverhaltens und die Verlagerung der großen Einkaufszentren in die Gewerbegebiete am Rande der Städte auf das Auto zurückgeführt und das mit gutem Grund. In den Vorstädten ist man schlichtweg auf das Auto angewiesen. In den Vereinigten Staaten wollte die Politik nach dem Zweiten Weltkrieg das Wachstum der Vororte und damit Investitionen und Konsum an diesen Plätzen ganz bewusst stärken. Es wurden größere Häuser vor den Städten gebaut, die ja schließlich auch mit Mobiliar eingerichtet und mit Elektrogeräten ausgestattet werden mussten, und dann brauchte man natürlich Autos, um mobil zu sein und nicht dort festzusitzen. All das sollte die Wirtschaft ankurbeln und einer Depression wie in den 30er-Jahren vorbeugen. Die Rechnung ging auf. Noch heute. Die Amerikaner bauen große Häuser immer weiter draußen auf dem Lande, sie kaufen große, schnelle und vor allem mehr Autos, auch wenn sie den Gedanken an die »Great Depression« inzwischen längst verdrängt haben. Viele der nach dem Krieg entstandenen Häuser, die damals so luftig und geräumig schienen, wirken heute auf uns geradezu spartanisch und beengend. Ihnen droht der Abriss, um Platz für größere Anwesen zu machen.

Halbgötter in den Gängen: der Aufstieg des Markenbewusstseins

Die Verbreitung von Autos und die Entstehung von ausgedehnten Vororten sind jedoch nicht die einzigen Faktoren, die zu unserer heutigen Einkaufsform und zur Selbstbedienung geführt haben. Die abnehmende Autorität der Ladenbesitzer und des Verkaufspersonals sind nahezu vollständig das Ergebnis der wachsenden Bedeutung von Marken. Wenn man heute ein Geschäft betritt, dann hat man feste Vorstellungen von Eigenschaften, Qualität und Image von Hunderten von Artikeln.

Wir denken über sie wie über unsere Freunde. Sie haben unterschiedliche Stärken und Besonderheiten, aber auch Schwächen. Es ist wie mit den griechischen Göttern, ihre Nützlichkeit für uns hängt von der jeweiligen Situation ab. Befindet man sich im Kampf gegen Ameisen, sucht man ein möglichst wirksames Mittel und kennt keine Gnade, andererseits würde man vom selben Hersteller nicht unbedingt Zahnpasta kaufen.

Unsere Großmütter waren vermutlich von den palastartigen Gebäuden der großen Kaufhäuser in den Innenstädten überwältigt. Wir stehen nun am gleichen Ort, betrachten ein Produkt und sein Preisschild und stellen nüchtern fest, dass wir das Gleiche sehr viel preiswerter im Einkaufszentrum außerhalb der Stadt bekommen können.

Markenartikel sind beileibe keine neuzeitliche Erfindung, schon die Römer kannten sie. Und Arzneien mit festgelegter Zusammensetzung und Toilettenartikel bestimmter Herkunft gab es bereits im London des 16. Jahrhunderts. Und manche der noch heute bekannten Namen wie Cadbury oder Wedgwood stammen aus dem 18. Jahrhundert. Doch das eigentliche Zeitalter der Markenartikel begann mit dem ausgehenden 19. Jahrhundert. Möglich wurde das durch neue Techniken bei der Verpackung, der Erfindung des Farbdrucks und der deutlichen Verbesserung der Logistik und Kommunikation.

Wie wir gesehen haben, entstanden die großen Kaufhäuser und die großen Zeitungen gleichzeitig und waren aufeinander angewiesen. Beide waren sie an einen bestimmten Ort gebunden und offerierten, was die Welt zu bieten hatte, nämlich Waren und Information. Und so wurden im Laufe des letzten Jahrhunderts die einzelnen Haushalte, die sich zu Beginn des 19. Jahrhunderts zum schützenden Refugium vor der Außenwelt entwickelt hatten, zur Hauptzielgruppe für den Handel.

Heute werden wir den ganzen Tag mit Werbebotschaften bombardiert und finden das völlig normal. Das Markenimage ist unsere heutige Mythologie und wir erlernen sie überwiegend in der häuslichen Umgebung. In den 20er-Jahren, als das Radio seinen Siegeszug antrat, war das anders. Man war es nicht gewöhnt und empfand es häufig sogar als störend, was zumindest anfänglich durchaus berücksichtigt wurde. »Der Kreis der Familie ist ein privater und kein öffentlicher Raum und Werbung hat dort nichts verloren, wenn sie nicht erwünscht ist«, hieß es 1923 in *Printers' Ink*, einem industriellen Werbemagazin. Radio und Werbeindustrie verwendeten viel Mühe darauf, bis Werbung quasi als Gast willkommen geheißen und nicht wie ein Hausierer empfunden wurde, der sich mit dem Fuß in der Tür gewaltsam Eintritt verschaffen will. Fast ein ganzes Jahrhundert lang galt das Heim als geschützter Raum, der für die Werbung tabu war. Magazine und Versandhauskataloge waren die Ersten, die Zutritt zu diesem geschützten Raum erlangten, aber hier entschied man frei, ob und wann man sie ansehen wollte. Das Radio fragte nicht danach, ob man jetzt Werbung hören mochte oder nicht. Deshalb befürchteten die Werbeleute, dass die unvermeidbare und damit aufdringliche Werbung im Radio genauso viele Kunden abschrecken wie gewinnen würde.

Ende der 1920er-Jahre war das Radio jedoch vollständig kommerzialisiert und die Werbeleute produzierten einige der beliebtesten Sendungen. Die Produktverpackung, die lange Zeit als »stummer Verkäufer« galt, wurde nun durch einen ewig quasselnden Verkäufer im Radio ergänzt. Auch während der »Great Depression«, als die meisten Menschen kaum Geld zum Ausgeben hatten, nährte das Radio die Träume vom schöneren Leben und von Besitz. Die Opfer der Depression wurden niemals so wütend, wie viele Kommentatoren gefürchtet – oder gehofft hatten. Vermutlich glaubten sie unbeirrt an den neuerlichen Aufschwung.

Als die Familien Radio- und Fernsehwerbung akzeptierten und dafür im Gegenzug stetig mit Information und Unterhaltung versorgt wurden, änderte sich ihr Leben. Früher verließen die Menschen das Haus, um Dinge einzukaufen, die sie brauchten. Heute erhalten sie den Großteil des Tages irgendwelche Aufforderungen darüber, wie und was sie am besten einkaufen. Einkaufen ist heute keine stillschweigende Angelegenheit mehr, sondern ein Thema, mit dem man sich alle halbe Stunde einige Minuten befasst. Die zahllosen Sendungen, die uns darüber aufklären, was man trägt und wie man lebt, sind eine einzige kommerzielle Versuchung. Vielleicht ist Einkaufen nicht gerade ein Freizeitvergnügen, aber unsere Freizeitaktivitäten wie Radiohören, Fernsehen oder im Internet chatten sind durchsetzt mit Ratschlägen fürs Einkaufen. In der Tat, es ist eine der größten Herausforderungen des Internethandels, die Werbung möglichst eindringlich zu gestalten, damit sie auch wahrgenommen wird, ohne dabei so nervtötend zu werden, dass sie potenzielle Kunden abschreckt.

In den 30er-Jahren hatten sich Markennamen so weit etabliert, dass sie eine Voraussetzung für die Entstehung von Supermärkten werden konnten. Sahen Kunden das gleiche Produkt, das sie gewöhnlich bei ihrem lokalen Händler kauften, bei einem Großhändler deutlich günstiger, lohnte sich auch ein etwas weiterer Weg. Damit verlor der Einzelhandel seine Vormachtstellung hinsichtlich Geschmack und Qualität. Damit einher ging aber auch eine wachsende Bedeutung von fertig abgepackten, in den Medien beworbenen und mit einem sprechenden Namen versehenen Produkten, die man in den verschiedensten Geschäften bekommen konnte.

Die Markenartikel veränderten den Einzelhandel aber auch insofern, als die Geschäfte sich immer weniger voneinander unterschieden, da sich das Angebot zu einem Großteil deckte. Auch die Selbstbedienung setzte sich damit allmählich überall durch. Es gab auch psychologische Veränderungen, hauptsächlich durch die Werbung, denn selbst wenn man heute gar nicht so viel Zeit beim Einkaufen verbringt, verschlingt das Thema selbst enorm viel Zeit, freiwillig oder unfreiwillig.

Marken haben aber auch ihre Vorteile für die Verbraucher. Sie sichern einen einheitlichen Qualitätsstandard der Produkte und wir wissen, was uns erwartet. Sie verleihen Waren eine Identität und vermitteln uns einen gewissen Eindruck von ihnen. Sie ersparen uns viel Zeit, denn wenn wir in einem Geschäft mit Hunderten von Artikeln stehen, helfen sie uns, rasch eine Entscheidung zu treffen. Dieser Effekt hat mit der zunehmenden Berufstätigkeit der Frauen in den letzten 30 Jahren noch an Bedeutung gewonnen. Das Leben ist so stressig und hektisch geworden, dass Einkaufen nebenher erledigt werden muss. Ein Weg, diesen Zeitdruck zu bewältigen, ist der Griff zu namentlich vertrauten Artikeln. »Designer-Label« haben für uns deshalb auch wenig mit Design, dafür aber viel mit dem vertrauten Aussehen eines Produktes oder einer Produktlinie zu tun. So findet sich das gleiche Label sowohl auf Parfum, Bettwäsche, Jeans, Tapete, Möbel, Sweatshirts als auch auf Bürokleidung für Frauen und Männer. Immer wieder wurde bei Befragungen angegeben, ein gutes Geschäft sei ein Geschäft, das gute Marken zu günstigen Preisen verkaufe. (Obwohl die Bereitschaft steigt, gut gemachte preisgünstige Fälschungen von Marken zu erwerben. In einer britischen Studie aus dem Jahr 2000 erklärten sich 40 Prozent dazu bereit. Allerdings gilt das vorwiegend für Kleidung und weit weniger für elektrische und elektronische Geräte. Wir kaufen eben auch, um andere zu beeindrucken, und nehmen dafür manchmal die Abkürzung.)

Das »Einkaufserlebnis«

Was uns heute wie Edeleinkauf und Unterhaltung gleichermaßen erscheint, wenn wir beispielsweise durch den Michigan Boulevard in Chicago, den Rodeo Drive in Beverly Hills oder die Fifth Avenue in New York flanieren, ist in der Hauptsache eine Begegnung mit Markennamen. Da gibt es Gucci oder Louis Vuitton, aber auch Massenhersteller wie Sony oder Nike.

Attraktionen wie »Niketown« locken Menschen von weither an, denn sie bieten ihre bekannten Produkte in einem besonderen Rahmen an. Viele Einkaufszentren verbreiten dagegen eine eher künstliche Atmosphäre, was eigentlich niemanden erstaunen dürfte. Wenn man das gleiche Konzept zum fünfhundertsten Mal wiederholt, darf man sich nicht wundern, wenn es ermüdend wirkt. Niketown dagegen wurde mit viel Liebe zum Detail gestaltet und ist einzig in seiner Art. Im Vordergrund steht dabei weniger der Schuh an sich als vielmehr der Verkauf einer Art sich zu bewegen, sich zu fühlen und zu sein, für die ein Schuh von Nike einfach unerlässlich ist. Jeder Quadratzentimeter in Niketown ist irgendwie gestaltet und jeder Bereich hat seine eigene Musik, sein eigenes Licht, seine eigene Aufmachung. Wie in einer gotischen Kathedrale scheint alles mehr Bedeutung zu haben, als man aufnehmen kann. Die Besucher freuen sich, wenn sie entdecken, dass das Gullideckel-Muster auf dem Fußboden auf das Sohlenmuster der ersten Nikeschuhe verweist. Eingefleischte Fans wissen, dass dieses Sohlenmuster tatsächlich mit einem Waffeleisen erzeugt wurde. Wer nach Niketown geht, hat das Gefühl, sich auf eine kommerzielle Pilgerreise zu begeben. Auch in Chartres genießt man das Ganze umso mehr, wenn man weiß, welche Legende dem zugrunde liegt. Nikes Marketing ist besonders erfolgreich: Geht man nämlich anschließend zu dem Discounter, bei dem man sonst seine Schuhe kauft, überträgt sich die in Niketown erlebte Aura auch auf die Schuhe dort.

Niketown wirkt wie ein Ausschnitt aus einem Freizeitpark. Die beiden größten Einkaufszentren in Nordamerika (in West Edmonton, Alberta und in Bloomington, Minnesota) haben Vergnügungsparks in die Anlage integriert. Eines der erfolgreichsten Casino-Hotels in Las Vegas, Caesar's Palace, ist im Großen und Ganzen ein einziger Vergnügungspark. Das Universal Filmstudio bei Los Angeles hat eine nostalgische Stadtkulisse angelegt, die die Stadt nach Meinung der meisten Menschen in Wirklichkeit nie besessen hat. Auf dem Time Square in New York hat ein Vergnügungszentrum mit einer Mischung aus gehobenen Unterhaltungs- und Verkaufsangeboten die alten Glamourbuden ersetzt. Hier wurden Milliardenwerte geschaffen – und umgesetzt.

Manche Immobilienträger und Bauunternehmer sind mit Blick auf diese Erfolgsgeschichte zu dem Schluss gekommen, dass sich das alte Konzept der Einkaufszentren überholt hat. Attraktionen für die ganze Familie müssen sie dazu bringen, zu kommen und auch eine Weile zu bleiben. Die Zukunft des Verkaufs liegt in der Unterhaltung, so das Credo.

Betreiber von Einkaufszentren, Einzelhändler und Unterhaltungsanbieter haben folglich in den letzten Jahren versucht, jeden Einkauf zu einem »Erlebnis« zu machen, zu einer kleinen Flucht aus dem Alltag. Dahinter verbirgt sich natürlich die Hoffnung, dass die Kunden dadurch innere Sperren leichter überwinden und mehr Geld für ganz normale Dinge ausgeben und dass sie bereit sind, für die Unterhaltung zu zahlen. Das Unterhaltungsangebot soll auch Papa und die Kinder mit zum Einkauf locken, sie dort zum Essen und Naschen verleiten und insgesamt den Eindruck eines Familienausflugs suggerieren, bei dem man etwas spendabler mit den Finanzen umgeht. (Im englischen Sprachraum hat man dafür Begriffe wie »shoputainment« oder »location-based entertainment« geprägt.)

In gewisser Hinsicht ist das eine sehr alte Idee. Anfang des 19. Jahrhunderts stellten einige Märkte in England exotische Tiere zur Schau. Damit setzten sie im Grunde nur die Tradition der alten Handelsmessen mit ihren Tieren, Akrobaten, Magiern, Sängern und Schauspieltruppen fort. Londons berühmte Bartholomäus-Messe, die Ben Jonson sogar zum Inhalt einer seiner Stücke machte, in dem er die Puritaner verspottete, bestand im 15. Jahrhundert praktisch nur noch aus Singen, Trinken und Zotenreißen. Es war zu einem unrühmlichen Ereignis verkommen, das andererseits, wie nicht wenige behaupten, der Ursprung des englischen Theaters war.

Die heutzutage mit dem Einkauf verbundene Unterhaltung wird wohl kaum einen Shakespeare hervorbringen. Sie besteht überwiegend aus teuren und aufwändigen Spielen in virtueller Realität und Skateboard-Plätzen für Kinder und Jugendliche. Dazu kommen Restaurants, wie z.B. ein »Regenwald-Café« mit einer einzigartigen exotischen Kulisse, das nebenbei noch ein wenig Idealismus vertreibt.

Manche Betreiber gehen jedoch noch einen Schritt weiter. Eines der in den letzten Jahren ausprobierten Konzepte ist das »American Wilderness Experience«, kurz AWE genannt, das die Besucher auffordert, sich wie im Wilden Westen zu fühlen. Dazu kombiniert man Exponate aus der einheimischen Natur, wie Falken, Schlangen und Biber, mit einer Hochbahnfahrt, die einem verschiedene biologische Lebensbereiche aus der Vogelperspektive zeigt. (Früher gab es Löwen, Bären und anderes Großwild in den Zoos, doch lassen sich die schwerlich auch nur halbwegs artgerecht in einem menschenwimmelnden Einkaufszentrum unterbringen.) Natürlich gibt es auch Souvenirläden und Restaurants. Diese Mischung wird uns als geeignetes Ausflugsziel für die ganze Familie verkauft, auch wenn das Einkaufszentrum drum herum uns eher vermuten lässt, dass es sich um einen Ort handelt, an dem die Frau Mann und Kinder abstellen und in Ruhe einkaufen gehen kann.

Die Idee hinter dem ganzen Aufwand ist überaus simpel: Im Urlaub geben die Menschen mehr Geld aus als sonst. Nach einer im Jahr 2000 durchgeführten Befragung im Auftrag der Tourismusindustrie gibt der Mensch durchschnittlich 333 Dollar beim Einkaufen während einer Urlaubsreise aus und jeder Fünfte sogar 500 Dollar und mehr. Die Studie ergab außerdem, dass viele bereits von vornherein die Absicht haben, sich etwas von der Reise mitzubringen. Einkaufen kommt noch vor der Besichtigung von Sehenswürdigkeiten. Weit weg von zu Hause fühlt man sich meist freier. Man hat einen offeneren Blick für Neues und anderes und man hat ja auch viel mehr Zeit ohne die alltäglichen Verpflichtungen. Das galt zum Teil schon für die großen Handelsmessen im Mittelalter, doch heute spielt das Einkaufen im Urlaub eine immer größere Rolle. Es ist also nur zu verständlich, wenn der Einzelhandel darum bemüht ist, der Kundschaft ein Gefühl von Urlaub zu vermitteln, den die Familie jeden Samstagvormittag haben kann.

Trotzdem ist das Unterhaltungsangebot nicht der narrensichere Erfolg, den ihm seine Befürworter vorausgesagt haben. Das gilt besonders für die aufwändigeren Arrangements, die ständig etwas Neues bieten müssen, damit die Besucher auch noch ein nächstes Mal kommen. Auch die in den 90er-Jahren vielfach angeschlossenen Multiplex-Kinos haben nicht zu einem wesentlich stärkeren Kundenstrom in die Einkaufszentren geführt. Im Gegenteil, durch das Überangebot sind einige der größten Kinobetreiber bankrott gegangen.

Im Urlaub erteilen wir uns selbst die Erlaubnis, mehr Geld als sonst auszugeben. Insofern hat Urlaub etwas mit Weihnachten gemein. Aber genauso wenig wie wir jedes Familientreffen wie Weihnachten gestalten können, genauso wenig kann jeder Besuch im Einkaufszentrum wie Urlaub sein. Manche gehen in ihrer Freizeit einkaufen, manche verbringen fast ihren gesamten Urlaub damit und manche gehen einkaufen, um sich zu entspannen. Trotzdem ist Einkaufen keine reine Freizeitbeschäftigung. Dafür ist die Sache viel zu wichtig.

Bequemlichkeit in der Atmosphäre der geteilten Aufmerksamkeit

Da Markenartikel uns vertraut und sicher scheinen, ermöglichen sie schnelle Entscheidungen. Die Marken setzen sich also auch deshalb durch, weil wir nicht ganz bei der Sache sind oder sein können. Geteilte Aufmerksamkeit ist ein Problem, mit dem alle seit der Zeit der Jäger und Sammler zu kämpfen haben, die ihre Familie versorgen müssen. So gesehen, war die Bedächtigkeit, mit der Anita ihr neues Kleid aussuchen konnte, historisch betrachtet eher die Ausnahme als die Regel. Normalerweise versuchten die Menschen ihren Bedarf zu decken, während sie anderen Beschäftigungen nachgingen. Für uns gilt das heute allemal.

Die Vorstellung vom Heim als Refugium vor der Welt wurde durch Radio, Fernsehen, Telefon, lange Arbeitstage, das Internet und viele andere Errungenschaften der Moderne nach und nach zunichte gemacht. Noch vor einem Jahrhundert konnte Thorstein Veblen die menschlichen Aktivitäten in Produktion und Konsum einteilen und das Leben an sich in Arbeit und Freizeit. Heutzutage *produziert* kaum noch jemand in den Industrienationen, trotzdem sind wir alle stärker beschäftigt denn je. Wir sammeln und bündeln Informationen und organisieren unseren Alltag. Wir bauen unser Leben um Symbole, und unsere Karriere kann davon abhängen, wie andere die Dinge, die wir kaufen, oder die Kleidung, die wir tragen, beurteilen. Vielleicht gehen wir manchmal zur Entspannung einkaufen, doch weitaus häufiger gehen wir, um unsere Aufgaben erfolgreich zu erfüllen.

Unser Heim ist schon lange kein Refugium mehr vor der Welt des Kommerzes und auch nicht vor der Welt der Arbeit. Gehen wir im Wald spazieren, nehmen wir das Handy mit und rechtfertigen das als Sicherheitsmaßnahme. Doch viel wahrscheinlicher ist, dass es uns in unserer Beschäftigung unterbricht und uns die Unmöglichkeit unserer Flucht vor der Welt demonstriert. Wenn wir uns heutzutage auf den Weg nach Eden machen, tragen wir die Schlange bereits im Gepäck mit uns.

Arbeit und Familie lassen sich nicht mehr klar trennen, ebenso wenig Arbeit und Einkauf. Wer denkt, dass er keine Zeit zum Einkaufen hat, der denkt auch häufig, dass er nicht genug Zeit für seinen Job, seine Kinder, seine Freundin, für Sport, Lesen oder Faulenzen hat. Alles wird durch alles jederzeit unterbrochen.

Kürzlich erschien ein Artikel in *Network World,* einer Fachzeitschrift für Leute, die im Bereich betrieblicher Computer-Netzwerk-Systeme arbeiten. Er gab einen kurzen Ausblick darüber, wie unser Leben zukünftig aussehen könnte. Er griff eine am Arbeitsplatz entstandene Kontroverse auf und stellte die Frage, ob es Angestellten erlaubt werden sollte, ihre Weihnachtseinkäufe über das Internet am Büro-PC abzuwickeln. Einige Einwände zielten auf technische Fragen wie Netzwerksicherheit, doch mehrheitlich fürchtete man um die Produktivität sowohl der Angestellten als auch des Systems. Das ist verständlich, denn seit der Industrialisierung erwarten wir, dass während der Arbeitszeit produziert und nur in unserer Freizeit konsumiert wird.

Der Autor des Artikels, Jason Meserve, warnt uns jedoch vor solch einem Rückfall in die »Old Economy«-Denkweise. Die Erlaubnis, sich für ein paar Minuten auszuklinken und einzukaufen, könnte die Produktivität sogar erhöhen. »Während ich online einkaufe, sitze ich an meinem Schreibtisch und kann eingehende Telefonanrufe und E-Mails beantworten. Auch bin ich für jeden erreichbar, der vorbeikommt und etwas Berufliches besprechen will. Bin ich hingegen in der Stadt, kann ich nichts davon tun. Natürlich könnte ich nach der Arbeit in die Stadt gehen, aber das würde bedeuten, dass ich früher Schluss machen müsste und dann eventuell Arbeiten nicht zu Ende bringen kann.«

Mit anderen Worten: Verbiete ich den Leuten vom Arbeitsplatz aus einzukaufen, werden sie vermutlich das Büro verlassen. (Etwa ein Viertel all derjenigen, die am Computer arbeiten, berichten, dass sie mindestens einmal im Monat über den Computer vom Büro aus einkaufen, häufig in der Mittagspause oder während anderer Pausen.)

Anders als das Arbeitsministerium geht Meserve bei seiner Argumentation aber von Leuten aus, die täglich zwischen zehn und zwölf Stunden arbeiten, und genau für diese Leute spricht er. Er mag durchaus Recht haben. Ein paar Wirtschaftswissenschaftler haben nämlich errechnet, dass das massive Wirtschaftswachstum in den USA während der 90er-Jahre auf einer gigantischen Menge an unbezahlten Überstunden beruhte.

Auf den ersten Blick scheint Meserves Argument human, doch bei näherem Hinsehen hat es auch etwas Ausbeuterisches, denn es hält die arbeitende Bevölkerung noch länger im Büro fest und bedeutet strikte Kontrolle. Mit Sicherheit aber stellt es den ursprünglichen Gesellschaftsvertrag infrage, nach dem Konsum die Belohnung für geleistete Arbeit ist. Wenn es nach den Gurus der New Economy geht, dann sollen wir unser Geld in den kurzen Arbeitspausen und -unterbrechungen ausgeben. Da gibt es kein Staunen, kein Flanieren, kein Träumen und keine Entdeckungen mehr. So einzukaufen ist vielleicht effizient, aber es bringt keinerlei Erfolgserlebnis und macht mit Sicherheit keinen Spaß.

Der Begriff der Bequemlichkeit, engl. convenience, kommt aus dem Lateinischen und bedeutet ursprünglich im wörtlichen Sinn »zusammenkommen«. Auf diese Art zusammenkommen sollen Gelegenheit, Verpflichtung und Wunsch. Es sollte eine glatte Verknüpfung sein und kein beängstigendes Gewirr. Was eigentlich als Bequemlichkeit gedacht ist, entpuppt sich nicht selten als das Gegenteil, als unwillkommene Einmischung in unser Leben oder als Wirrwarr, in dem wir uns nur allzu leicht verheddern.

Auch Anita änderte ihre Vorstellung von Bequemlichkeit mit sich wandelnden Bedürfnissen im Laufe ihres Lebens. Was bequem ist, wird immer wieder neu definiert, und zwar in dem Maße, wie sich Gewohnheiten, Möglichkeiten und Erwartungen ändern.

Das wesentliche Element, das alle, die das Einkaufen bequemer machen wollen, berücksichtigen müssen, sind die Gefühle, die uns dazu bewegen. Die Menschen wollen Macht, Einfluss, Kontrolle und Verantwortung. Sie möchten Dinge entdecken und herausfinden, wie sie sich selbst neu erschaffen und wer sie sonst noch sein können. Dabei muss Einkaufen durchaus nicht immer unterhaltsam sein, aber man muss der Warenwelt auch mal entfliehen können. Vielleicht sind unsere verschiedenen Lebensbereiche stark miteinander verflochten, doch Einkaufen sollte bleiben, was es immer war: ein praktisch greifbarer Ausdruck von Freiheit.

Nachwort:

Die Zukunft des Shoppings

Als ich mit der Arbeit an diesem Buch vor noch gar nicht so langer Zeit begann, hatte ich den Eindruck, das Einkaufen würde sich mit der Zeit völlig ins Internet verlagern. Mit derselben Rhetorik, mit der man einst über die Unaufhaltsamkeit des Kommunismus sprach, diskutierte man darüber, ob das Einkaufen im Internet unser gesamtes Leben verändern würde.

Einzelhändler mit legendären Namen, Stammkundschaft und der nachweislichen Fähigkeit, mit der Zeit zu gehen, galten weitaus weniger als neu gegründete Internet-Unternehmen mit lediglich grob umrissenen Geschäftsideen, verwirrenden Websites und Strategien, die eigentlich nur Verluste vermuten ließen. Einer der Gründe, warum ich mich entschloss, dieses Buch zu schreiben, war mein Eindruck, dass der Internetboom einige wichtige Aspekte des menschlichen Verhaltens außer Acht ließ. Der Internethandel war drauf und dran, die gleichen Fehler zu begehen, wie bereits viele Geschäfte im Verlauf der Geschichte vor ihm.

Eines meiner Lieblingsbeispiele für diese Selbstüberschätzung war eine »Manager's Journal« übertitelte Kolumne im Editorial des *Wall Street Journal* am 10. April 2000. Kurz zuvor hatte Priceline.com die Eröffnung eines neuen Internetshops namens WebHouse bekannt gegeben, der

Lebensmittel und Benzin verkaufte. Die Idee war, dass ein Kunde ein Gebot für ein bestimmtes Produkt – z.B. Waschpulver –, aber keine bestimmte Marke abgab. Wurde das Gebot angenommen, konnte er sich die Ware am Supermarkt um die Ecke abholen.

Ich dachte, das kann nicht funktionieren. Wer möchte schon so viel Zeit für jede einzelne Ware investieren? Wenn das notwendig ist, kauft man doch automatisch weniger. Dies schien mir alles andere als ein Erfolgsrezept.

Zudem haben Leute oft eine starke Bindung an gewohnte Markenartikel. Vielleicht bin ich mit Dash oder Omo zufrieden, aber bin ich es auch mit Persil oder Ariel bzw. umgekehrt? Wenn man Rabattcoupons benutzt, um neue Produkte auszuprobieren, ist das positiv, doch warum sollten Nahrungsmittelhersteller ähnliche Rabatte gewähren, wenn die Menschen hinterher enttäuscht sind, weil sie ein anderes Produkt erwartet haben?

Clay Shirky, der Autor der Kolumne, dachte anders darüber. »Pricelines neue Offerte ist der Vorbote einer Revolution durch die Informationstechnologie, nämlich das Verschwinden von Festpreisen im Einzelhandel.« Festpreise seien die unbeabsichtigte Folge der industriellen Revolution. Und schon in den Wirtschaftslehrbüchern stünde, dass fließende Preise das effizienteste Mittel zur Regelung von Angebot und Nachfrage seien. Im Verlauf der Geschichte sei Handel die Norm gewesen und das Internet brächte uns diese Norm höchst effizient zurück.

Es muss für einen Wirtschaftswissenschaftler überaus spannend sein, wenn er beobachtet, dass sich die reale Welt in der Praxis verhält, wie er es in seinen Büchern beschrieben hat, auch wenn das wohl nur recht selten vorkommt. Insgesamt dauerte diese Revolution kaum sechs Monate. WebHouse ging Konkurs, weil die Konsumenten eben doch lieber vorher wissen, welches Produkt sie kaufen, und weil die Hersteller ihre Markenartikel nicht entwerten wollten.

WebHouse war eine sowohl wirtschaftlich als auch technologisch anspruchsvolle Idee, nur psychologisch war sie dumm. Im Mittelalter, für das Shirky eine Schwäche zu haben scheint, kauften die Menschen nur wenige Dinge. Heute kaufen wir viele. Der optimale Preis ist dabei weniger entscheidend als das Gefühl, sinnvoll und preisgünstig einzukaufen. Wie sollen wir wissen, ob wir ein Schnäppchen gemacht haben, wenn es keine Festpreise gibt?

Was für die Wirtschaftswissenschaft fließend ist, ist für die Menschen einfach nur unsicher. Die Sorge, ein Produkt nicht mehr zu bekommen, weil es ausverkauft ist, steigert vielleicht den Absatz, aber die Sorge, zu viel zu bezahlen – eine Sorge übrigens aus den Zeiten des Handels – lässt uns vor einem Kauf zurückschrecken und bewirkt somit das Gegenteil.

Vorhersagen über die Veränderungen des Einkaufs durch fortschreitende Technologie beruhen auf zwei Vermutungen: Die erste Vermutung geht dahin, dass die Menschen willens und bereit sind, in jedem wachen Moment einzukaufen. Die andere geht davon aus, dass die Menschen das Einkaufen hassen. Diese Vermutungen scheinen sich auf den ersten Blick zu widersprechen, aber nicht auf den zweiten. Der Grund für die Vorstellung, dass wir jederzeit zum Einkaufen bereit seien, auch wenn wir mit anderen Dingen beschäftigt sind, beruht nämlich gerade auf der Annahme, dass wir keine Lust haben, uns mit Einkaufen zu beschäftigen bzw. uns darauf zu konzentrieren.

Es stimmt schon, viele Menschen beklagen sich übers Einkaufen und es kann ja auch gehörig nerven. Hinzu kommt, dass Freude am Einkaufen mit einem Stigma versehen ist, zumindest in bestimmten Kreisen. Man gilt damit als oberflächliche Person, die zu viel Zeit hat. Zu viel zu arbeiten hingegen gilt in unseren Tagen als Statussymbol, weshalb niemand gerne zugibt, Zeit zum einkaufen zu haben.

Die Menschen suchen also nach Einkaufsmöglichkeiten, die zu ihrem Lebensrhythmus passen, was weder bedeutet, dass sie viel Zeit für komplizierte technische Verfahren aufwenden wollen, noch dass sie vorhaben, das Einkaufen gänzlich aufzugeben. Technik und Technologie sollen es ihnen bitte schön erleichtern.

Man kann wohl mit relativ großer Sicherheit voraussagen, dass unsere Aufmerksamkeit – ob beim Einkaufen, Autofahren oder in jeder x-beliebigen anderen Rolle – niemals uneingeschränkt auf einen Gegenstand gerichtet ist und dass neue Technologien unsere Fähigkeit, mehrere Dinge gleichzeitig zu tun, eher noch weiter beanspruchen wird. Das *Wall Street Journal* stellte eine visionäre Idee vor: Eine Taste an unserem Autoradio, die dem Fahrer jederzeit ermöglicht, ein Produkt, das gerade beworben oder besprochen wird, zu kaufen. Das Tastensignal würde direkt zu einem Satelliten übertragen, der es an eine Zentrale weiterleitet, die dann die Kreditkarte oder das Bankkonto belastet.

Das Internet ist jetzt schon ein hervorragendes Werkzeug für die Recherche zu einzelnen Produkten und ihren Preisen. Sehr viel weniger nützlich ist es bei der Durchsicht von Hunderten von Artikeln, wenn man noch keine genaue Vorstellung hat, was man eigentlich will. Insofern werden reale Läden immer im Vorteil sein, wenn es darum geht, uns an Dinge zu erinnern, die wir sonst vergessen hätten, oder uns bisher Unbekanntes entdecken zu lassen. Aber ein Computerprogramm, das Informationen über das

Kaufverhalten einzelner Menschen oder Gruppen finden und bündeln kann, ist immer wieder für Überraschungen gut.

Die Menschen beklagen sich zwar über das Einkaufen, trotzdem kaufen sie nicht willkürlich oder gedankenlos. Einkaufen bedeutet Verantwortung und die Ausübung von Macht. Was wir essen, wie wir uns kleiden oder unser Zuhause einrichten ist grundlegender Teil unseres Lebens. Die Auswahl, die wir hier treffen, sagt eine Menge über uns. Wir wollen diese Macht nicht an ein Computerprogramm abgeben oder ein Spiel daraus machen. Es ist schließlich eine ernste Angelegenheit.

Die meisten Menschen gehen gerne einkaufen, wenigstens manchmal. Es begeistert sie vielleicht nicht gerade und sie tun es nicht aus reinem Vergnügen. Sie tun es, weil sie sich für andere verantwortlich fühlen und weil sie sehen, was andere Leute tragen, kaufen oder tun. Sie tun es, um herauszufinden, wer sie sind und wer sie noch sein können. Sie tun es auch, um sich mit Menschen, die sie bewundern, zu identifizieren. Sie tun es, weil sie eine Veränderung wollen. Sie tun es, um sich und anderen eine Freude zu machen. Sie tun es, um dazuzugehören oder um sich abzusetzen.

Einkaufen ist manchmal spannend, manchmal neurotisch und manchmal verschwenderisch. Aber es ist nicht leichtsinnig. Wir benutzen Dinge und geben ihnen eine Bedeutung. Ob bei Tiffany, auf dem Flohmarkt oder im Internet, wir suchen nach Lösungen, nach Möglichkeiten und Verkleidungen. Wir suchen nach Trost und nach Belohnung, die wir von niemandem bekommen. Wir suchen nach Aufregendem und Neuem und verschwören uns mit dem Einzelhandel, um ein angenehmes Maß von Unsicherheit zu erzeugen. Wir geben unserer Liebe und Zuneigung Ausdruck.

Wir stellen unsere Kompetenz unter Beweis. Wir suchen nach Überraschungen und günstigen Angeboten. Wir jagen und wir sammeln. Wir stöbern. Wir handeln. Wir geraten in einen Kaufrausch.

Wir sind Menschen – und deshalb gehen wir einkaufen.

Quellenhinweise und weiterführende Literatur

Die meisten von uns haben nach wie vor die Vorstellung, wenn auch vielleicht nicht bewusst, dass Produzieren gut, männlich und wichtig für unser Selbstverständnis ist, während Konsumieren trivial, weiblich und mehr oder weniger ohne Bedeutung für unsere Geschichte und unsere Psyche ist. Doch seit den 1970er-Jahren haben Anthropologie, Geschichtswissenschaft, Geographie, Psychologie, Soziologie, Literaturkritik, Genderforschung und andere Wissenschaften sich den Sichtweisen des Marketing angenähert und beschäftigen sich nun ebenfalls ernsthaft mit der Ausgabenseite der Bilanz. Ich habe mich für meine Darstellung des Einkaufens in seiner historischen Entwicklung in der Literatur all dieser Fachrichtungen umgesehen.

Das Folgende ist keine umfassende Bibliografie, sondern eher eine kommentierte Liste von Publikationen für diejenigen, die das eine oder andere in diesem Buch angeschnittene Thema weiter vertiefen möchten.

Wenn man über materielle Dinge, die sie antreibenden Kräfte und die dadurch ausgelösten Emotionen schreibt, kommt man an folgendem Buch praktisch nicht vorbei:

Daniel Boorstin: *Americans: The Democratic Experience*, New York 1973.

James R. Beniger: *Control Revolution: Technological and Economic Origins of the Information Society,* Cambridge, Massachusetts 1986,

zeigt, dass die herkömmliche Unterscheidung zwischen Produktion und Konsum in die Irre führt und dass die Massenproduktion ohne die technischen Möglichkeiten zur Anregung, Vorhersage und Kanalisierung des Konsums kaum entstanden wäre. Walter Benjamins *Passagenwerk* ist ein Kaleidoskop von Dokumenten, Anmerkungen, Zitaten und Impressionen, die uns Paris nahe bringen, so wie es war, als es als *die* Einkaufsmetropole der Welt galt. In seinem Buch *Refinement of America: Persons, Houses, Cities,* New York 1992, untersucht Richard L. Bushman die Entstehung des amerikanischen Materialismus als Nebenprodukt der amerikanischen Werte. *Überfluss und schöner Schein: zur Kultur der Niederlande im Goldenen Zeitalter* von Simon Schama, Frankfurt am Main 1989, ist ein Standardwerk über Wohlstand und Sorge, Themen, mit denen ich mich auch in meinem Buch *Populuxe: the Look and Life of American in the 1950s and 1960s,* New York 1986, befasst habe.

History of Shopping von Dorothy Davis, London 1966, bietet einen guten Überblick über die Geschichte des Einkaufens vor allem in England. Detaillierte Schilderungen Londoner Geschäfte finden sich in Alison Adburgham, *Shopping in Style: London from the Restoration to Edwardian Elegance,* London 1979, sowie in ihrem Buch *Shops and Shopping, 1800–1914: Where, and in What Manner the Well-Dressed Englishwoman Bought Her Clothes,* London 1989.

Die Anthologie *Consumption and the World of Goods,* herausgegeben von John Brewer und Roy Porter, London 1993, enthält einige sehr aufschlussreiche Artikel über die Entwicklung der wirtschaftlichen, technischen und psychologischen Zusammenhänge des Einkaufens, darunter auch den Artikel von Cissie Fairchild, »The Production and Marketing of Populuxe Goods in Eighteenth-Century Paris«. Mehr zu diesem Thema in: *The Consumption of Culture, 1600–1800: Image, Object, Text*, hrsg. von Ann Bermingham und John Brewer, New York 1995; *Culture in History: Production, Consumption and Values in Historical Perspective,* hrsg. von Joseph Melling und Jonathan Barry, Exeter 1992; *Luxury Trades and Consumerism in Ancien Regime Paris: Studies in the History of the Skilled Workforce,* hrsg. von Robert Fox und Anthony Turner, Aldershot 1998; *Consumers and Luxury: Consumer Culture in Europe 1650-1850,* hrsg. von Maxine Berg und Helen Clifford, Manchester 1999; Daniel Roche, *A History of Everyday Things: The Birth of Consumption in France, 1600–1800,* New York 2000; Neil McKendrick, *The Birth of a Consumer Society: The Commercialization of Eighteenth-Century England,* Bloomington 1982; Sidney W. Mintz, *Die süße Macht: Kulturgeschichte des Zuckers,* Frankfurt am Main 1992; und S. A. M. Adshead, *Material Culture in Europe and China, 1400–1800: The Rise of Consumerism,* New York 1997.

Wie in meinen Ausführungen vermutlich deutlich wird, bin ich sehr beeindruckt von Daniel Millers anthropologischem Ansatz zur heutigen Form des Einkaufens in verschiedenen Industrieländern. Neben *A Theory of Shopping,* Ithaca 1998, hat Miller auch *The Dialectics of Shopping,* Chicago 2001, geschrieben und ist Beitragender und Mitherausgeber der Anthologie *Material Cultures: Why Some Things Matter,* Chicago 1998.

Meine Ausführungen zur Rolle der Frau in den Jäger- und Sammlergesellschaften beruhen hauptsächlich auf dem Artikel »Woman the Gatherer: The Role of Women in Early Hominid Evolution« von Adrienne L. Zihlman, erschienen in *Reader in Gender Archaeology,* hrsg. von Kelley Hays-Gilpin und David S. Whitley, New York 1998. Außerdem: *Woman the Gatherer,* hrsg. von Frances Dahlberg, New Haven 1981; *Limited Wants, Unlimited Means: A Reader on Hunter-Gatherer Economics and the Environment,* Washington 1998; und *Foragers in Context: Long-Term Regional and Historical Perspectives in Hunter-Gatherer Studies,* hrsg. von Preston T. Miracle, Lynn E. Fisher und Jody Brown, Ann Arbor 1991.

Eine unüberschaubare Menge von Texten unterschiedlicher Fachrichtungen befasst sich mit Fragen von Einkaufen und Geschlecht: *His and Hers: Gender, Consumption, and Technology,* hrsg. von Roger Horowitz und Arwen Mohun, Charlottesville 1998, bietet eine historisch orientierte Auswahl. Weiterhin: Elizabeth Kowaleski-Wallace, *Consuming Subjects: Women, Shopping, and Business in the Eighteenth Century,* New York 1997; Erika Diane Rappaport, *Shopping for Pleasure: Women in the Making of London's West End,* Princeton 2000; und Hilary Radner, *Shopping Around: Feminine Culture and the Pursuit of Pleasure,* New York 1995.

Meine Ausführungen zu den frühen Märkten in New York beruhen überwiegend auf: Thomas F. De Voe, *Market Book: A History of the Public Markets of the City of New York,* New York 1970. Außerdem zu frühzeitlichen Märkten: *Trade and Market in the Early Empires, Economies in History and Theory,* hrsg. von Karl Polanyi, Conrad M. Arensberg und Harry W. Pearson, Chicago 1957; David W. Tandy, *Warriors into Traders: The Power of the Market in Early Greece,* Berkeley 1997; und Joel Kaye, *Economy and Nature in the Fourteenth Century: Money, Market Exchange, and the Emergence of Scientific Thought,* New York 1998.

Zum Thema Kaufhäuser siehe Michael R. Miller, *The Bon Marché: Bourgeois Culture and the Department Stores, 1869–1920,* Princeton 1981; *Cathedrals of Consumption: The European Department Store, 1850–1939,* hrsg. von Geoffrey

Crossick und Serge Jaumain, Aldershot 1999; Bill Lancaster, *The Department Store: A Social History,* London 1995; und Elaine S. Abelson, *When Ladies Go A-Thieving: Middle-Class Shoplifters in the Victorian Department Store,* New York 1989.

Über Geschmack, Stil und Design: Adrian Forty, *Objects of Desire,* New York 1986; Brent C. Brolin, *Flight of Fancy: The Banishment and Return of Ornament* New York 1985; Doreen Bolger Burke u.a., *In Pursuit of Beauty: Americans and the Aesthetic Movement,* New York 1987; und Wendy Kaplan, *The Art That is Life,* Boston 1987. Meine Schilderung der Larkin Company entstammt weitenteils Jack Quinan, *Frank Lloyd Wright's Larkin Building: Myth and Fact,* Cambridge, Massachusetts 1987.

Sehr interessante Bücher zur Entwicklung von Weihnachten als kommerzielles Ereignis sind u.a. Mark Connelly, *Christmas: A Social History,* New York 1999; J. M. Golby, *Making the Modern Christmas,* Athens 1986; Paul L. Maier, *In the Fullness of Time: A Historian Looks at Christmas, Easter; and the Early Church,* San Francisco 1991; Stephen Nissenbaum, *The Battle for Christmas,* New York 1997; Karal Ann Marling, *Merry Christmas! Celebrating America's Greatest Holiday,* Cambridge, Massachusetts 2000; *Unwrapping Christmas*, hrsg. von Daniel Miller, New York 1993; Penne L. Restad, *Christmas in America: A History,* New York 1995; und William Burnell Waits, *The Modern Christmas in America: A Cultural History of Gift Giving,* New York 1993.

Gary Cross, *All Consuming Century,* New York 2000, ist ein objektiver und aufschlussreicher Abriss zur Kommerzialisierung des Privaten. Die meisten amerikanischen Konsumstudien folgen Thorstein Veblen und vermitteln ein deutlich negativeres Bild. Darunter: James B. Twitchell, *Lead Us Into Temptation: The Triumph of American Materialism,*

New York 1999; Juliet B. Schor, *Do Americans Shop Too Much?,* Boston 2000, und *The Overworked American: The Unexpected Decline of Leisure,* New York 1991; und Robert H. Frank, *Luxury Fever: Why Money Fails to Satisfy in an Age of Excess,* New York 1999. Über die veränderten Ansichten zum Thema Konsum siehe auch Daniel Horowitz, *The Morality of Spending: Attitudes Toward the Consumer Society in America, 1875–1940,* Baltimore 1985.

Meine Ausführungen zu den neurotischen Dimensionen des Einkaufens stützen sich vorwiegend auf Helen R. Woodruffe, »Compensatory Consumption: Why Women Go Shopping When They're Fed Up and Other Stories«, in: *Marketing Intelligence & Planning,* Juni–Juli 1997, sowie auf Michel Lejoyeux u. a., »Phenomenology and Psychopathology of Uncontrolled Buying«, in: *American Journal of Psychiatry,* Dezember 1996, sowie die Anthologien *I Shop, Therefore I Am: Compulsive Buying and the Search for Self,* hrsg. von April Lane Benson, Northvale 2000; und *Serious Shopping: Psychotherapy and Consumerism,* hrsg. von Adrienne Baker, London 2000.

Rachel Bowlby erzählt uns in ihren Büchern *Shopping With Freud,* London 1993, und *Just Looking: Consumer Culture in Dreiser, Gissing and Zola,* New York 1985, was wir in der Literatur über das Thema Einkaufen erfahren können. Jane Austens Romane, vor allem *Persuation* (dt.: *Die Liebe der Anne Elliot oder Überredungskunst*), enthalten einige Einkaufszenen in Bath und zeigen, wie das Einkaufen allmählich zu einer typischen Frauenbeschäftigung wird. Ben Jonsons *Bartholomew Fayre* (dt.: *Bartholomäusmarkt*) ist ein satirischer Blick auf die Puritaner und ihres Konflikts angesichts der Versuchungen des Marktes. Selbsterschaffung und Maskerade spielen eine Rolle in fast allen Stücken Shakespeares, und die Komödie *As You Like It* (dt.: *Wie es Euch ge-*

fällt) klingt geradezu wie das Versprechen eines Ladenbesitzers.

Eine maßgebliche Analyse des Einkaufsverhaltens aus neuerer Zeit stammt von Paco Underhill, *Warum kaufen wir? Die Psychologie des Konsums,* München 2000. David Lewis und Darren Bridger tragen mit *Die neuen Konsumenten: Was sie kaufen – Warum sie kaufen – Wie man sie als Kunden gewinnt,* Frankfurt am Main 2001, zwar zur aktuellen Flut an Marketingbüchern bei, liefern aber auch nützliche Informationen. Es gibt zahlreiche Bücher mit demografischen Marketingmodellen. Ich beziehe mich auf eines der aktuellsten und komplexesten Modelle von Michael J. Weiss, *The Clustered World: How We Live, What We Buy, and What It All Means About Who We Are,* Boston 2000. Außerdem habe ich viele Informationen Artikeln des Magazins *American Demographics* entnommen, das wertvolle Erkenntnisse über die Ansichten und Handlungen von Käufern liefert.

B. Joseph Pine und James F. Gilmore, *Erlebniskauf: Konsum als Erlebnis, Business als Bühne, Arbeit als Theater,* München 2000. Dieses maßgebliche Werk hat sowohl den Einzelhandel als auch andere davon überzeugt, dass Unterhaltung mehr einbringt als gute Ware. Die Aufsätze in *Variations on a Theme Park,* hrsg. von Michael Sorkin, New York 1992, werfen einen kritischen Blick auf dieses Phänomen und seinen Einfluss auf unsere Kultur. *Going Shopping: Consumer Choices and Community Consequences,* New Haven 2001, von Ann Satterthwaite bietet einen historischen Überblick über den Einfluss des Einzelhandels auf die Stadtentwicklung.

Es liegt eine gewisse Ironie darin, dass zwar der Internethandel allmählich zusammenbrach, während ich an diesem Buch arbeitete, dass aber andererseits eben dieses Internet eine überaus nützliche Informationsquelle zum

Thema Einkaufen für mich war. Man findet nicht nur Artikel von Zeitungen und Fachzeitschriften auf der ganzen Welt, sondern stößt auch auf höchst obskure und esoterische Veröffentlichungen. Bevor es die Möglichkeit zur Online-Recherche gab, wäre ich niemals auf die Idee gekommen, einen Blick in die Zeitschrift *Perceptual and Motor Skills* zu werfen. Doch weil ich es tat, weiß ich jetzt, dass Männer in Tretmühlen schneller laufen und Frauen dafür in Einkaufszentren.

Register

»Die Liebe ist ein seltsames Spiel ...«

So singt man. Und kennt zahllose Varianten, mal mehr, mal weniger tragisch. Romeo & Julia, Harry und Sally, Boris und Babs, zum Beispiel. Was aber ist (die) Liebe, wissenschaftlich betrachtet? Warum verlieben wir uns in bestimmte Menschen? Was lässt Liebe entstehen – und wieder verschwinden? Und was sind die jeweiligen körperlichen und seelischen Konsequenzen?
Glenn D. Wilson und Chris McLaughlin entschlüsseln eines der größten Gefühle und Rätsel des menschlichen Handelns. Sie werden dieses Buch lieben!

ISBN 3-404-60534-9

BASTEI LÜBBE

Hummerragout, auf dem Betriebsausflug serviert, würde Befremden hervorrufen, ebenso wie Wurstsemmeln – statt feinem Gebäck – bei der Vorstandssitzung der Deutschen Bank. Und auch eine Menüreihenfolge von Vanillecreme – Matjesfilet – Kraftbrühe fände wohl keine begeisterten Anhänger. Woher wissen wir das alles, und wie kommt es, dass wir uns intuitiv über das jeweils Passende einig sind?
Helene Karmasin zeigt, dass wir das Essen wie eine Sprache verwenden, mit der wir Beziehungen anknüpfen, Liebe und Respekt ausdrücken. Essen ist ein Geheimcode, dessen sich auch die Werbung und Restaurants bedienen.
Die Autorin interpretiert verblüffende Beispiele erfolgreicher und gefloppter Produktwerbung, vergleicht Speisekarten, unternimmt ethnologische Streifzüge zu Staatsbanketts, Stammesküchen, Kantinen und Gourmettempeln – und folgt dabei dem Motto: Zeig mir, was du isst, und ich sage dir, wer du bist!

ISBN 3-404-60498-9

BASTEI LÜBBE